EDENS ZERO

21

OPERATION »ZEITENFRESSER«

HIRO MASHIMA

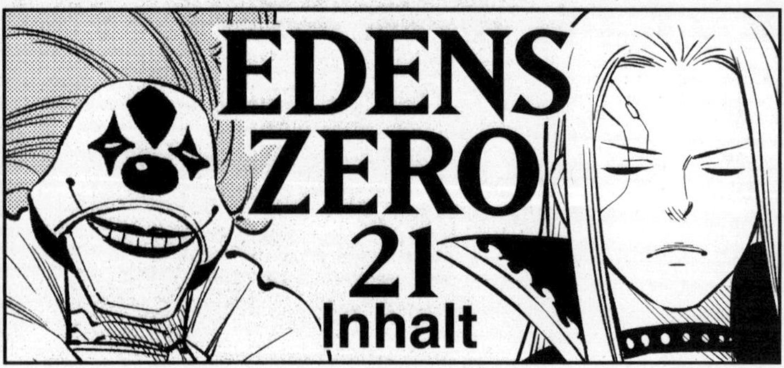
EDENS ZERO
21
Inhalt

EDENS ZERO

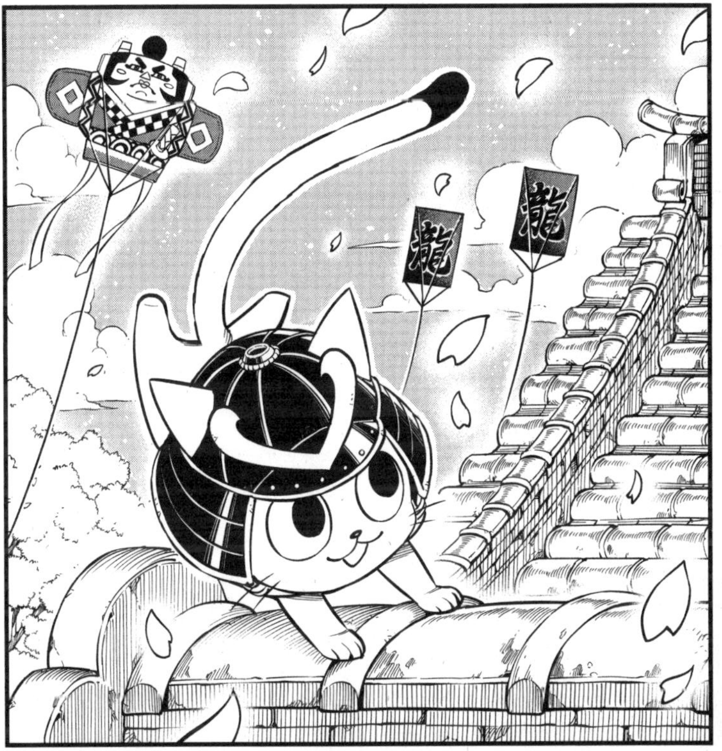

KAPITEL 177: DAS HEILIGE URTEIL

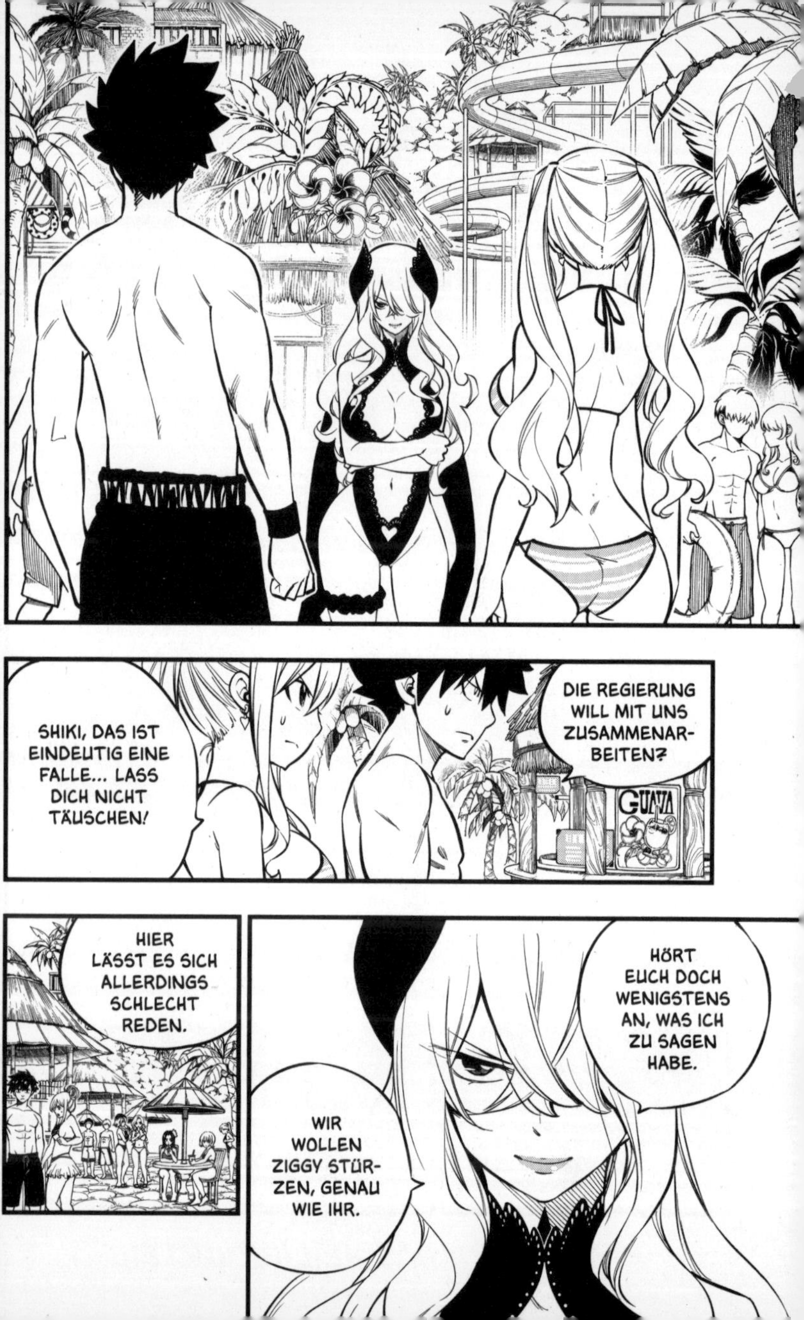
DIE REGIERUNG WILL MIT UNS ZUSAMMENAR-BEITEN?
SHIKI, DAS IST EINDEUTIG EINE FALLE... LASS DICH NICHT TÄUSCHEN!
HÖRT EUCH DOCH WENIGSTENS AN, WAS ICH ZU SAGEN HABE.
WIR WOLLEN ZIGGY STÜR-ZEN, GENAU WIE IHR.
HIER LÄSST ES SICH ALLERDINGS SCHLECHT REDEN.

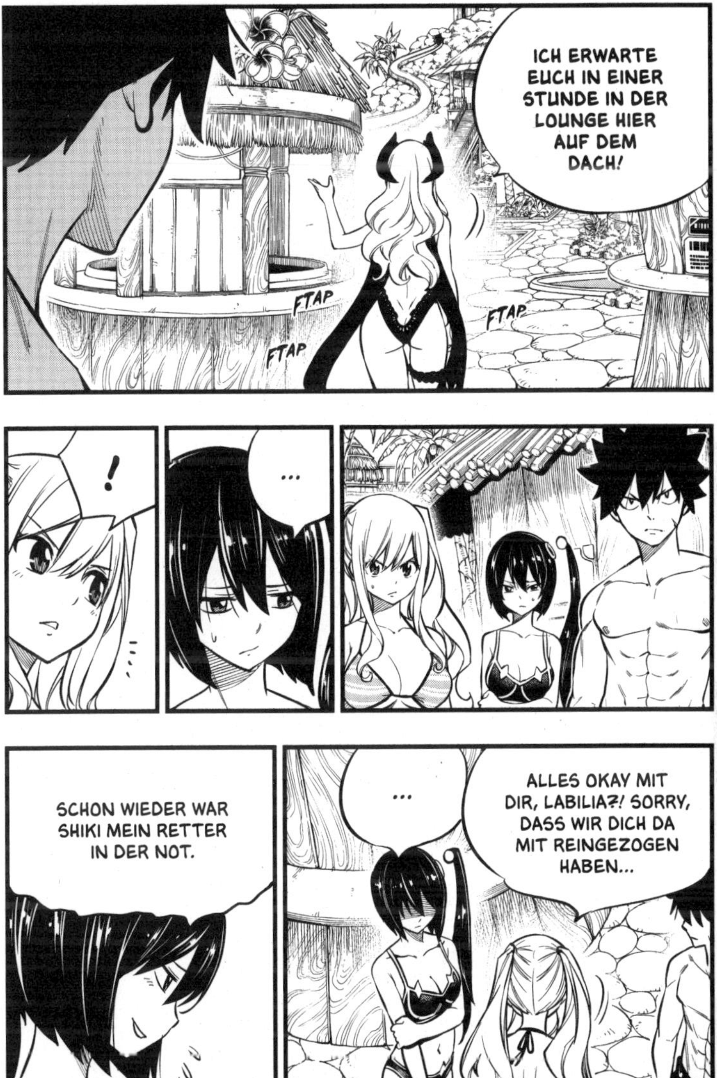
ICH ERWARTE EUCH IN EINER STUNDE IN DER LOUNGE HIER AUF DEM DACH!
FTAP
FTAP
FTAP
!
...
SCHON WIEDER WAR SHIKI MEIN RETTER IN DER NOT.
ALLES OKAY MIT DIR, LABILIA?! SORRY, DASS WIR DICH DA MIT REINGEZOGEN HABEN...
...

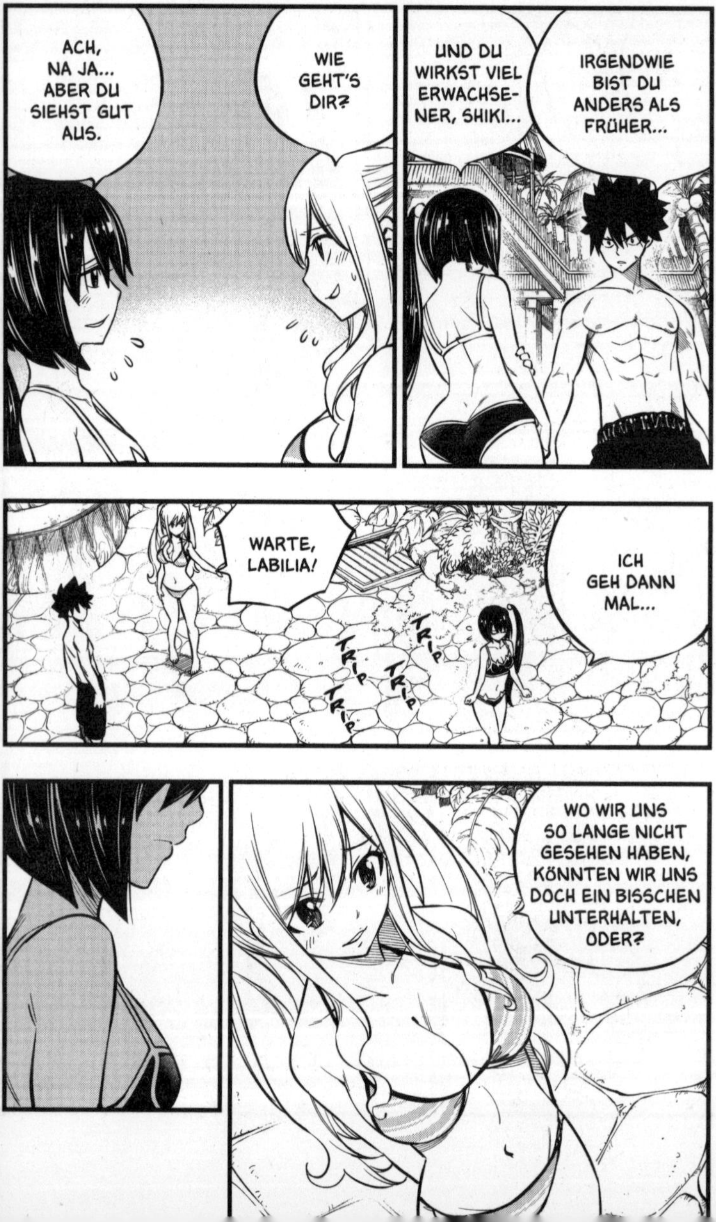
IRGENDWIE BIST DU ANDERS ALS FRÜHER...
UND DU WIRKST VIEL ERWACHSE-NER, SHIKI...
WIE GEHT'S DIR?
ACH, NA JA... ABER DU SIEHST GUT AUS.
ICH GEH DANN MAL...
TRIP TRIP TRIP TRIP
WARTE, LABILIA!
WO WIR UNS SO LANGE NICHT GESEHEN HABEN, KÖNNTEN WIR UNS DOCH EIN BISSCHEN UNTERHALTEN, ODER?

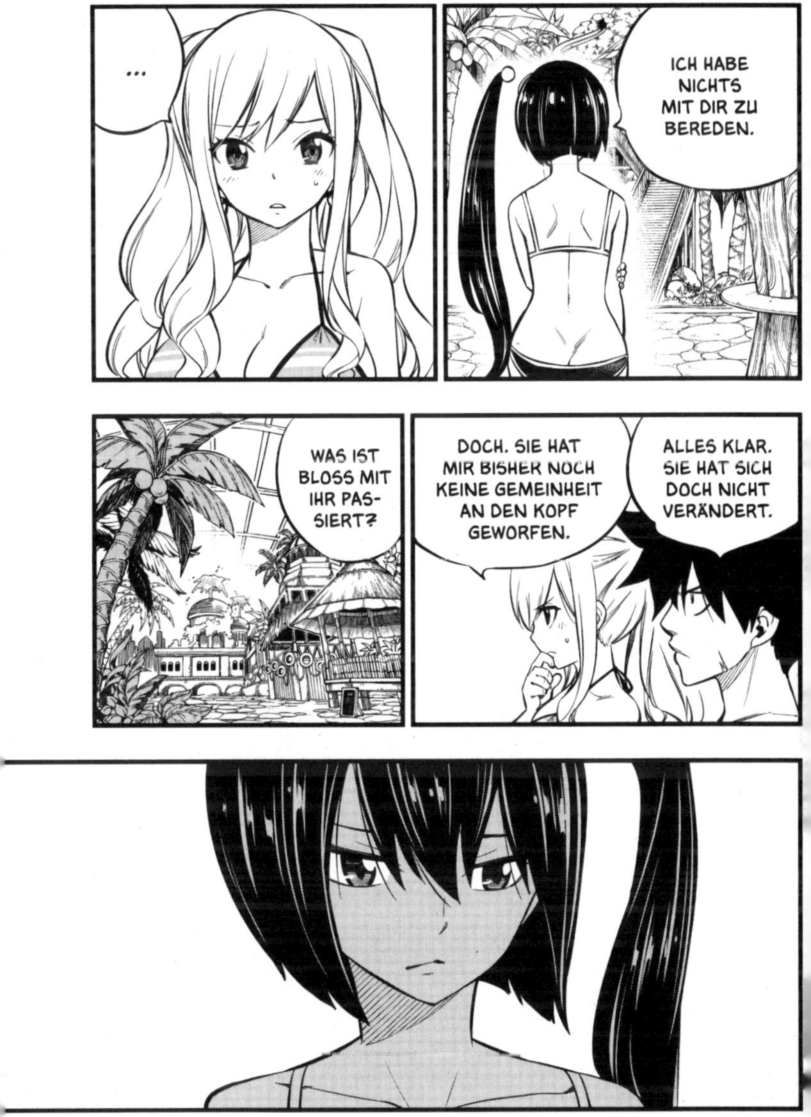
ICH HABE NICHTS MIT DIR ZU BEREDEN.
...
ALLES KLAR. SIE HAT SICH DOCH NICHT VERÄNDERT.
DOCH. SIE HAT MIR BISHER NOCH KEINE GEMEINHEIT AN DEN KOPF GEWORFEN.
WAS IST BLOSS MIT IHR PASSIERT?

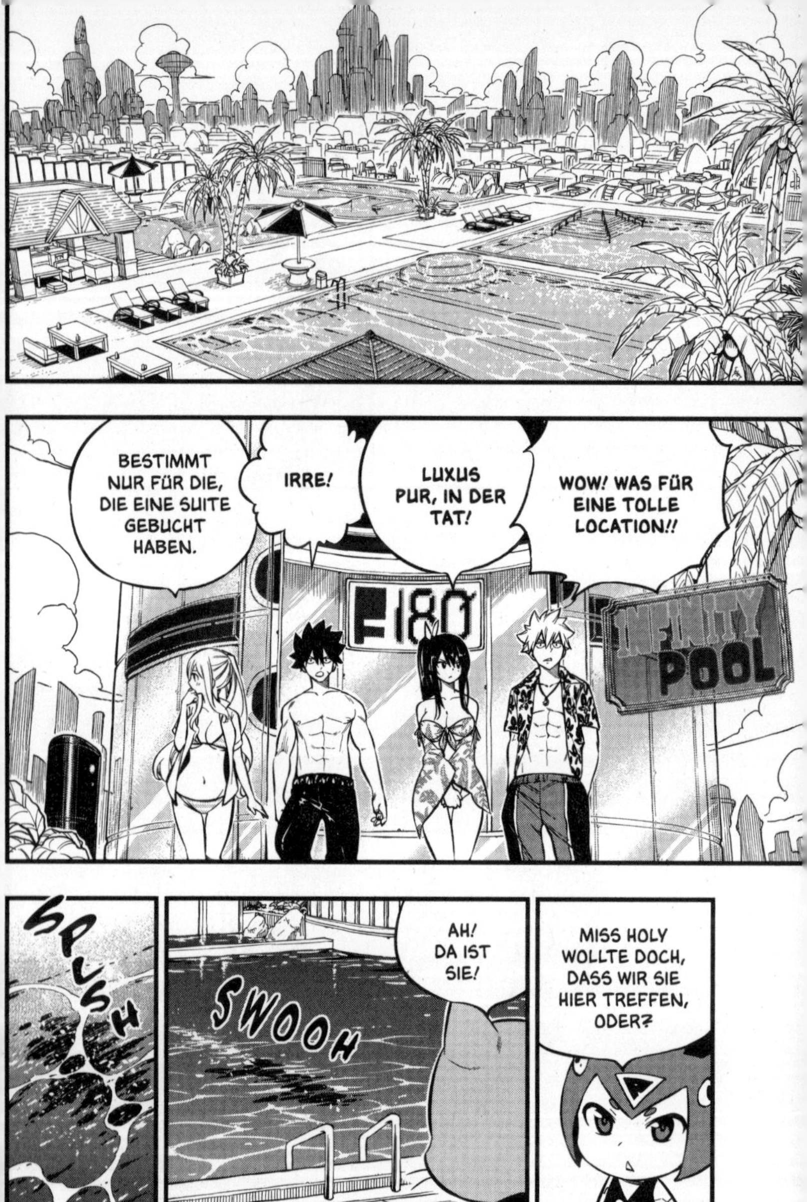
WOW! WAS FÜR EINE TOLLE LOCATION!!
INFINITY POOL
LUXUS PUR, IN DER TAT!
F180
IRRE!
BESTIMMT NUR FÜR DIE, DIE EINE SUITE GEBUCHT HABEN.
MISS HOLY WOLLTE DOCH, DASS WIR SIE HIER TREFFEN, ODER?
AH! DA IST SIE!
SWOOH
SPLASH

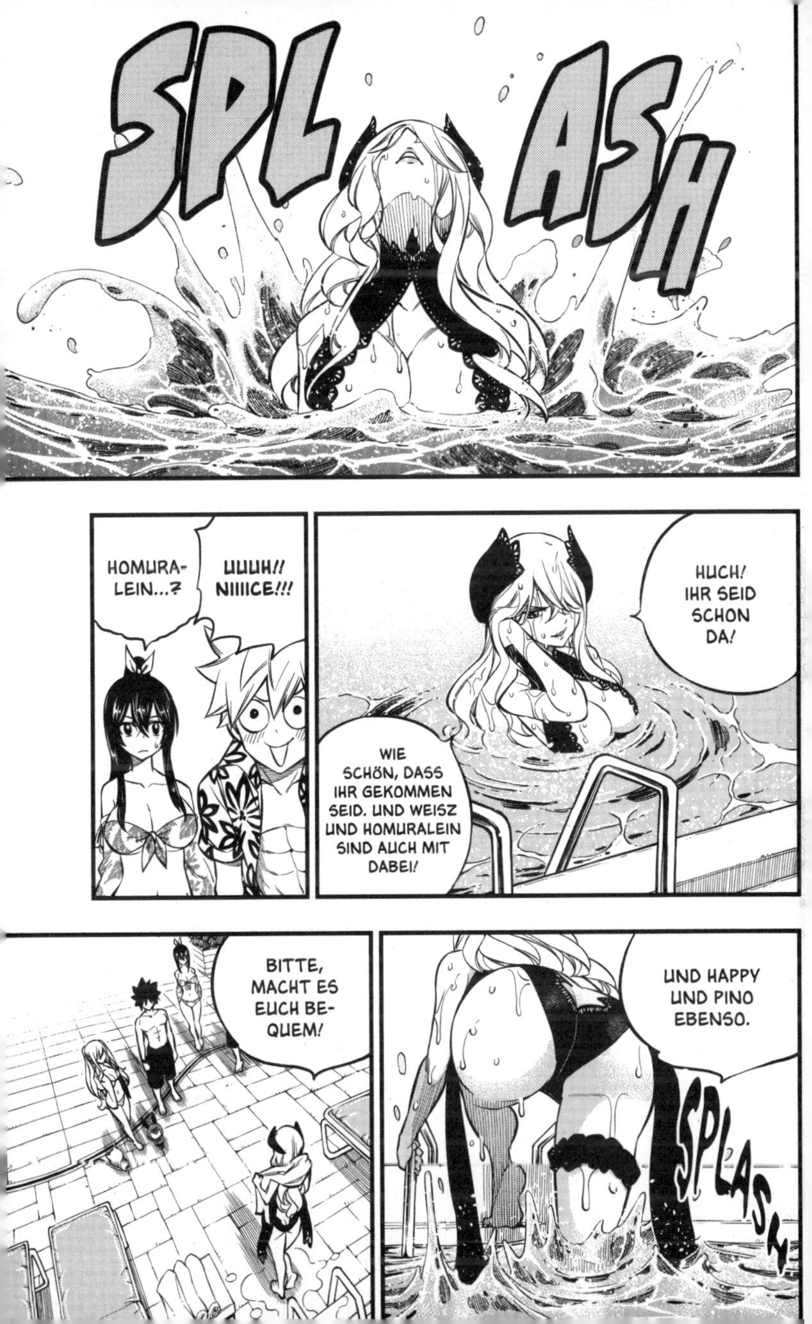
SPLASH
HOMURA-LEIN...?
UUUH!! NIIIICE!!!
HUCH! IHR SEID SCHON DA!
WIE SCHÖN, DASS IHR GEKOMMEN SEID. UND WEISZ UND HOMURALEIN SIND AUCH MIT DABEI!
BITTE, MACHT ES EUCH BE-QUEM!
UND HAPPY UND PINO EBENSO.
SPLASH

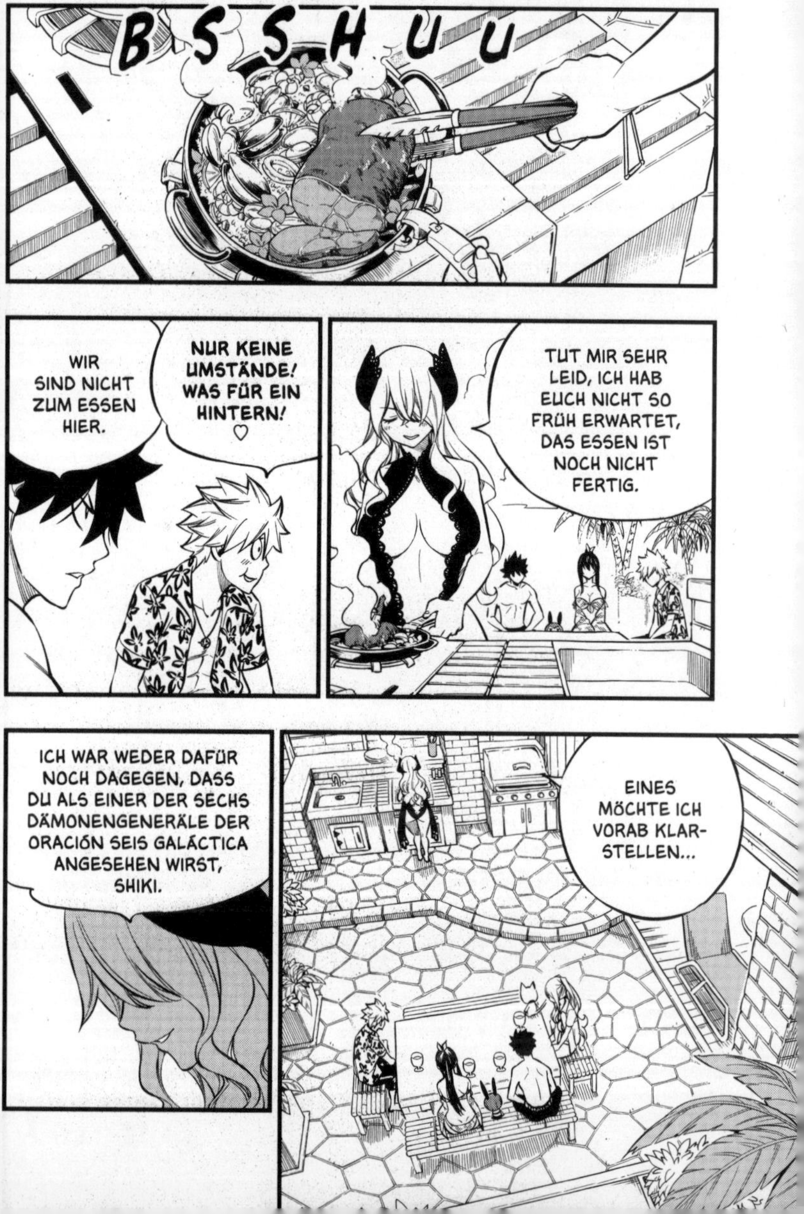
BSSHUU
TUT MIR SEHR LEID, ICH HAB EUCH NICHT SO FRÜH ERWARTET, DAS ESSEN IST NOCH NICHT FERTIG.
NUR KEINE UMSTÄNDE! WAS FÜR EIN HINTERN! ♡
WIR SIND NICHT ZUM ESSEN HIER.
EINES MÖCHTE ICH VORAB KLAR-STELLEN...
ICH WAR WEDER DAFÜR NOCH DAGEGEN, DASS DU ALS EINER DER SECHS DÄMONENGENERÄLE DER ORACIÓN SEIS GALÁCTICA ANGESEHEN WIRST, SHIKI.

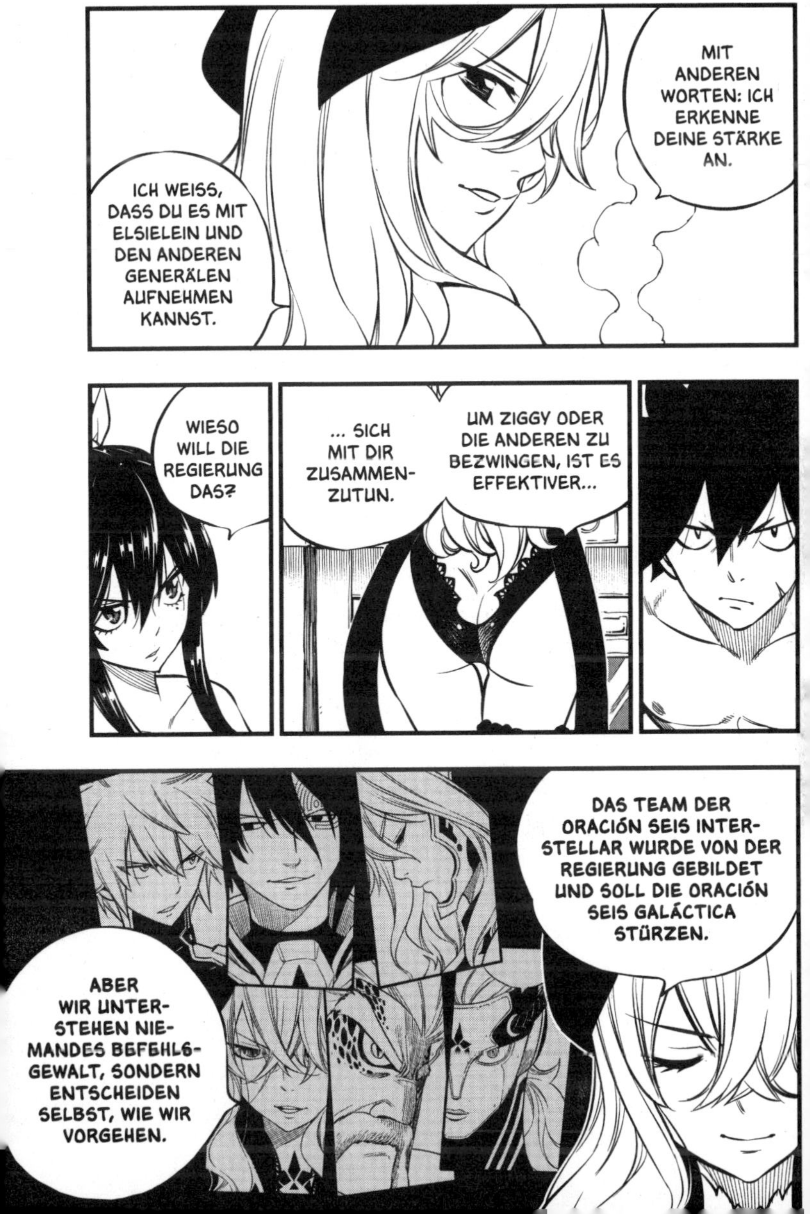
MIT ANDEREN WORTEN: ICH ERKENNE DEINE STÄRKE AN.
ICH WEISS, DASS DU ES MIT ELSIELEIN UND DEN ANDEREN GENERÄLEN AUFNEHMEN KANNST.
UM ZIGGY ODER DIE ANDEREN ZU BEZWINGEN, IST ES EFFEKTIVER...
... SICH MIT DIR ZUSAMMEN-ZUTUN.
WIESO WILL DIE REGIERUNG DAS?
DAS TEAM DER ORACIÓN SEIS INTER-STELLAR WURDE VON DER REGIERUNG GEBILDET UND SOLL DIE ORACIÓN SEIS GALÁCTICA STÜRZEN.
ABER WIR UNTER-STEHEN NIE-MANDES BEFEHLS-GEWALT, SONDERN ENTSCHEIDEN SELBST, WIE WIR VORGEHEN.

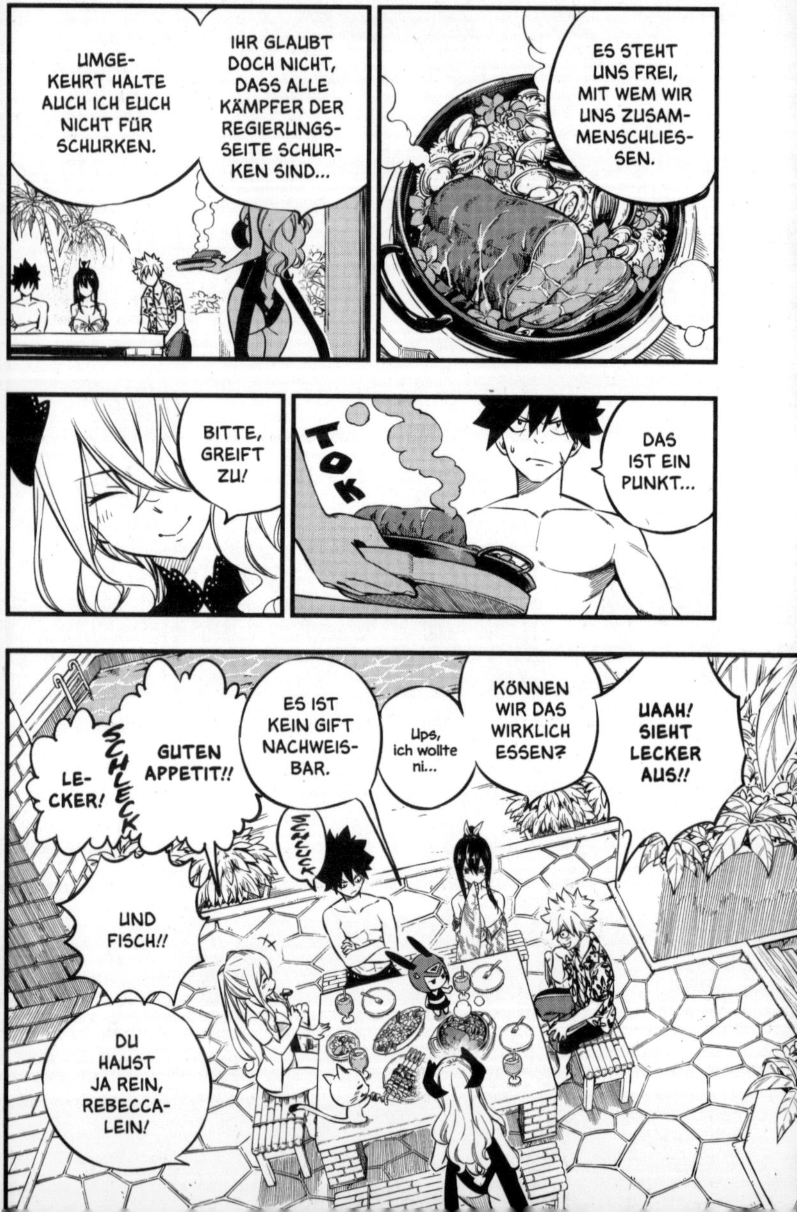
ES STEHT UNS FREI, MIT WEM WIR UNS ZUSAMMENSCHLIESSEN.
IHR GLAUBT DOCH NICHT, DASS ALLE KÄMPFER DER REGIERUNGSSEITE SCHURKEN SIND...
UMGEKEHRT HALTE AUCH ICH EUCH NICHT FÜR SCHURKEN.
DAS IST EIN PUNKT...
TOK
BITTE, GREIFT ZU!
UAAH! SIEHT LECKER AUS!!
KÖNNEN WIR DAS WIRKLICH ESSEN?
Ups, ich wollte ni...
ES IST KEIN GIFT NACHWEISBAR.
GUTEN APPETIT!!
SCHLECK
LECKER!
SCHLUCK
UND FISCH!!
DU HAUST JA REIN, REBECCALEIN!

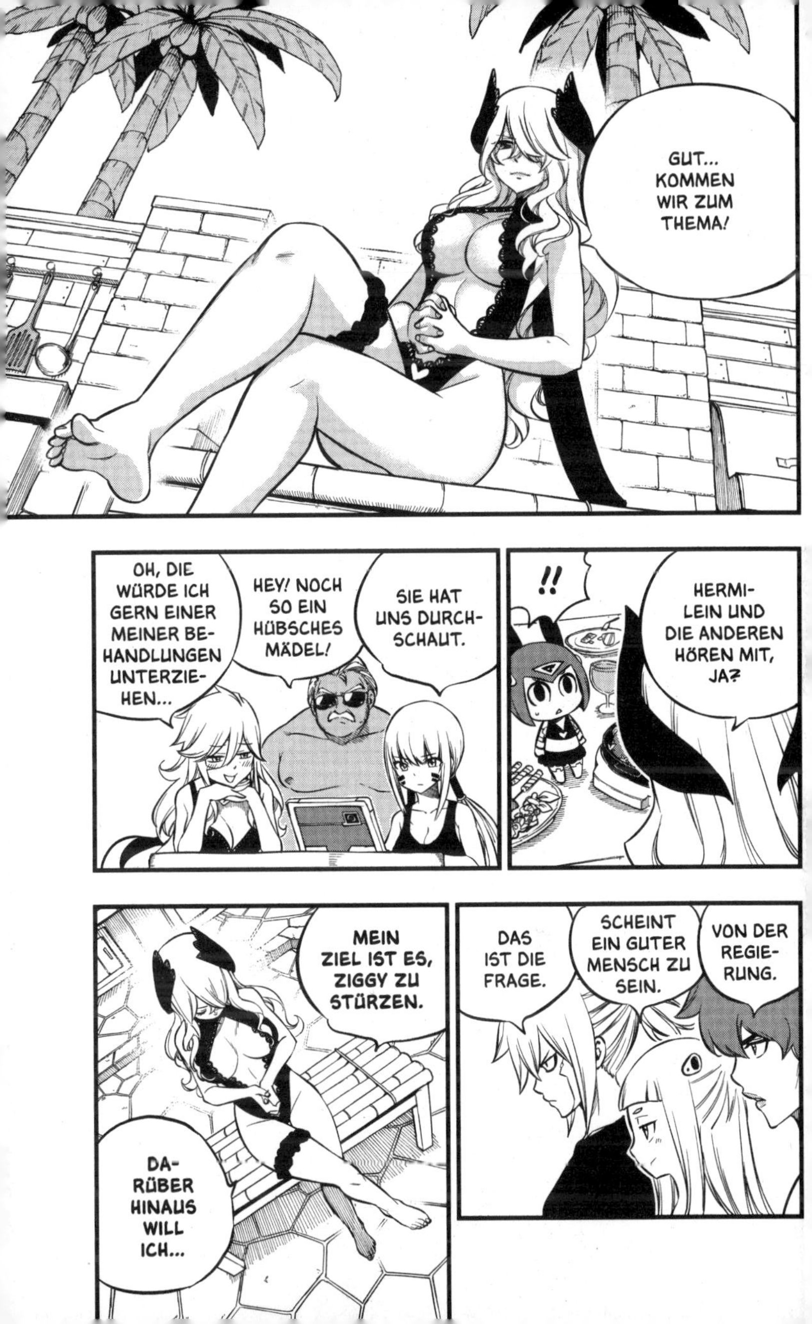
GUT... KOMMEN WIR ZUM THEMA!
SIE HAT UNS DURCHSCHAUT.
HEY! NOCH SO EIN HÜBSCHES MÄDEL!
OH, DIE WÜRDE ICH GERN EINER MEINER BEHANDLUNGEN UNTERZIEHEN...
HERMILEIN UND DIE ANDEREN HÖREN MIT, JA?
!!
MEIN ZIEL IST ES, ZIGGY ZU STÜRZEN.
DARÜBER HINAUS WILL ICH...
VON DER REGIERUNG.
SCHEINT EIN GUTER MENSCH ZU SEIN.
DAS IST DIE FRAGE.

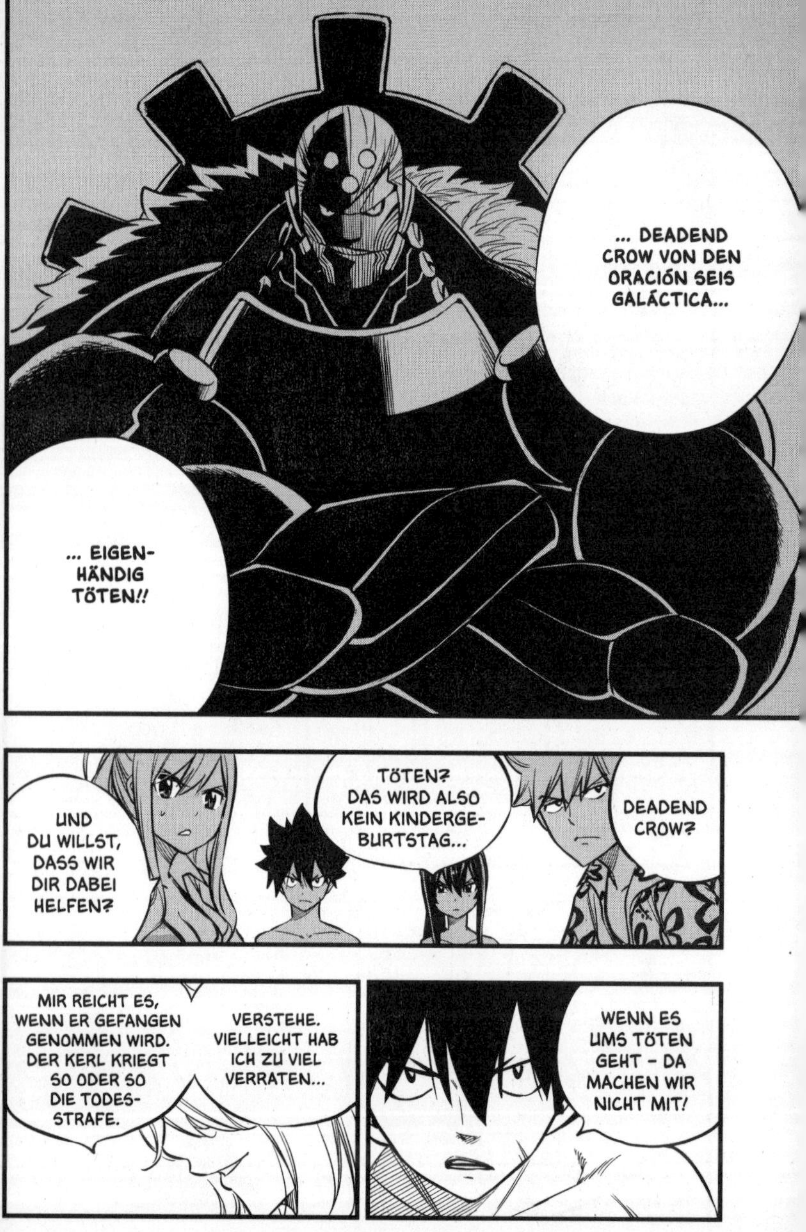
... DEADEND CROW VON DEN ORACIÓN SEIS GALÁCTICA...
... EIGEN-HÄNDIG TÖTEN!!
DEADEND CROW?
TÖTEN? DAS WIRD ALSO KEIN KINDERGE-BURTSTAG...
UND DU WILLST, DASS WIR DIR DABEI HELFEN?
WENN ES UMS TÖTEN GEHT – DA MACHEN WIR NICHT MIT!
VERSTEHE. VIELLEICHT HAB ICH ZU VIEL VERRATEN...
MIR REICHT ES, WENN ER GEFANGEN GENOMMEN WIRD. DER KERL KRIEGT SO ODER SO DIE TODES-STRAFE.

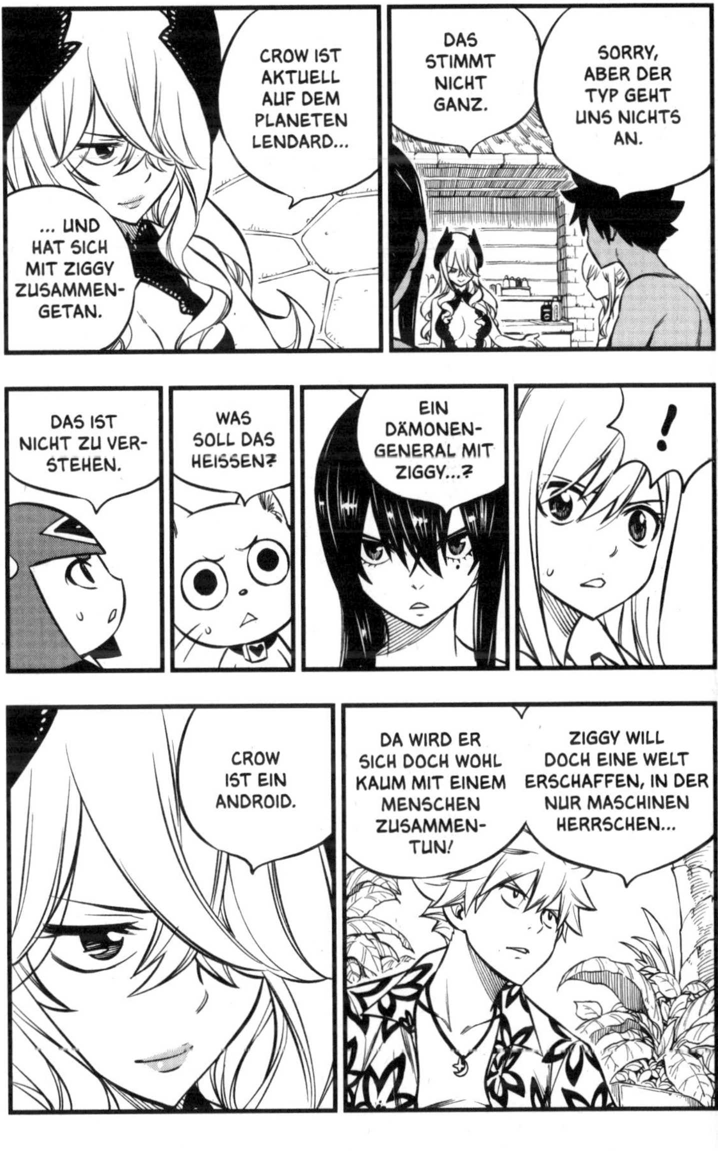
SORRY, ABER DER TYP GEHT UNS NICHTS AN.
DAS STIMMT NICHT GANZ.
CROW IST AKTUELL AUF DEM PLANETEN LENDARD...
... UND HAT SICH MIT ZIGGY ZUSAMMEN-GETAN.
!
EIN DÄMONEN-GENERAL MIT ZIGGY...?
WAS SOLL DAS HEISSEN?
DAS IST NICHT ZU VER-STEHEN.
ZIGGY WILL DOCH EINE WELT ERSCHAFFEN, IN DER NUR MASCHINEN HERRSCHEN...
DA WIRD ER SICH DOCH WOHL KAUM MIT EINEM MENSCHEN ZUSAMMEN-TUN!
CROW IST EIN ANDROID.

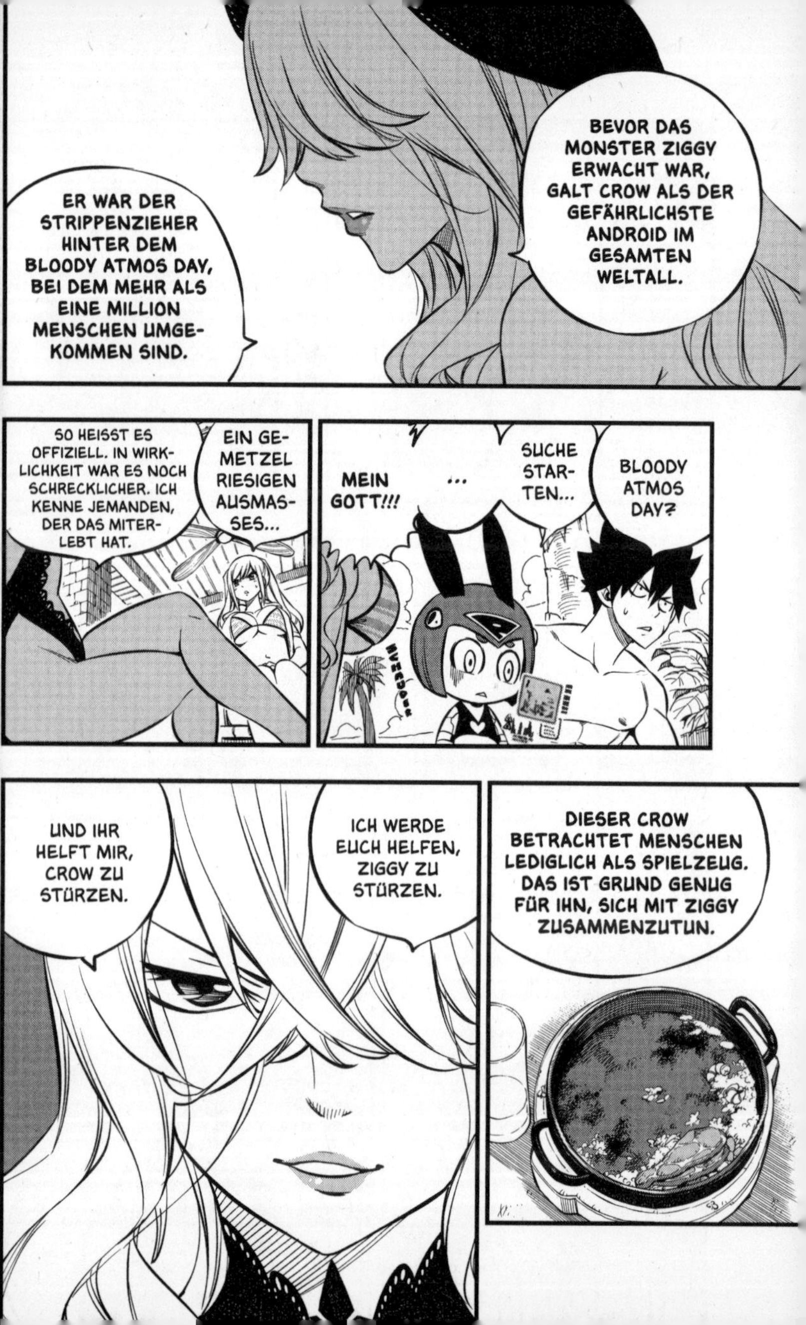
BEVOR DAS MONSTER ZIGGY ERWACHT WAR, GALT CROW ALS DER GEFÄHRLICHSTE ANDROID IM GESAMTEN WELTALL.
ER WAR DER STRIPPENZIEHER HINTER DEM BLOODY ATMOS DAY, BEI DEM MEHR ALS EINE MILLION MENSCHEN UMGEKOMMEN SIND.
BLOODY ATMOS DAY?
SUCHE STARTEN...
...
MEIN GOTT!!!
EIN GEMETZEL RIESIGEN AUSMASSES...
SO HEISST ES OFFIZIELL. IN WIRKLICHKEIT WAR ES NOCH SCHRECKLICHER. ICH KENNE JEMANDEN, DER DAS MITERLEBT HAT.
DIESER CROW BETRACHTET MENSCHEN LEDIGLICH ALS SPIELZEUG. DAS IST GRUND GENUG FÜR IHN, SICH MIT ZIGGY ZUSAMMENZUTUN.
ICH WERDE EUCH HELFEN, ZIGGY ZU STÜRZEN.
UND IHR HELFT MIR, CROW ZU STÜRZEN.

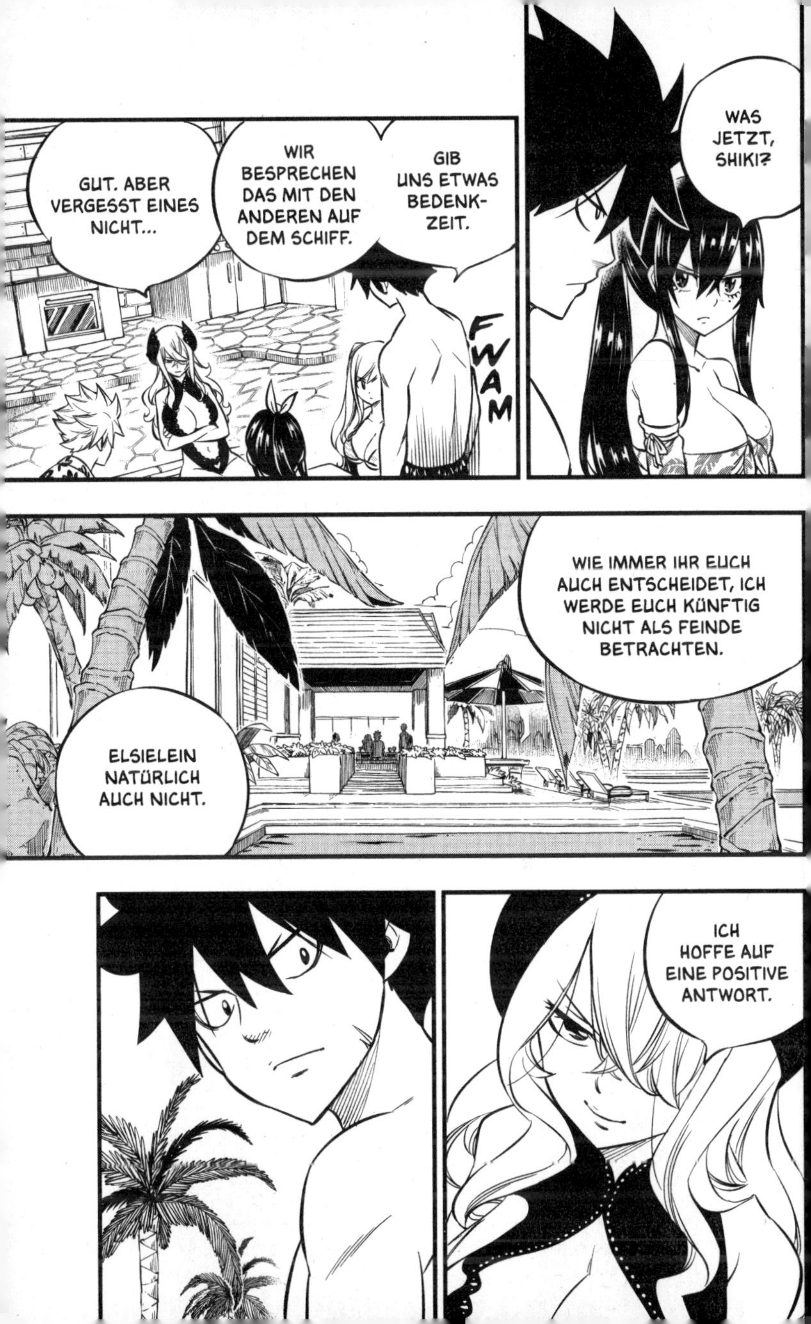
WAS JETZT, SHIKI?
GIB UNS ETWAS BEDENK-ZEIT.
WIR BESPRECHEN DAS MIT DEN ANDEREN AUF DEM SCHIFF.
GUT. ABER VERGESST EINES NICHT...
FWAM
WIE IMMER IHR EUCH AUCH ENTSCHEIDET, ICH WERDE EUCH KÜNFTIG NICHT ALS FEINDE BETRACHTEN.
ELSIELEIN NATÜRLICH AUCH NICHT.
ICH HOFFE AUF EINE POSITIVE ANTWORT.

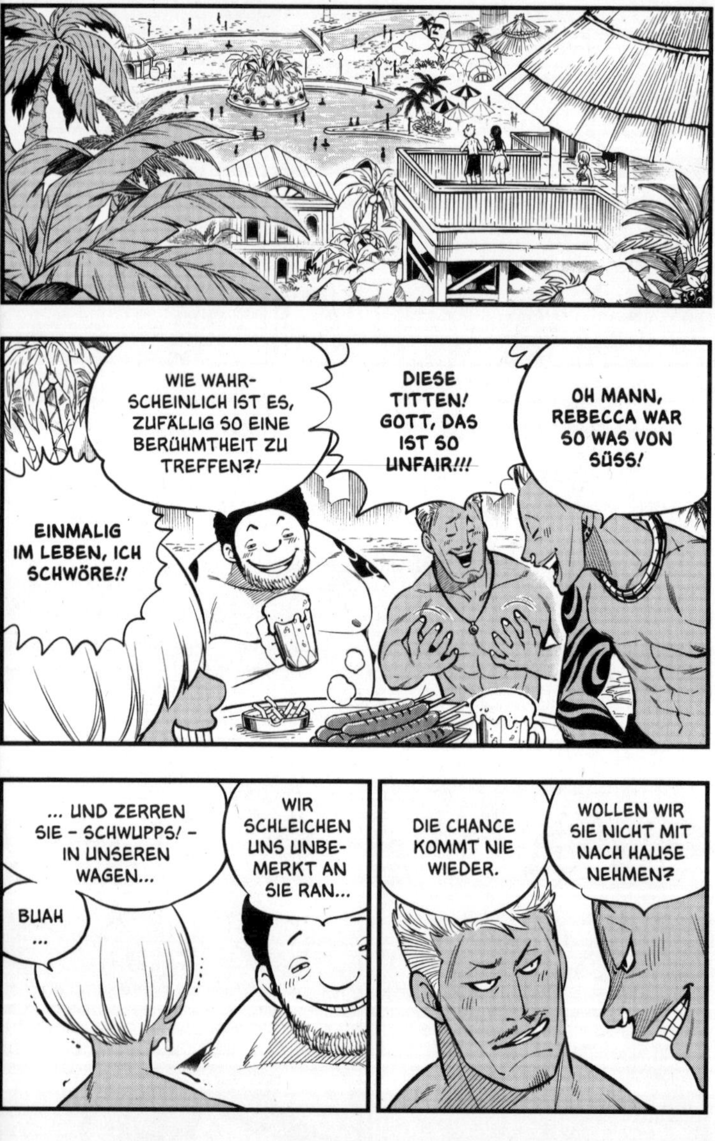

OH MANN, REBECCA WAR SO WAS VON SÜSS!
DIESE TITTEN! GOTT, DAS IST SO UNFAIR!!!
WIE WAHRSCHEINLICH IST ES, ZUFÄLLIG SO EINE BERÜHMTHEIT ZU TREFFEN?!
EINMALIG IM LEBEN, ICH SCHWÖRE!!
WOLLEN WIR SIE NICHT MIT NACH HAUSE NEHMEN?
DIE CHANCE KOMMT NIE WIEDER.
WIR SCHLEICHEN UNS UNBEMERKT AN SIE RAN...
... UND ZERREN SIE – SCHWUPPS! – IN UNSEREN WAGEN...
BUAH ...

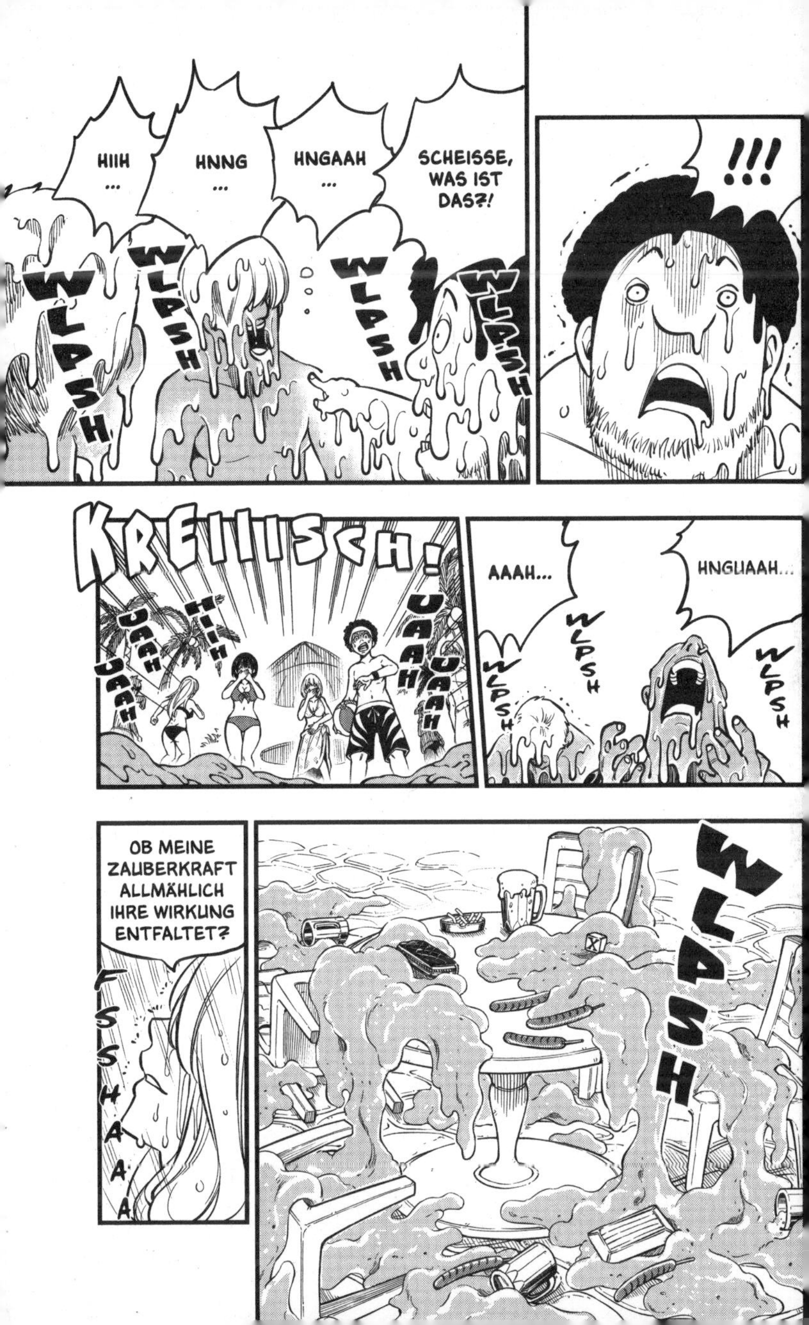
HIIH ...
HNNG ...
HNGAAH ...
SCHEISSE, WAS IST DAS?!
WLASH
WLASH
WLASH
WLASH
!!!
KREIIISCH!
UAAH
UAAH
HIIIH
UAAAH
UAAAH
AAAH...
HNGUAAH...
WLPSH
WLPSH
WLPSH
OB MEINE ZAUBERKRAFT ALLMÄHLICH IHRE WIRKUNG ENTFALTET?
FSSHAAA
WLASH

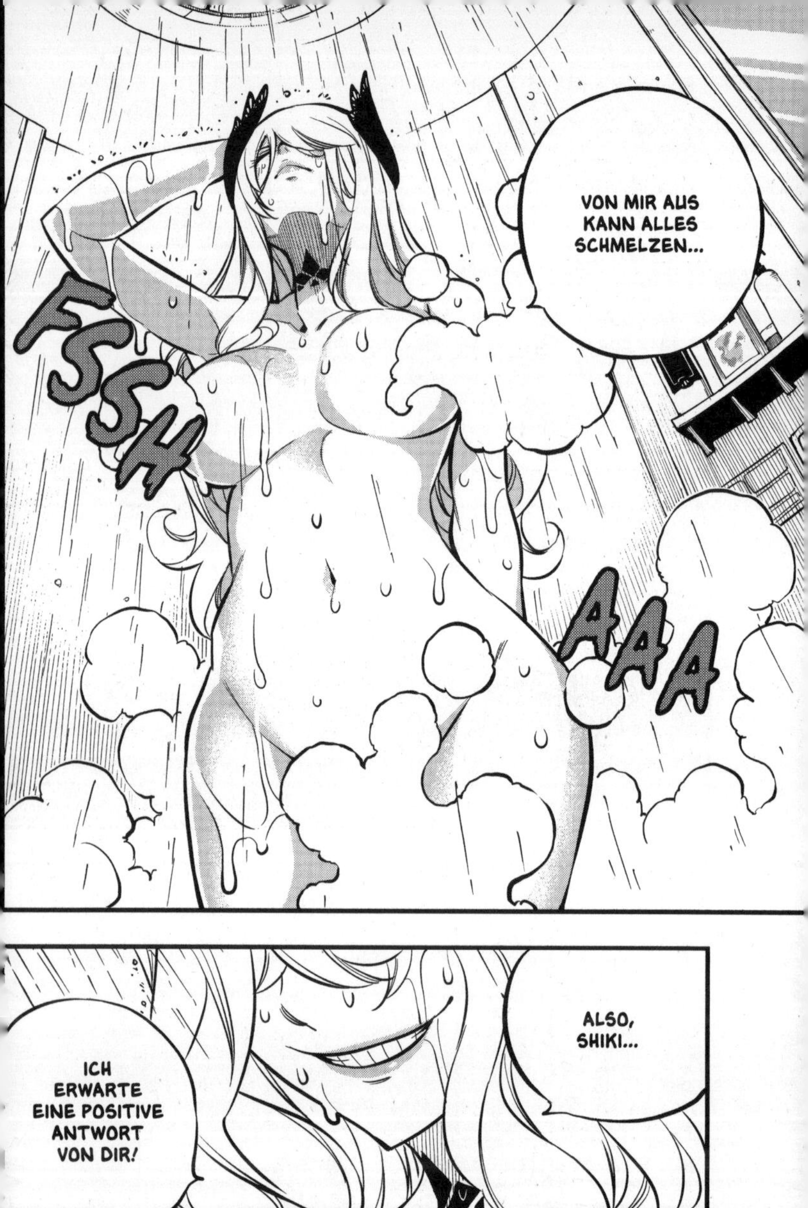
VON MIR AUS KANN ALLES SCHMELZEN...
FSSH
AAA
ALSO, SHIKI...
ICH ERWARTE EINE POSITIVE ANTWORT VON DIR!

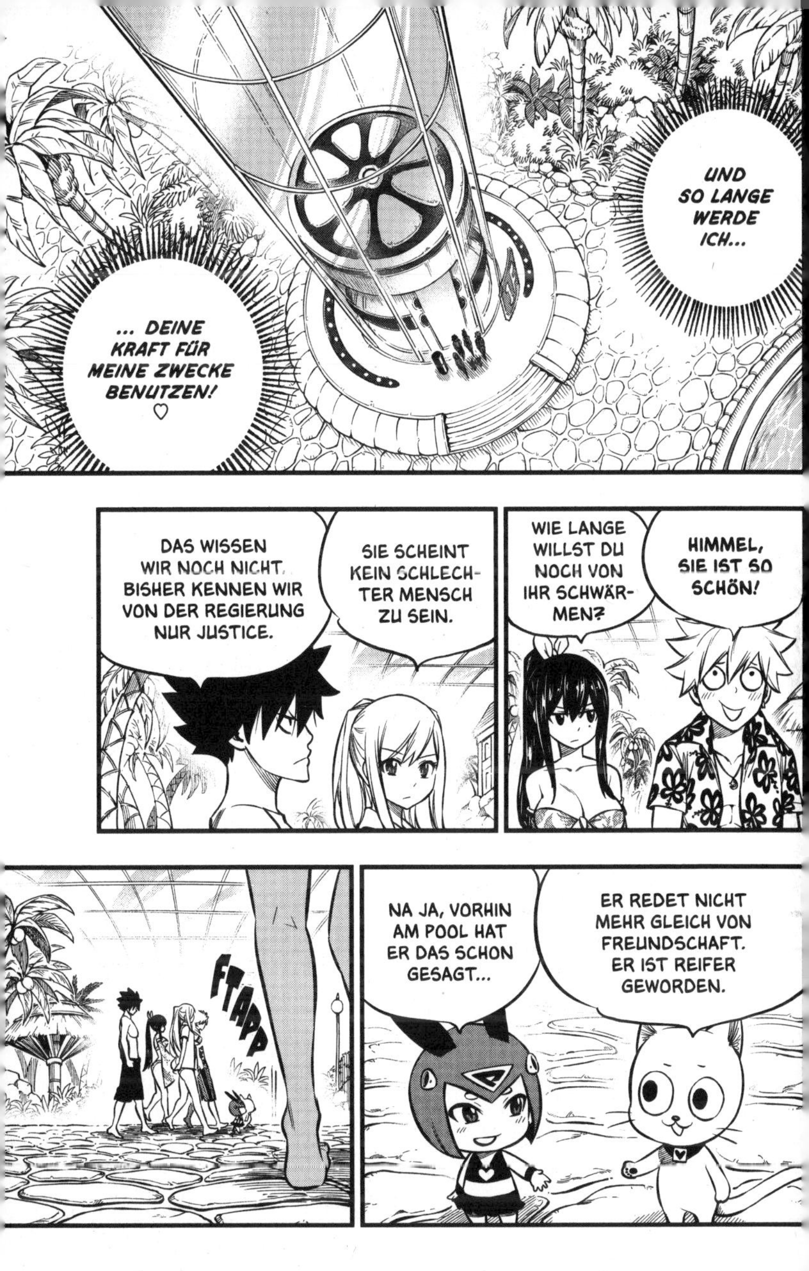
UND SO LANGE WERDE ICH...
... DEINE KRAFT FÜR MEINE ZWECKE BENUTZEN! ♡
HIMMEL, SIE IST SO SCHÖN!
WIE LANGE WILLST DU NOCH VON IHR SCHWÄR-MEN?
SIE SCHEINT KEIN SCHLECH-TER MENSCH ZU SEIN.
DAS WISSEN WIR NOCH NICHT. BISHER KENNEN WIR VON DER REGIERUNG NUR JUSTICE.
ER REDET NICHT MEHR GLEICH VON FREUNDSCHAFT. ER IST REIFER GEWORDEN.
NA JA, VORHIN AM POOL HAT ER DAS SCHON GESAGT...
FTAPP

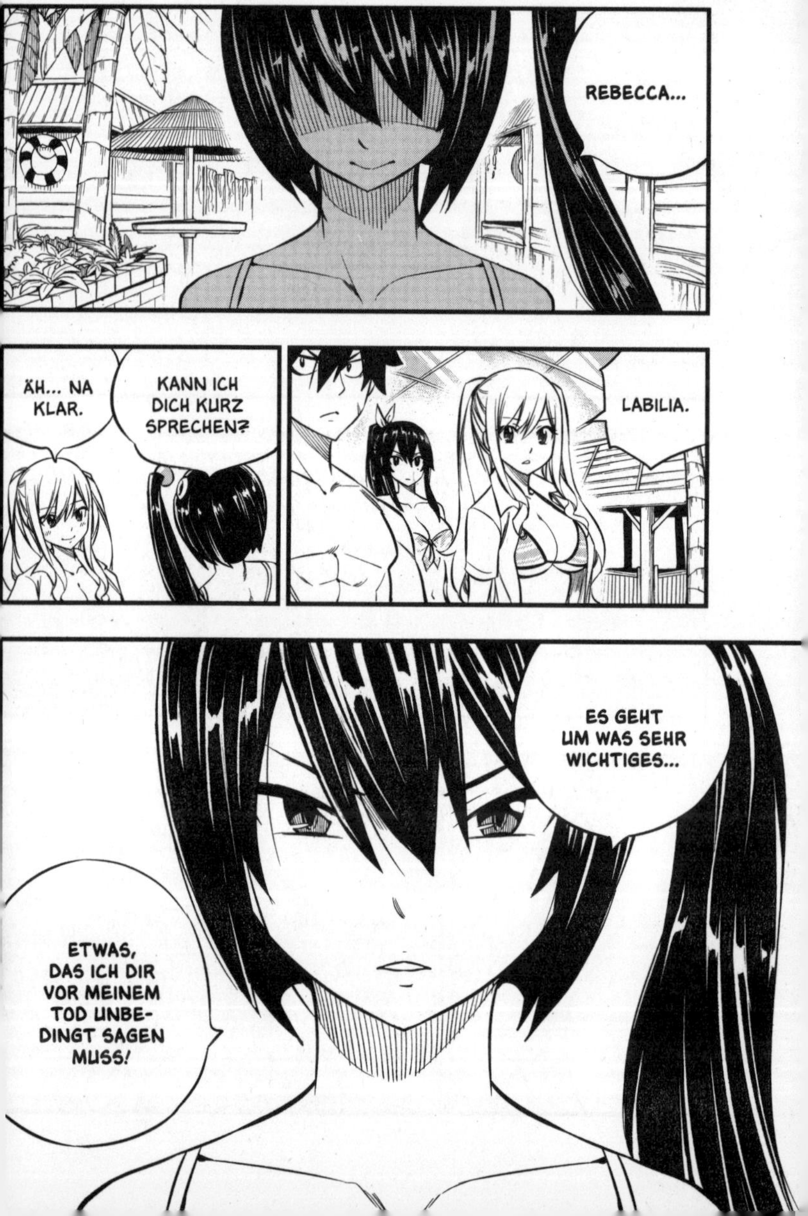
REBECCA...
LABILIA.
KANN ICH DICH KURZ SPRECHEN?
ÄH... NA KLAR.
ES GEHT UM WAS SEHR WICHTIGES...
ETWAS, DAS ICH DIR VOR MEINEM TOD UNBEDINGT SAGEN MUSS!

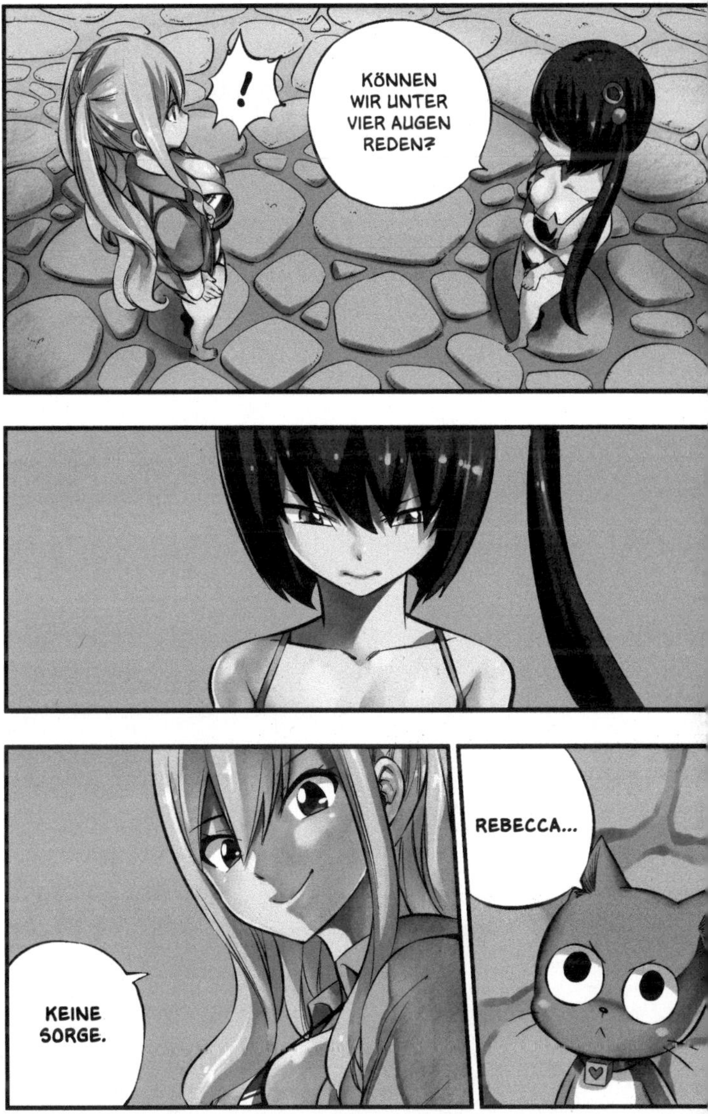
!
KÖNNEN WIR UNTER VIER AUGEN REDEN?
REBECCA...
KEINE SORGE.

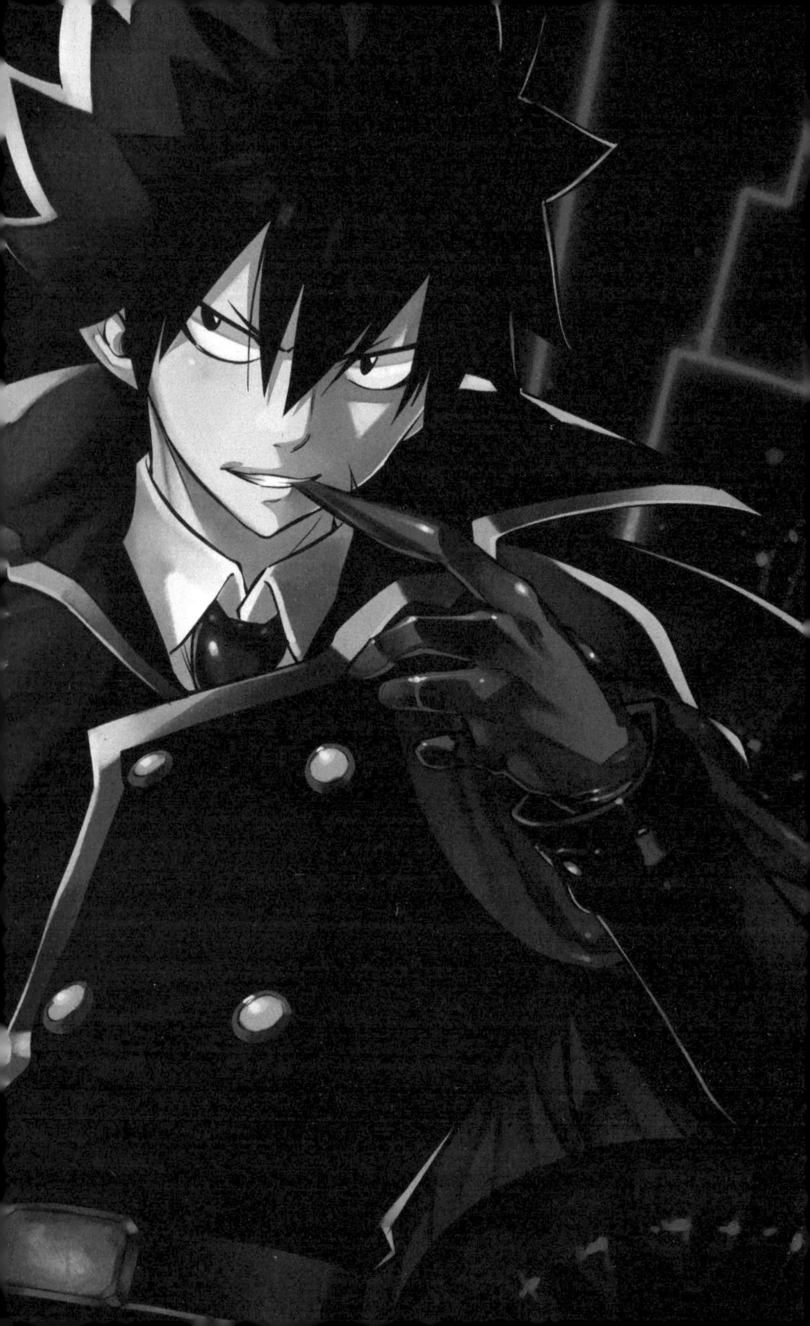

KAPITEL 178: REBECCA UND LABILIA

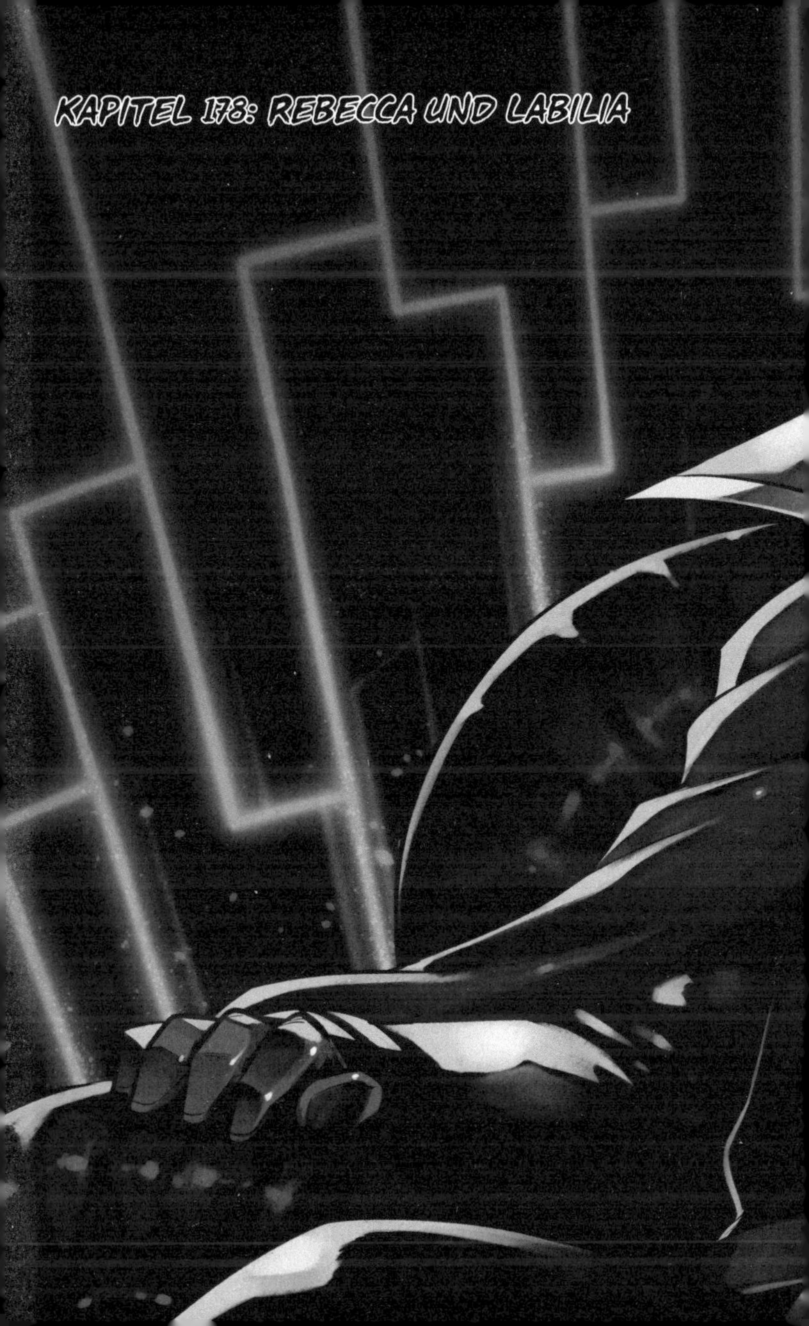

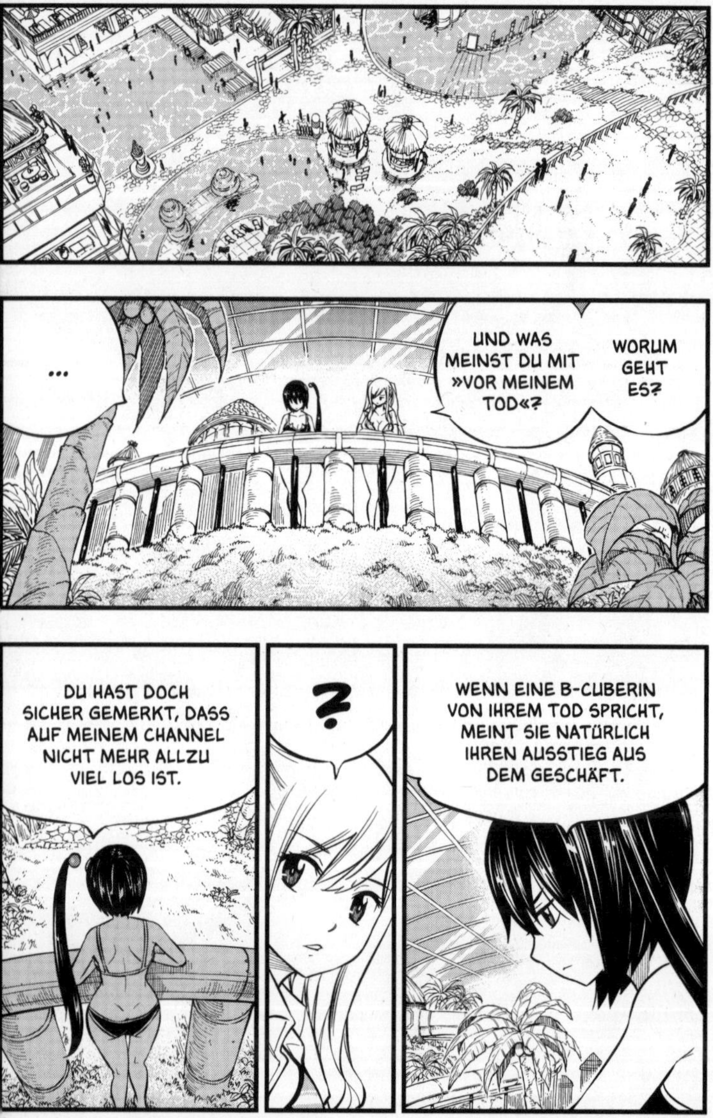
WORUM GEHT ES?
UND WAS MEINST DU MIT »VOR MEINEM TOD«?
...
WENN EINE B-CUBERIN VON IHREM TOD SPRICHT, MEINT SIE NATÜRLICH IHREN AUSSTIEG AUS DEM GESCHÄFT.
?
DU HAST DOCH SICHER GEMERKT, DASS AUF MEINEM CHANNEL NICHT MEHR ALLZU VIEL LOS IST.

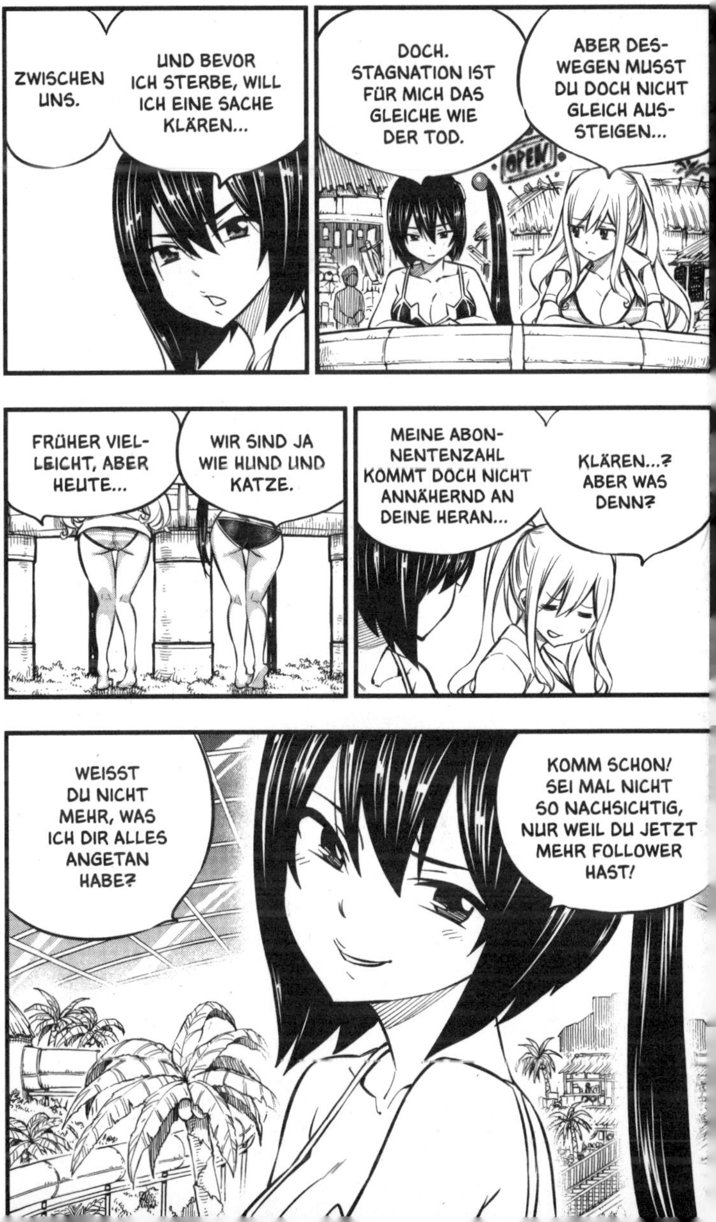
ABER DESWEGEN MUSST DU DOCH NICHT GLEICH AUSSTEIGEN...
DOCH. STAGNATION IST FÜR MICH DAS GLEICHE WIE DER TOD.
OPEN
UND BEVOR ICH STERBE, WILL ICH EINE SACHE KLÄREN...
ZWISCHEN UNS.
KLÄREN...? ABER WAS DENN?
MEINE ABONNENTENZAHL KOMMT DOCH NICHT ANNÄHERND AN DEINE HERAN...
WIR SIND JA WIE HUND UND KATZE.
FRÜHER VIELLEICHT, ABER HEUTE...
KOMM SCHON! SEI MAL NICHT SO NACHSICHTIG, NUR WEIL DU JETZT MEHR FOLLOWER HAST!
WEISST DU NICHT MEHR, WAS ICH DIR ALLES ANGETAN HABE?

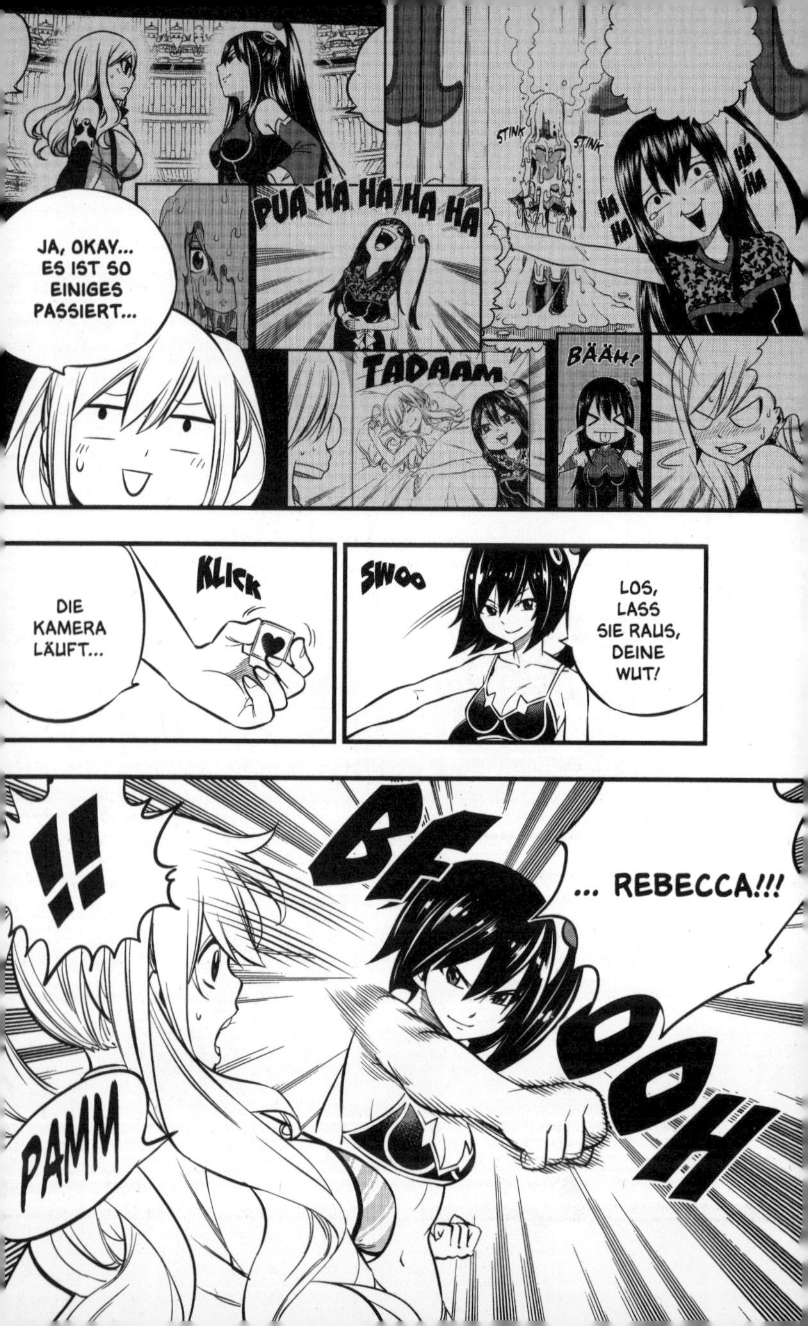
STINK
STINK
HA HA
HA HA
PUA HA HA HA HA
JA, OKAY... ES IST SO EINIGES PASSIERT...
BÄÄH!
TADAAM
LOS, LASS SIE RAUS, DEINE WUT!
SWOO
KLICK
DIE KAMERA LÄUFT...
... REBECCA!!!
!!
PAMM

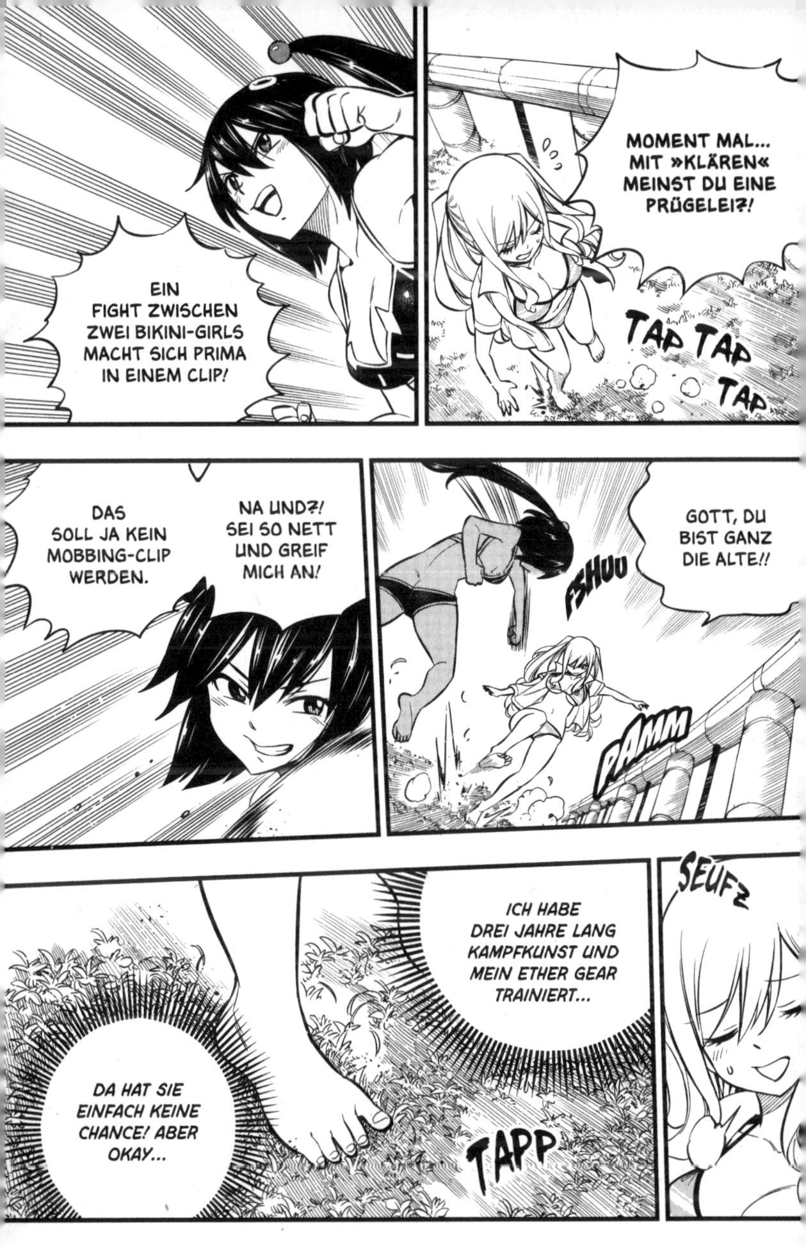
MOMENT MAL... MIT »KLÄREN« MEINST DU EINE PRÜGELEI?!
TAP TAP TAP
EIN FIGHT ZWISCHEN ZWEI BIKINI-GIRLS MACHT SICH PRIMA IN EINEM CLIP!
GOTT, DU BIST GANZ DIE ALTE!!
FSHUU
PAMM
NA UND?! SEI SO NETT UND GREIF MICH AN!
DAS SOLL JA KEIN MOBBING-CLIP WERDEN.
SEUFZ
ICH HABE DREI JAHRE LANG KAMPFKUNST UND MEIN ETHER GEAR TRAINIERT...
TAPP
DA HAT SIE EINFACH KEINE CHANCE! ABER OKAY...

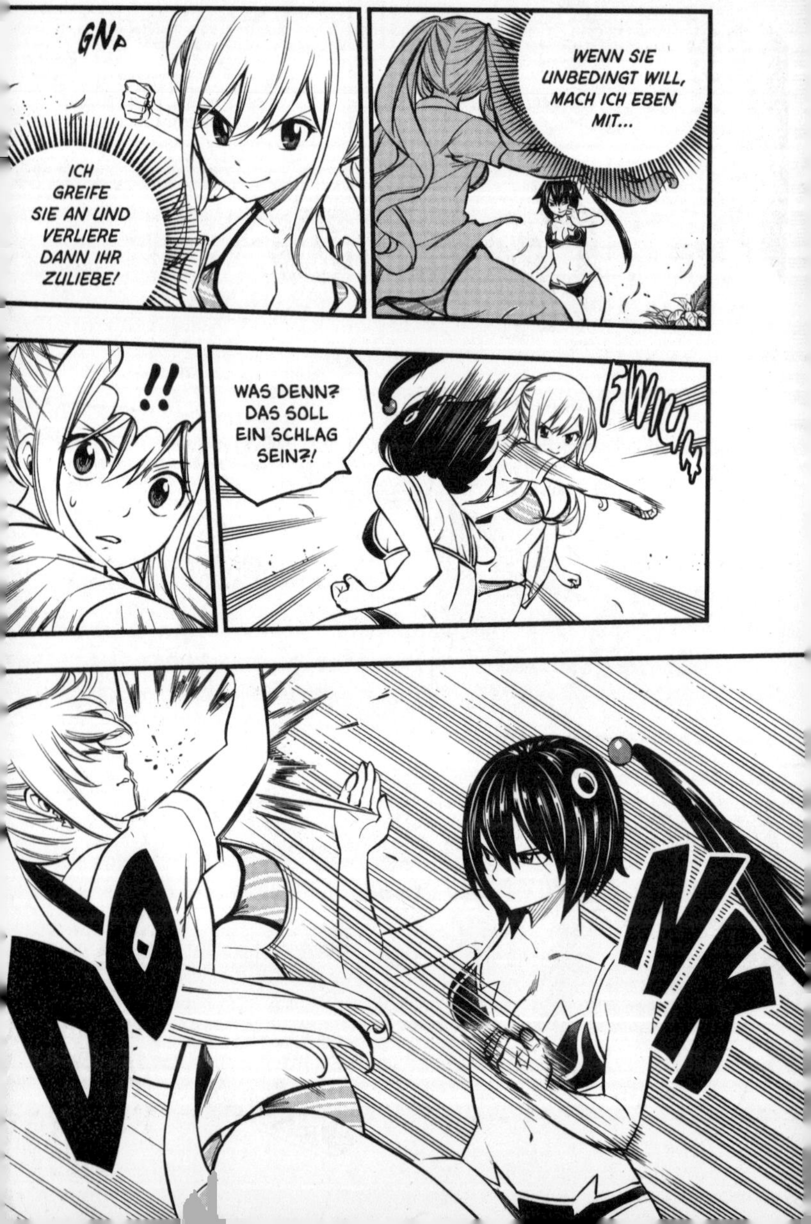
WENN SIE UNBEDINGT WILL, MACH ICH EBEN MIT...
GNP
ICH GREIFE SIE AN UND VERLIERE DANN IHR ZULIEBE!
FWUUH
WAS DENN? DAS SOLL EIN SCHLAG SEIN?!
!!
DO
NK

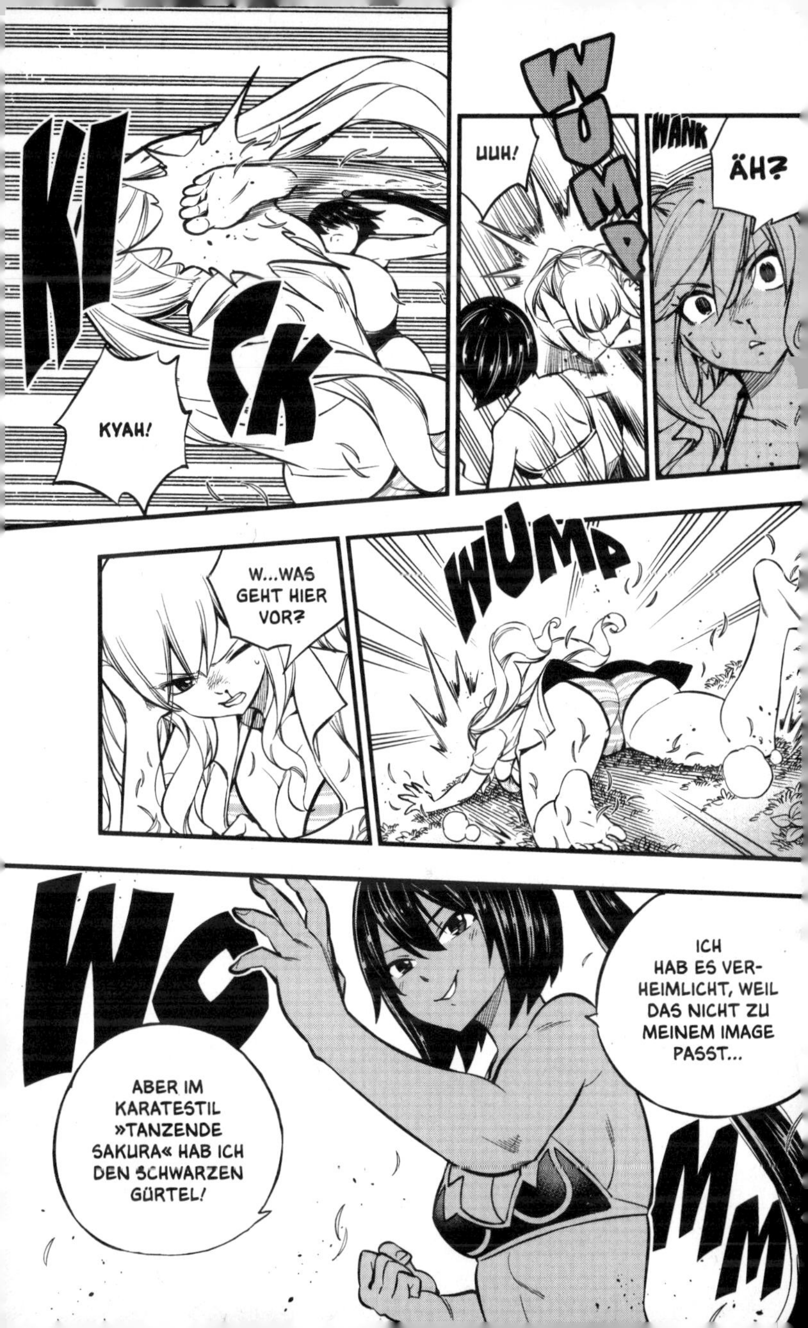

WANK
ÄH?
WUMP
UUH!
KICK
KYAH!
WUMP
W...WAS GEHT HIER VOR?
WOMM
ICH HAB ES VERHEIMLICHT, WEIL DAS NICHT ZU MEINEM IMAGE PASST...
ABER IM KARATESTIL »TANZENDE SAKURA« HAB ICH DEN SCHWARZEN GÜRTEL!

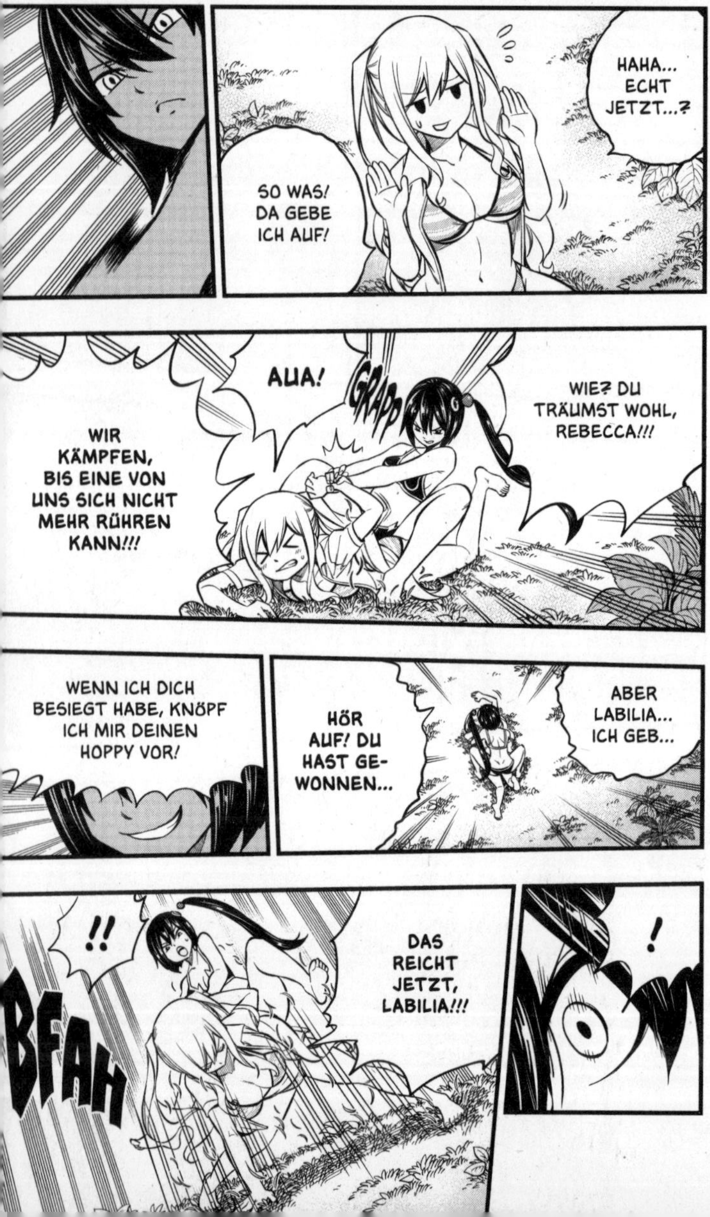
HAHA... ECHT JETZT...?
SO WAS! DA GEBE ICH AUF!
WIE? DU TRÄUMST WOHL, REBECCA!!!
GRAPP
AUA!
WIR KÄMPFEN, BIS EINE VON UNS SICH NICHT MEHR RÜHREN KANN!!!
ABER LABILIA... ICH GEB...
HÖR AUF! DU HAST GE-WONNEN...
WENN ICH DICH BESIEGT HABE, KNÖPF ICH MIR DEINEN HOPPY VOR!
!
DAS REICHT JETZT, LABILIA!!!
!!
BFAH

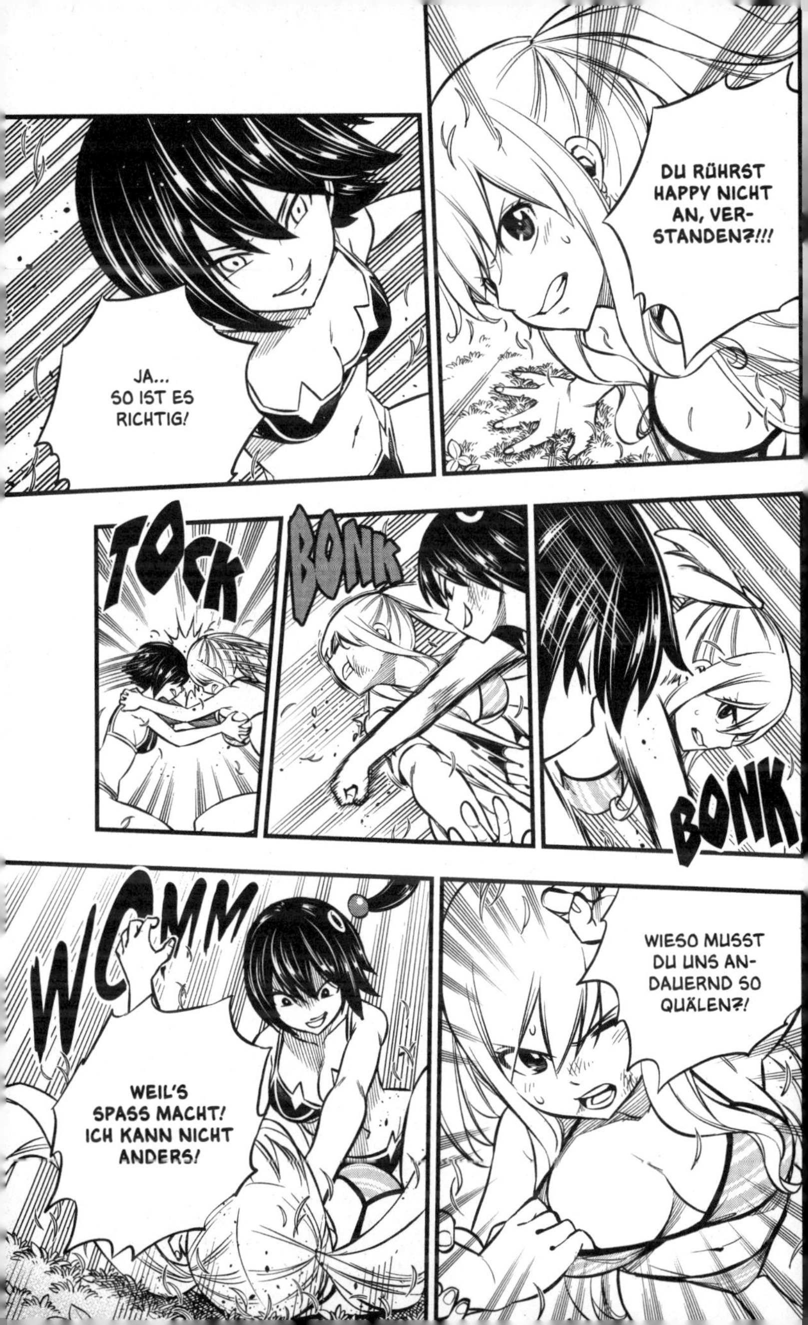
DU RÜHRST HAPPY NICHT AN, VERSTANDEN?!!!
JA... SO IST ES RICHTIG!
BONK
BONK
TOCK
WIESO MUSST DU UNS ANDAUERND SO QUÄLEN?!
WOMM
WEIL'S SPASS MACHT! ICH KANN NICHT ANDERS!

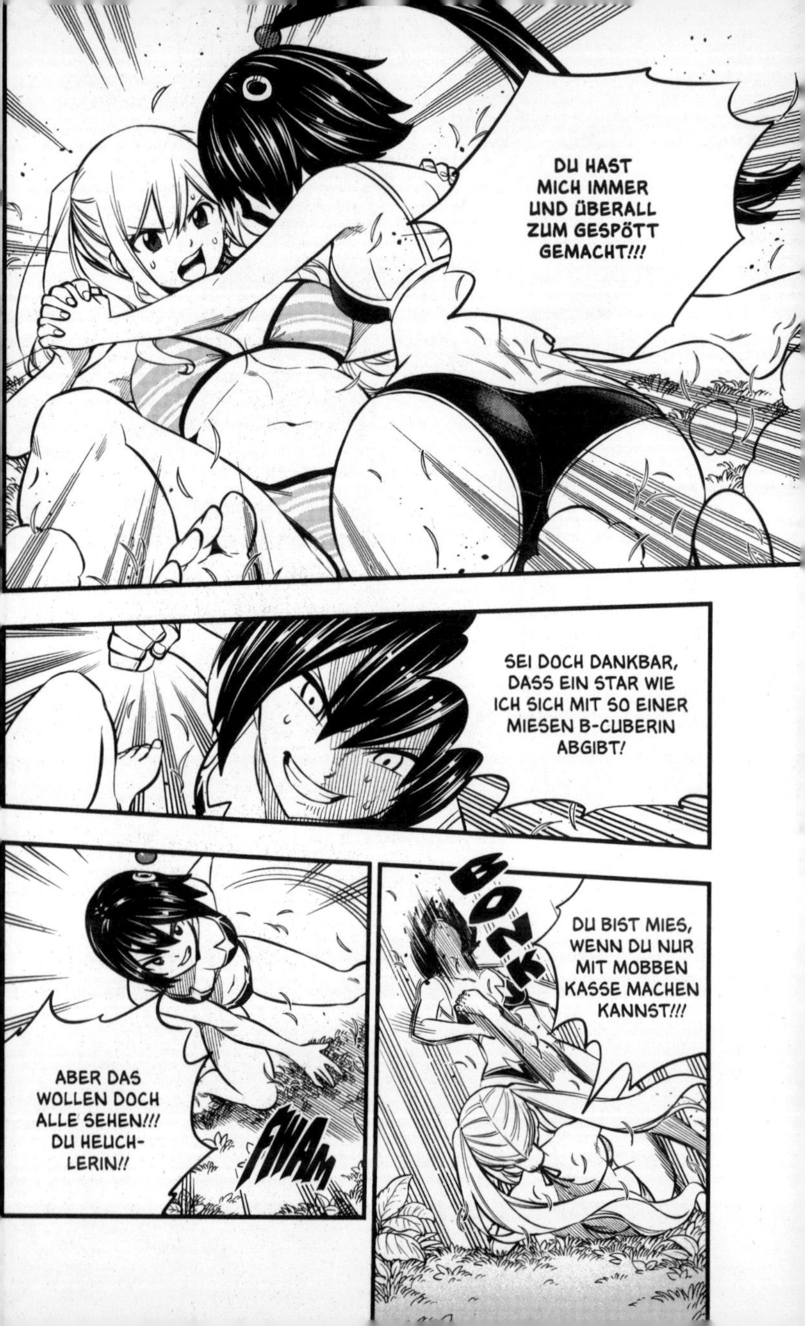
DU HAST MICH IMMER UND ÜBERALL ZUM GESPÖTT GEMACHT!!!
SEI DOCH DANKBAR, DASS EIN STAR WIE ICH SICH MIT SO EINER MIESEN B-CUBERIN ABGIBT!
BONK
DU BIST MIES, WENN DU NUR MIT MOBBEN KASSE MACHEN KANNST!!!
ABER DAS WOLLEN DOCH ALLE SEHEN!!! DU HEUCH-LERIN!!
FWAM

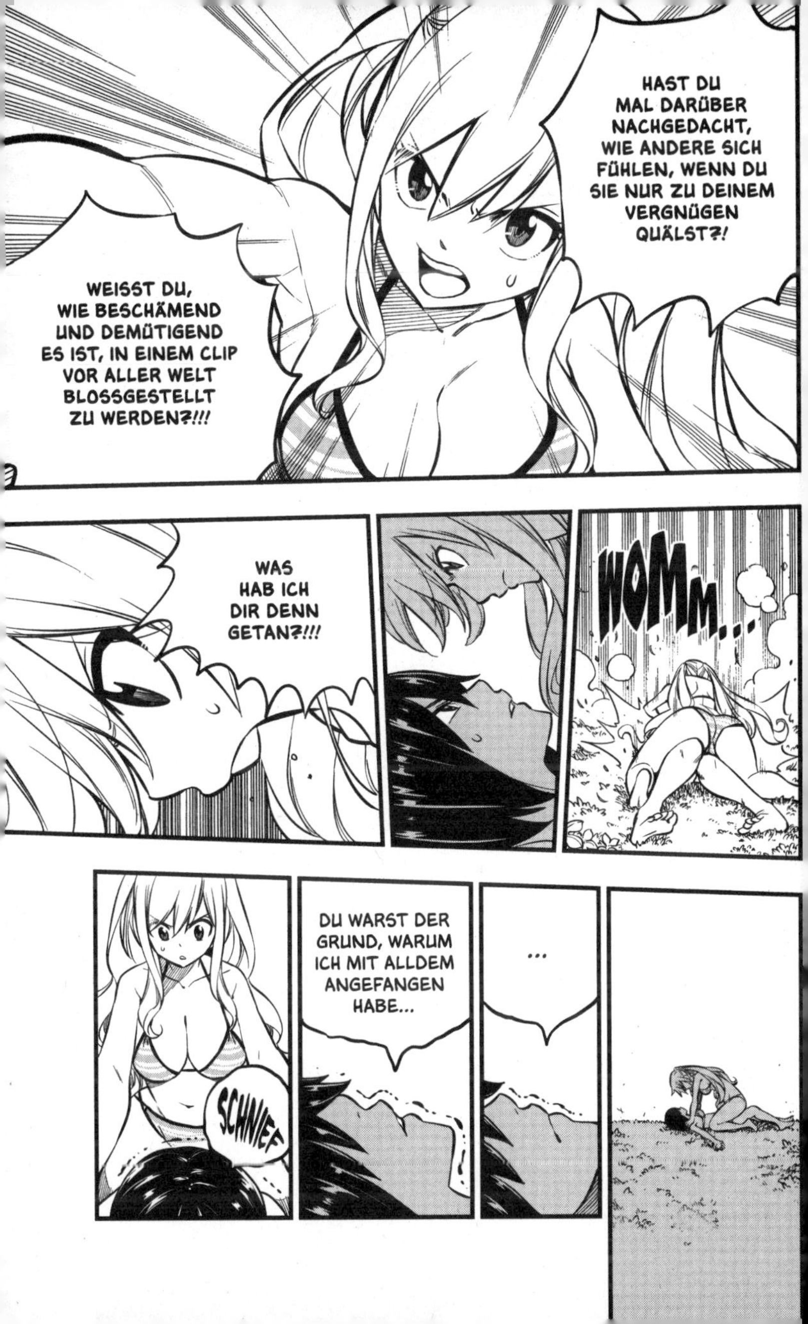
HAST DU MAL DARÜBER NACHGEDACHT, WIE ANDERE SICH FÜHLEN, WENN DU SIE NUR ZU DEINEM VERGNÜGEN QUÄLST?!
WEISST DU, WIE BESCHÄMEND UND DEMÜTIGEND ES IST, IN EINEM CLIP VOR ALLER WELT BLOSSGESTELLT ZU WERDEN?!!!
WOMM...
WAS HAB ICH DIR DENN GETAN?!!!
...
DU WARST DER GRUND, WARUM ICH MIT ALLDEM ANGEFANGEN HABE...
SCHNIEF

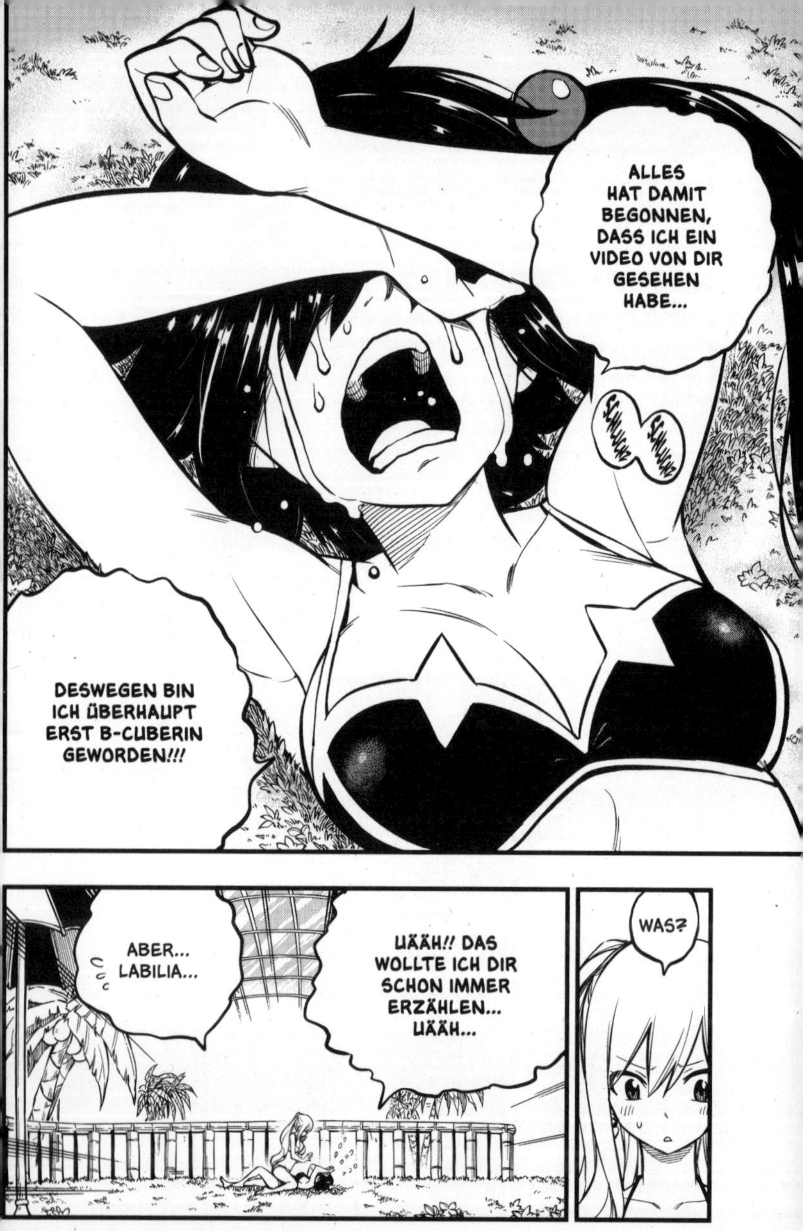

ALLES HAT DAMIT BEGONNEN, DASS ICH EIN VIDEO VON DIR GESEHEN HABE...
SCHLUCHZ
SCHLUCHZ
DESWEGEN BIN ICH ÜBERHAUPT ERST B-CUBERIN GEWORDEN!!!
WAS?
UÄÄH!! DAS WOLLTE ICH DIR SCHON IMMER ERZÄHLEN... UÄÄH...
ABER... LABILIA...

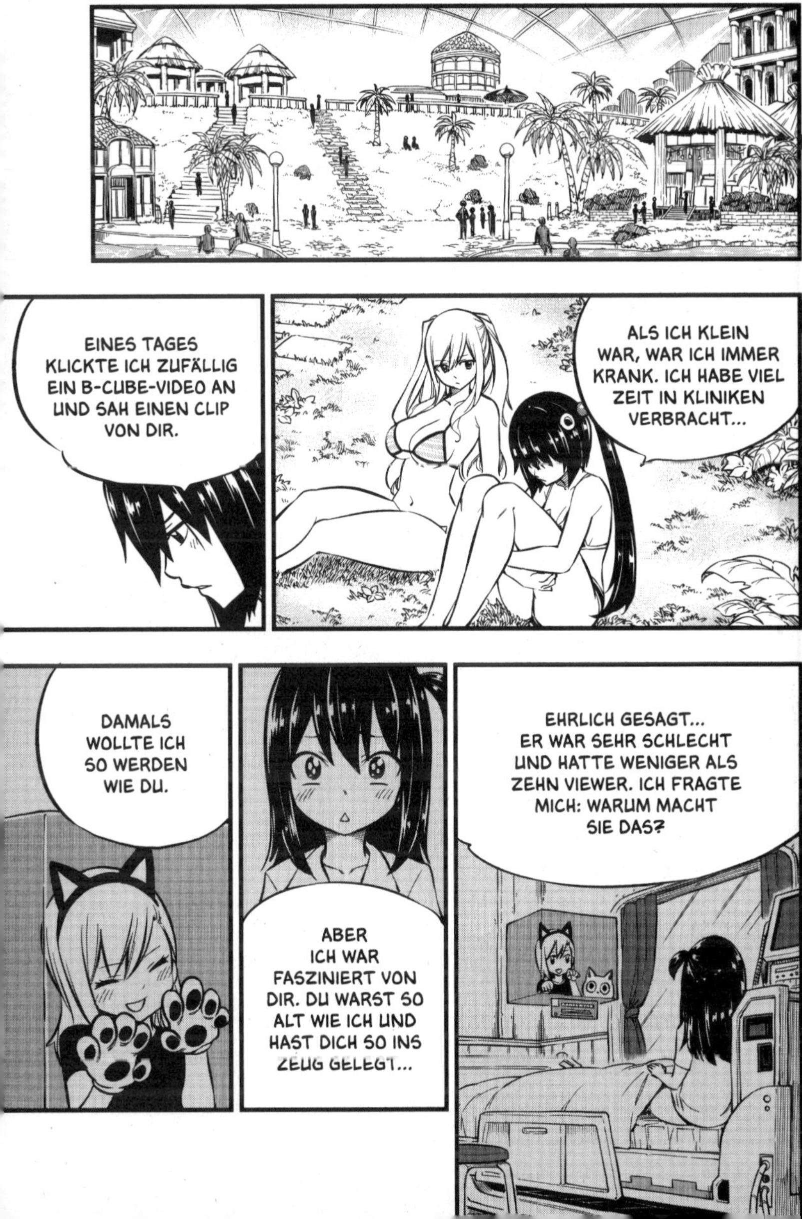
ALS ICH KLEIN WAR, WAR ICH IMMER KRANK. ICH HABE VIEL ZEIT IN KLINIKEN VERBRACHT...
EINES TAGES KLICKTE ICH ZUFÄLLIG EIN B-CUBE-VIDEO AN UND SAH EINEN CLIP VON DIR.
EHRLICH GESAGT... ER WAR SEHR SCHLECHT UND HATTE WENIGER ALS ZEHN VIEWER. ICH FRAGTE MICH: WARUM MACHT SIE DAS?
ABER ICH WAR FASZINIERT VON DIR. DU WARST SO ALT WIE ICH UND HAST DICH SO INS ZEUG GELEGT...
DAMALS WOLLTE ICH SO WERDEN WIE DU.

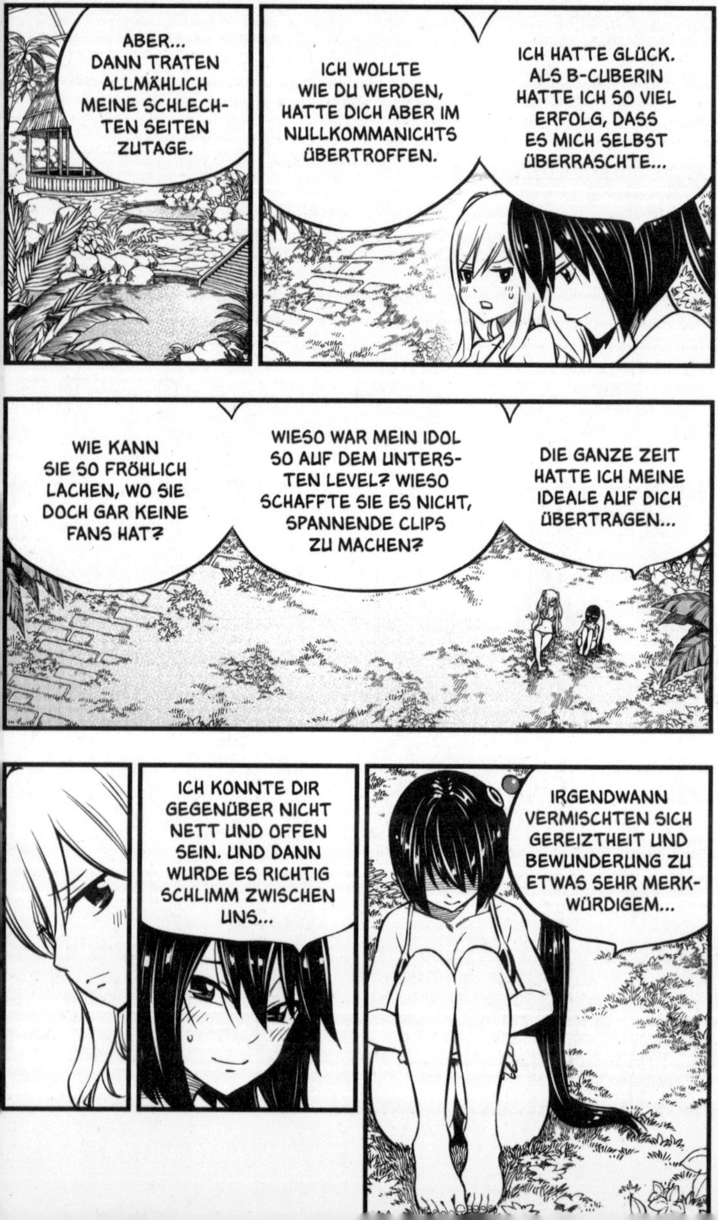
ICH HATTE GLÜCK. ALS B-CUBERIN HATTE ICH SO VIEL ERFOLG, DASS ES MICH SELBST ÜBERRASCHTE...
ICH WOLLTE WIE DU WERDEN, HATTE DICH ABER IM NULLKOMMANICHTS ÜBERTROFFEN.
ABER... DANN TRATEN ALLMÄHLICH MEINE SCHLECH-TEN SEITEN ZUTAGE.
DIE GANZE ZEIT HATTE ICH MEINE IDEALE AUF DICH ÜBERTRAGEN...
WIESO WAR MEIN IDOL SO AUF DEM UNTERS-TEN LEVEL? WIESO SCHAFFTE SIE ES NICHT, SPANNENDE CLIPS ZU MACHEN?
WIE KANN SIE SO FRÖHLICH LACHEN, WO SIE DOCH GAR KEINE FANS HAT?
IRGENDWANN VERMISCHTEN SICH GEREIZTHEIT UND BEWUNDERUNG ZU ETWAS SEHR MERK-WÜRDIGEM...
ICH KONNTE DIR GEGENÜBER NICHT NETT UND OFFEN SEIN. UND DANN WURDE ES RICHTIG SCHLIMM ZWISCHEN UNS...

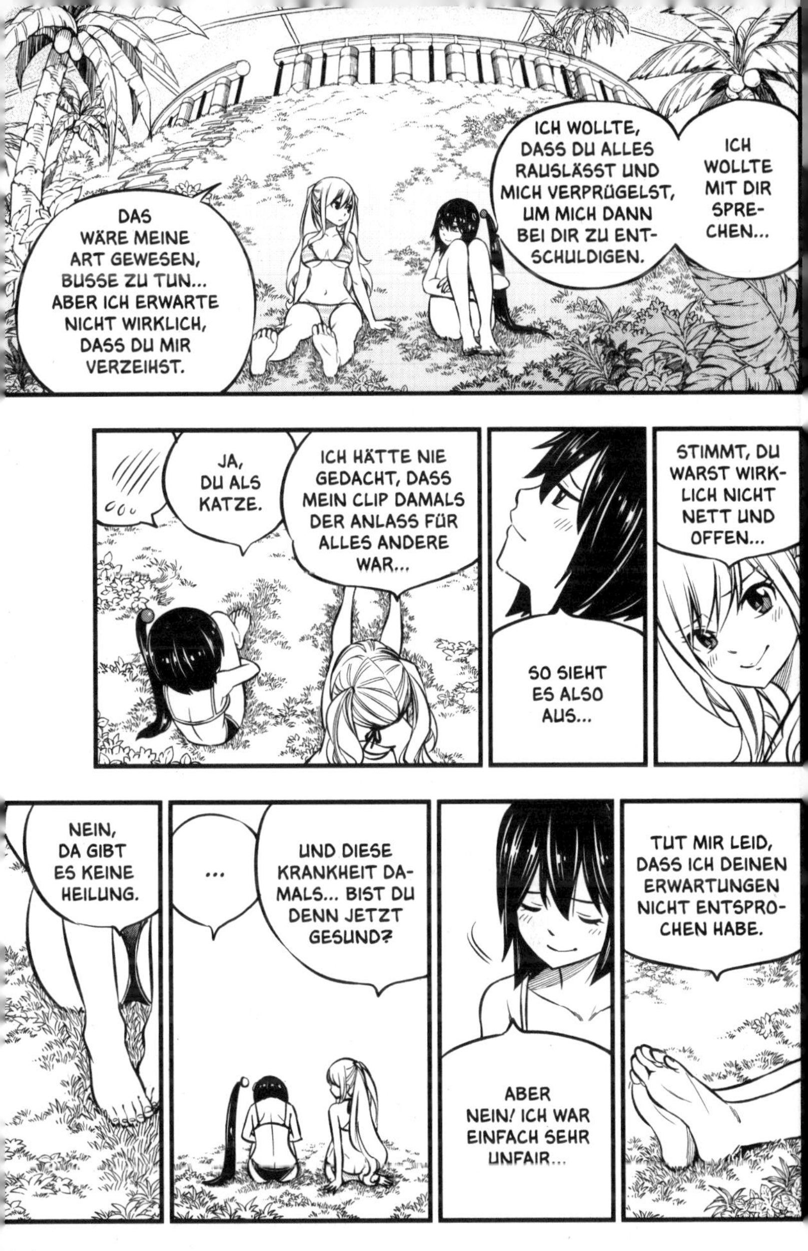
ICH WOLLTE MIT DIR SPRECHEN...
ICH WOLLTE, DASS DU ALLES RAUSLÄSST UND MICH VERPRÜGELST, UM MICH DANN BEI DIR ZU ENTSCHULDIGEN.
DAS WÄRE MEINE ART GEWESEN, BUSSE ZU TUN... ABER ICH ERWARTE NICHT WIRKLICH, DASS DU MIR VERZEIHST.
STIMMT, DU WARST WIRKLICH NICHT NETT UND OFFEN...
SO SIEHT ES ALSO AUS...
ICH HÄTTE NIE GEDACHT, DASS MEIN CLIP DAMALS DER ANLASS FÜR ALLES ANDERE WAR...
JA, DU ALS KATZE.
TUT MIR LEID, DASS ICH DEINEN ERWARTUNGEN NICHT ENTSPROCHEN HABE.
ABER NEIN! ICH WAR EINFACH SEHR UNFAIR...
UND DIESE KRANKHEIT DAMALS... BIST DU DENN JETZT GESUND?
...
NEIN, DA GIBT ES KEINE HEILUNG.

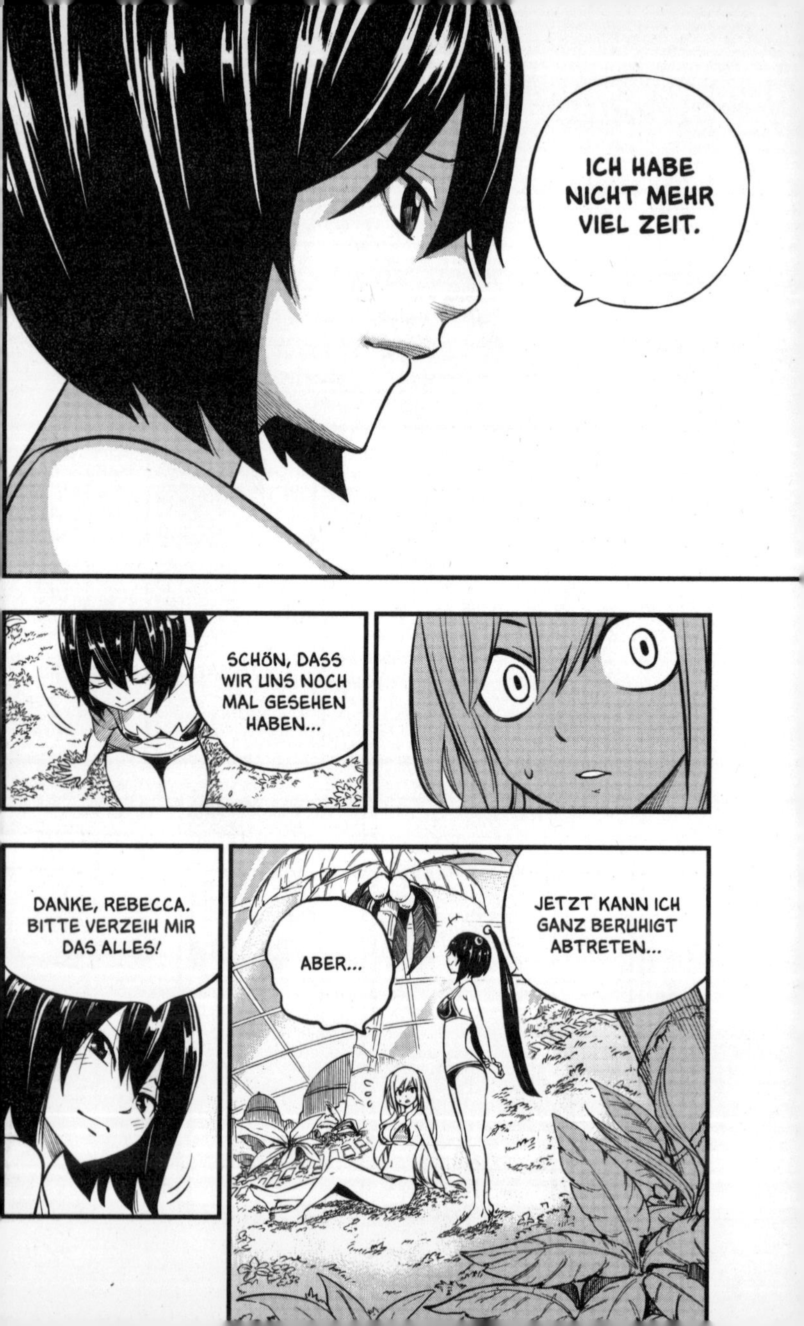
ICH HABE NICHT MEHR VIEL ZEIT.
SCHÖN, DASS WIR UNS NOCH MAL GESEHEN HABEN...
JETZT KANN ICH GANZ BERUHIGT ABTRETEN...
ABER...
DANKE, REBECCA. BITTE VERZEIH MIR DAS ALLES!

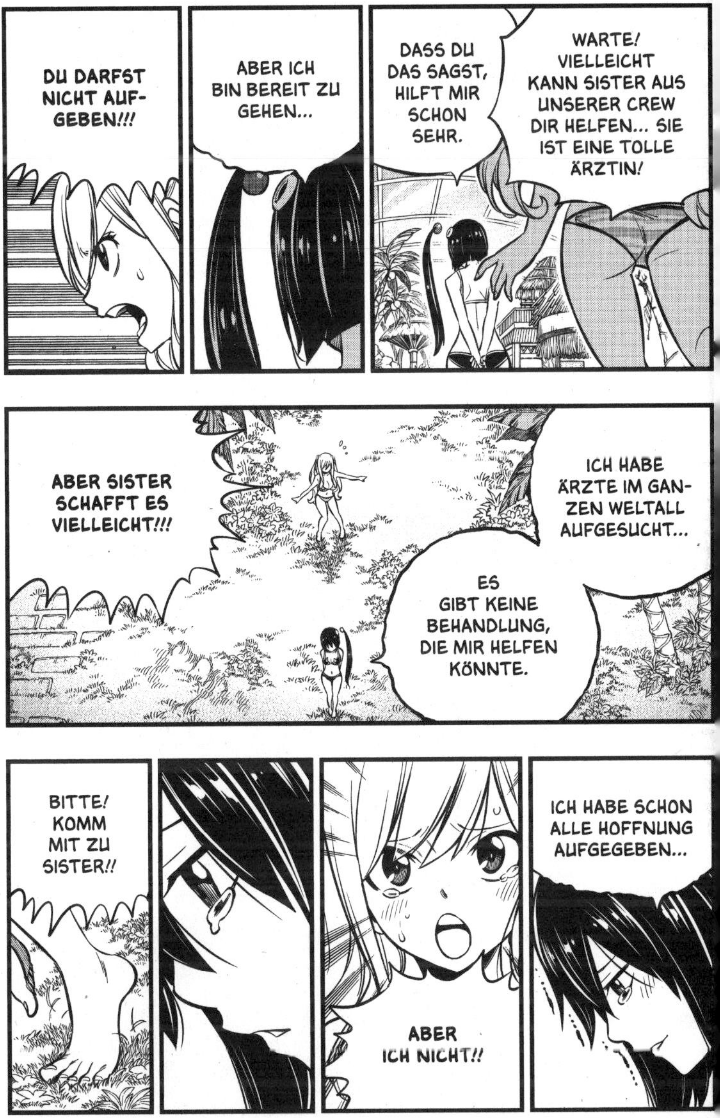
WARTE! VIELLEICHT KANN SISTER AUS UNSERER CREW DIR HELFEN... SIE IST EINE TOLLE ÄRZTIN!
DASS DU DAS SAGST, HILFT MIR SCHON SEHR.
ABER ICH BIN BEREIT ZU GEHEN...
DU DARFST NICHT AUF-GEBEN!!!
ICH HABE ÄRZTE IM GAN-ZEN WELTALL AUFGESUCHT...
ES GIBT KEINE BEHANDLUNG, DIE MIR HELFEN KÖNNTE.
ABER SISTER SCHAFFT ES VIELLEICHT!!!
ICH HABE SCHON ALLE HOFFNUNG AUFGEGEBEN...
ABER ICH NICHT!!
BITTE! KOMM MIT ZU SISTER!!

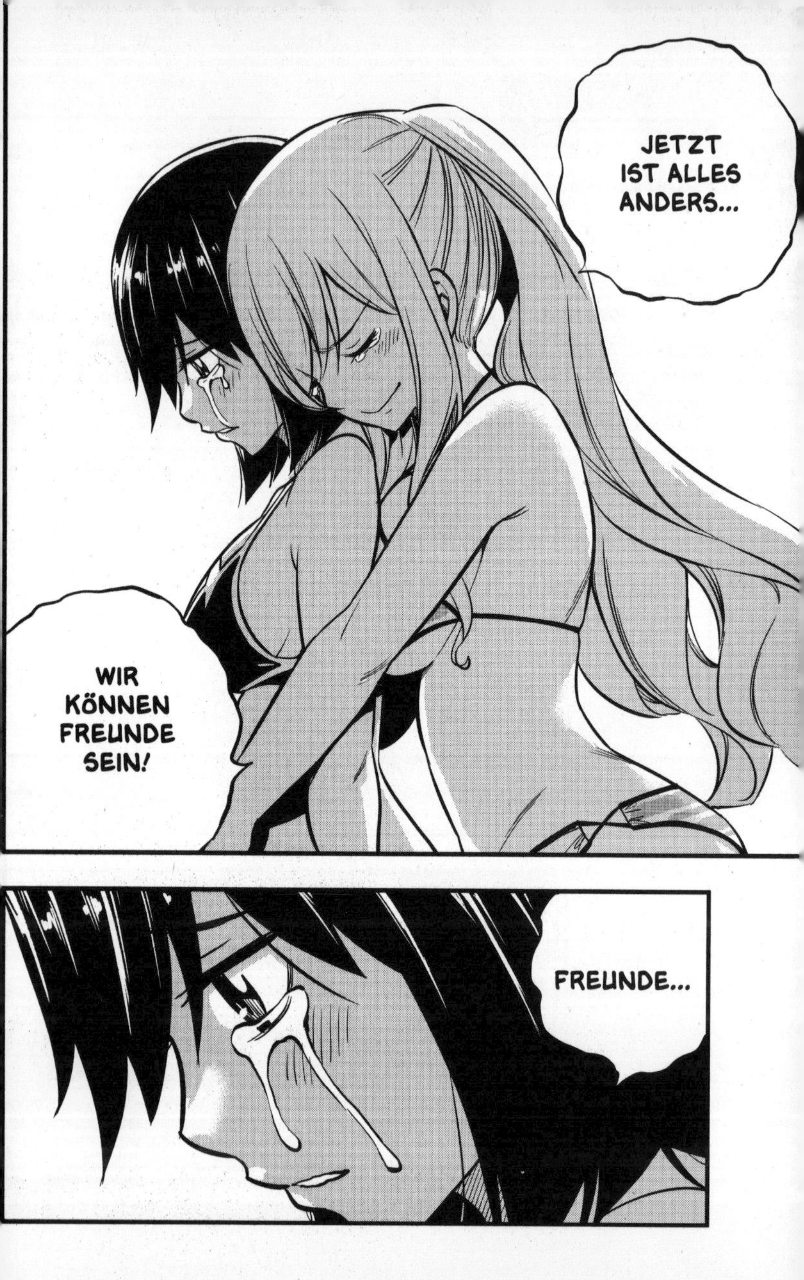
JETZT IST ALLES ANDERS...
WIR KÖNNEN FREUNDE SEIN!
FREUNDE...

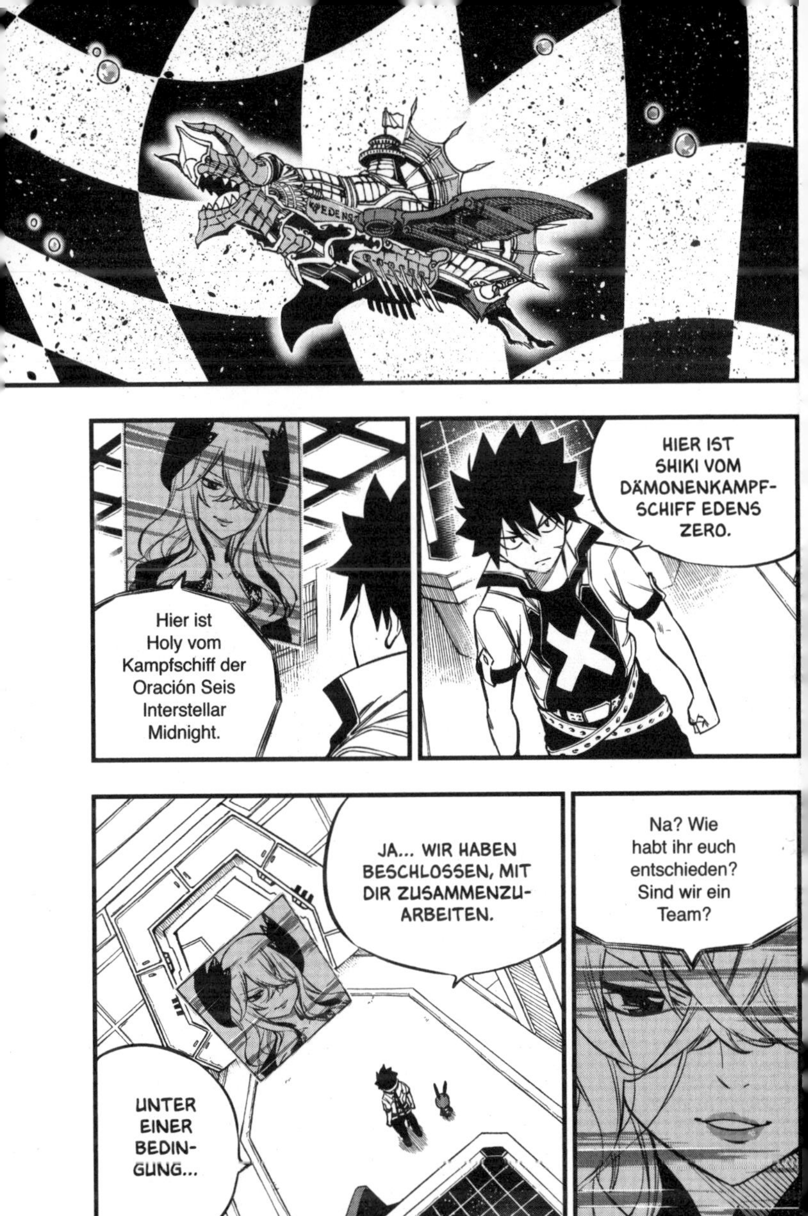

HIER IST SHIKI VOM DÄMONENKAMPF-SCHIFF EDENS ZERO.
Hier ist Holy vom Kampfschiff der Oración Seis Interstellar Midnight.
Na? Wie habt ihr euch entschieden? Sind wir ein Team?
JA... WIR HABEN BESCHLOSSEN, MIT DIR ZUSAMMENZU-ARBEITEN.
UNTER EINER BEDIN-GUNG...

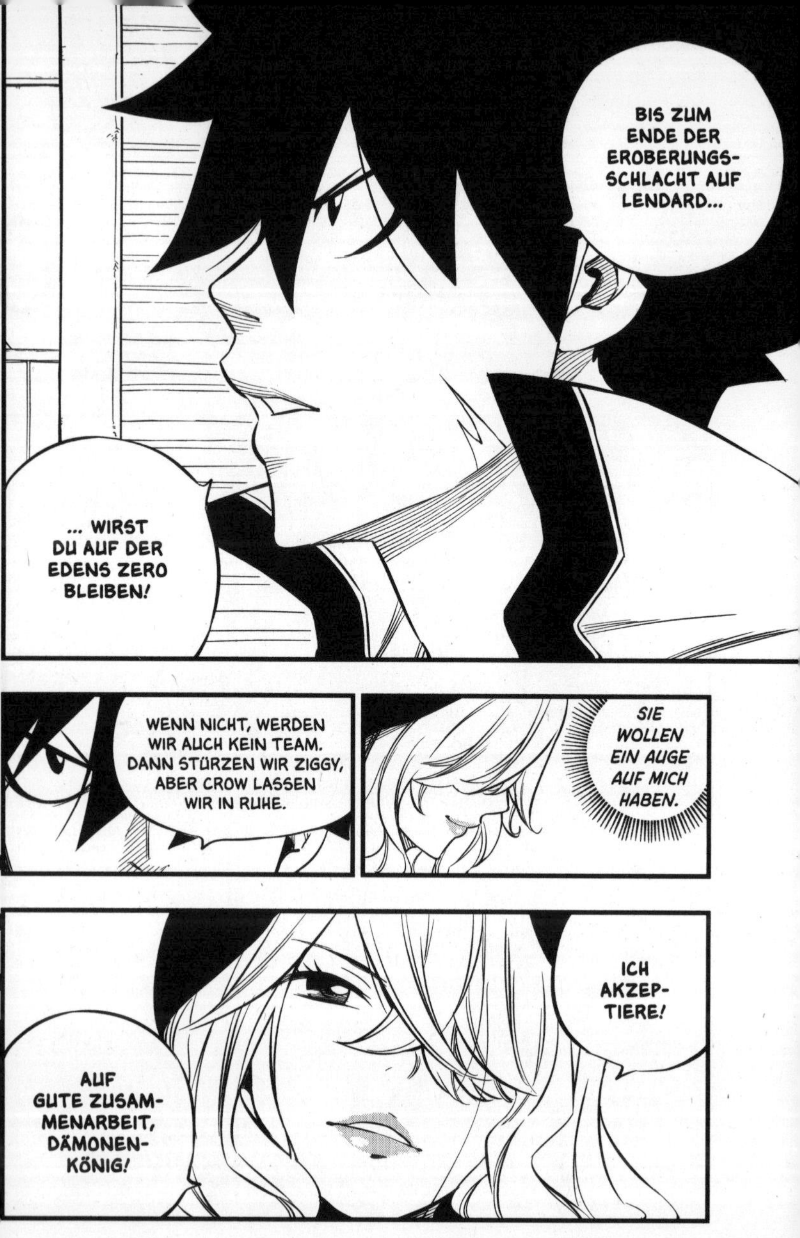
BIS ZUM ENDE DER EROBERUNGS-SCHLACHT AUF LENDARD...
... WIRST DU AUF DER EDENS ZERO BLEIBEN!
SIE WOLLEN EIN AUGE AUF MICH HABEN.
WENN NICHT, WERDEN WIR AUCH KEIN TEAM. DANN STÜRZEN WIR ZIGGY, ABER CROW LASSEN WIR IN RUHE.
ICH AKZEP-TIERE!
AUF GUTE ZUSAM-MENARBEIT, DÄMONEN-KÖNIG!

EDENS ZERO

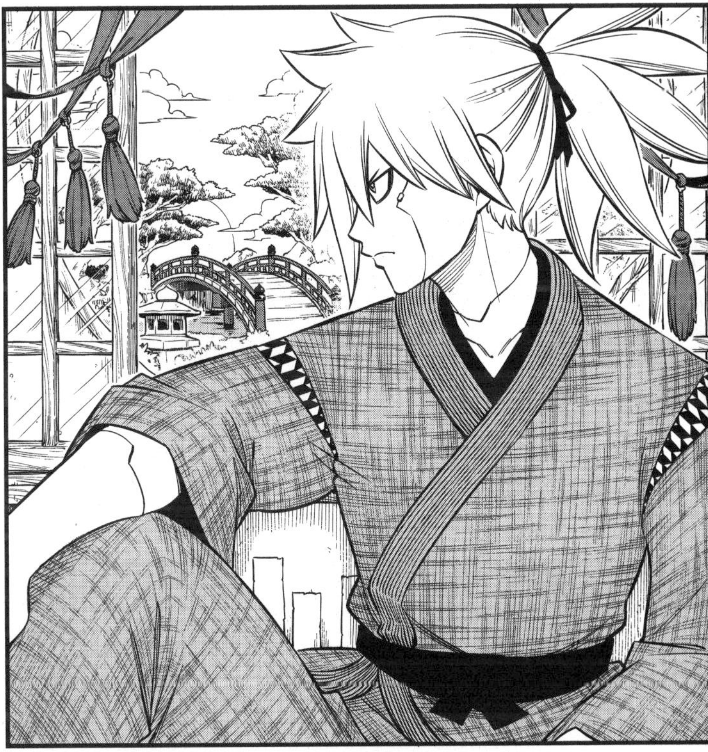

KAPITEL 179: DEADEND CROW

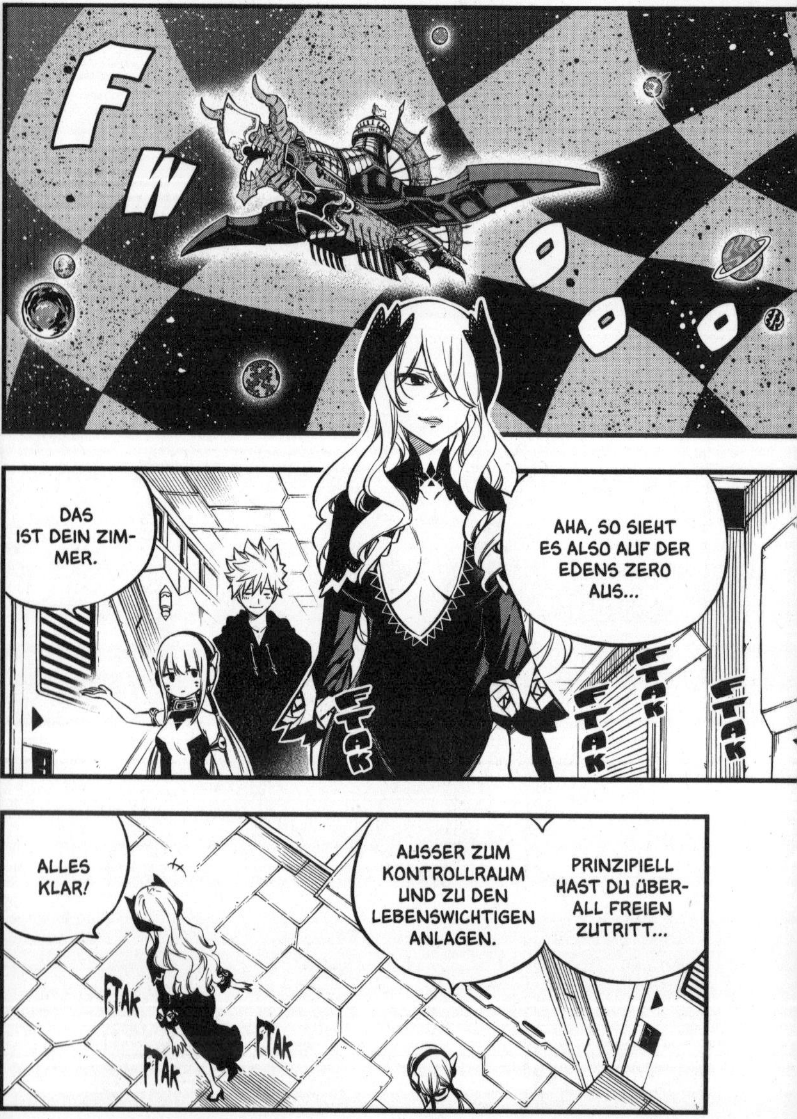
FWOOOO
AHA, SO SIEHT ES ALSO AUF DER EDENS ZERO AUS...
DAS IST DEIN ZIMMER.
FTAK
FTAK
FTAK
FTAK
PRINZIPIELL HAST DU ÜBERALL FREIEN ZUTRITT...
AUSSER ZUM KONTROLLRAUM UND ZU DEN LEBENSWICHTIGEN ANLAGEN.
ALLES KLAR!
FTAK
FTAK
FTAK

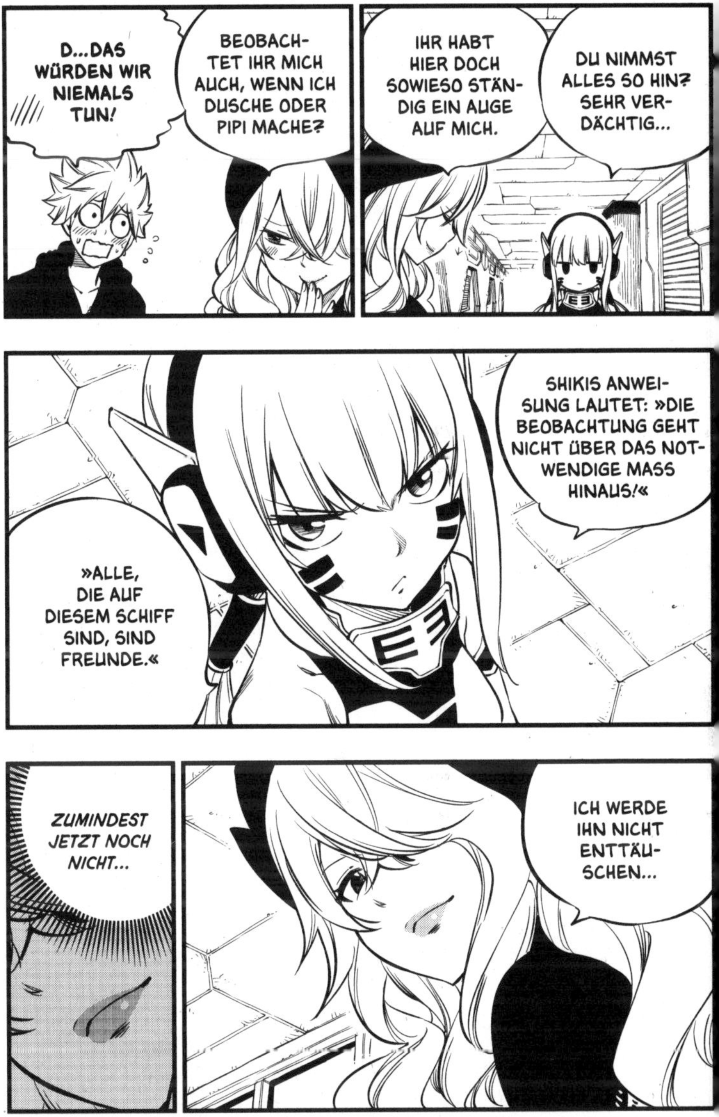
D...DAS WÜRDEN WIR NIEMALS TUN!
BEOBACHTET IHR MICH AUCH, WENN ICH DUSCHE ODER PIPI MACHE?
IHR HABT HIER DOCH SOWIESO STÄNDIG EIN AUGE AUF MICH.
DU NIMMST ALLES SO HIN? SEHR VERDÄCHTIG...
SHIKIS ANWEISUNG LAUTET: »DIE BEOBACHTUNG GEHT NICHT ÜBER DAS NOTWENDIGE MASS HINAUS!«
»ALLE, DIE AUF DIESEM SCHIFF SIND, SIND FREUNDE.«
ICH WERDE IHN NICHT ENTTÄUSCHEN...
ZUMINDEST JETZT NOCH NICHT...

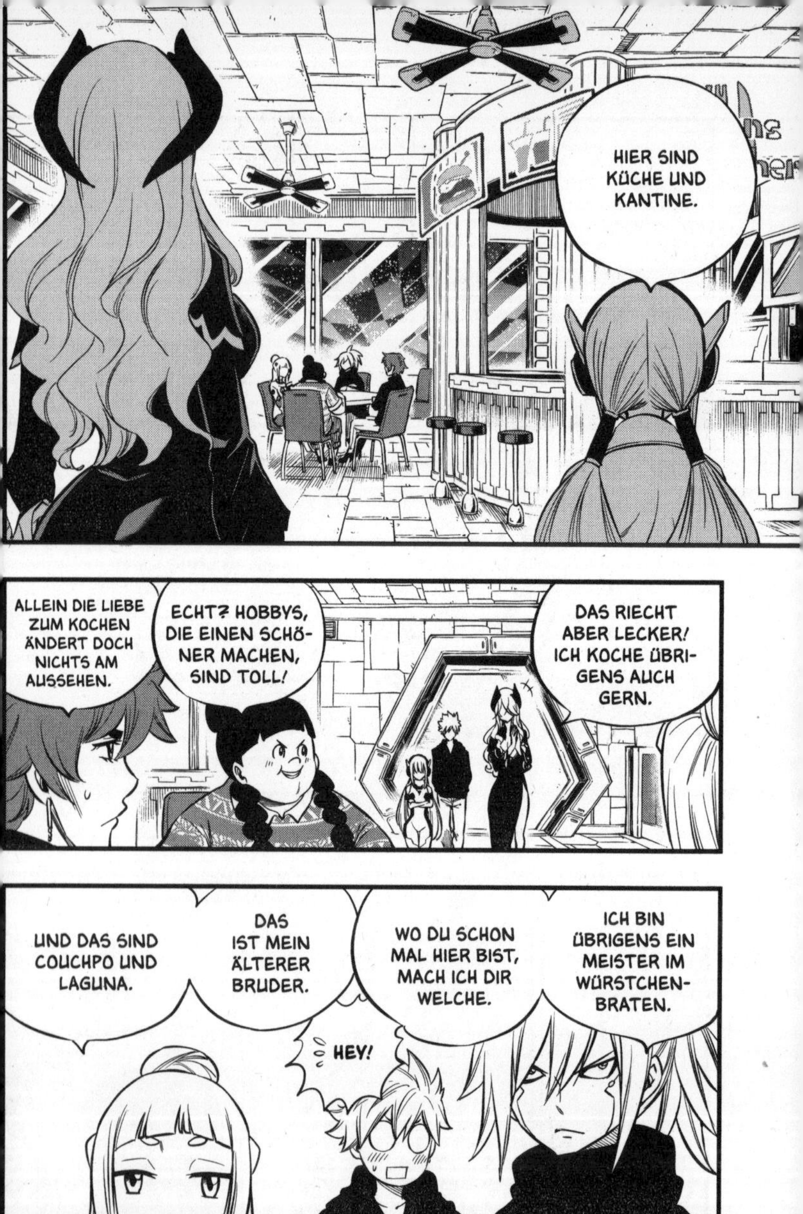
HIER SIND KÜCHE UND KANTINE.
DAS RIECHT ABER LECKER! ICH KOCHE ÜBRIGENS AUCH GERN.
ECHT? HOBBYS, DIE EINEN SCHÖNER MACHEN, SIND TOLL!
ALLEIN DIE LIEBE ZUM KOCHEN ÄNDERT DOCH NICHTS AM AUSSEHEN.
ICH BIN ÜBRIGENS EIN MEISTER IM WÜRSTCHENBRATEN.
WO DU SCHON MAL HIER BIST, MACH ICH DIR WELCHE.
HEY!
DAS IST MEIN ÄLTERER BRUDER.
UND DAS SIND COUCHPO UND LAGUNA.

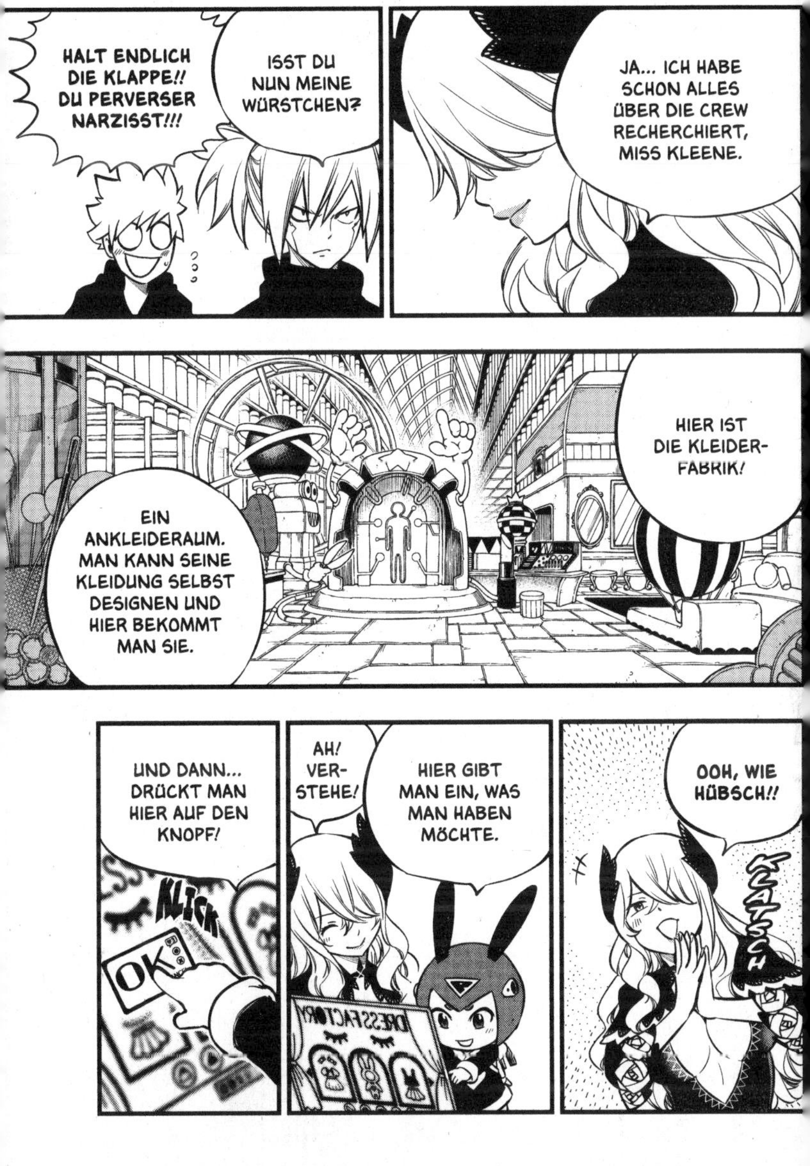
JA... ICH HABE SCHON ALLES ÜBER DIE CREW RECHERCHIERT, MISS KLEENE.
ISST DU NUN MEINE WÜRSTCHEN?
HALT ENDLICH DIE KLAPPE!! DU PERVERSER NARZISST!!!
HIER IST DIE KLEIDER-FABRIK!
EIN ANKLEIDERAUM. MAN KANN SEINE KLEIDUNG SELBST DESIGNEN UND HIER BEKOMMT MAN SIE.
OOH, WIE HÜBSCH!!
KLATSCH
HIER GIBT MAN EIN, WAS MAN HABEN MÖCHTE.
AH! VER-STEHE!
DRESS FACTORY
UND DANN... DRÜCKT MAN HIER AUF DEN KNOPF!
KLICK
OK

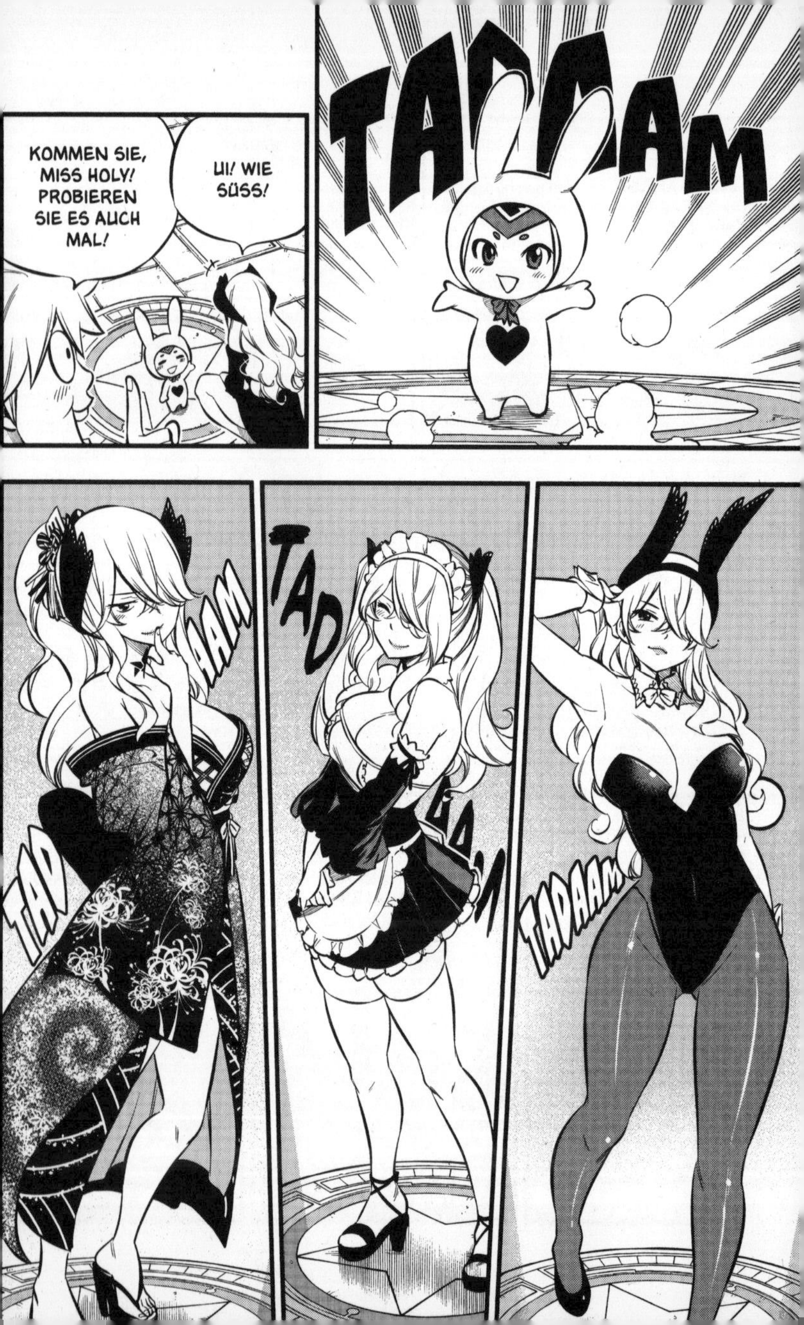
TADAAM
UI! WIE SÜSS!
KOMMEN SIE, MISS HOLY! PROBIEREN SIE ES AUCH MAL!
TADAAM
TAD
TAD
AAM

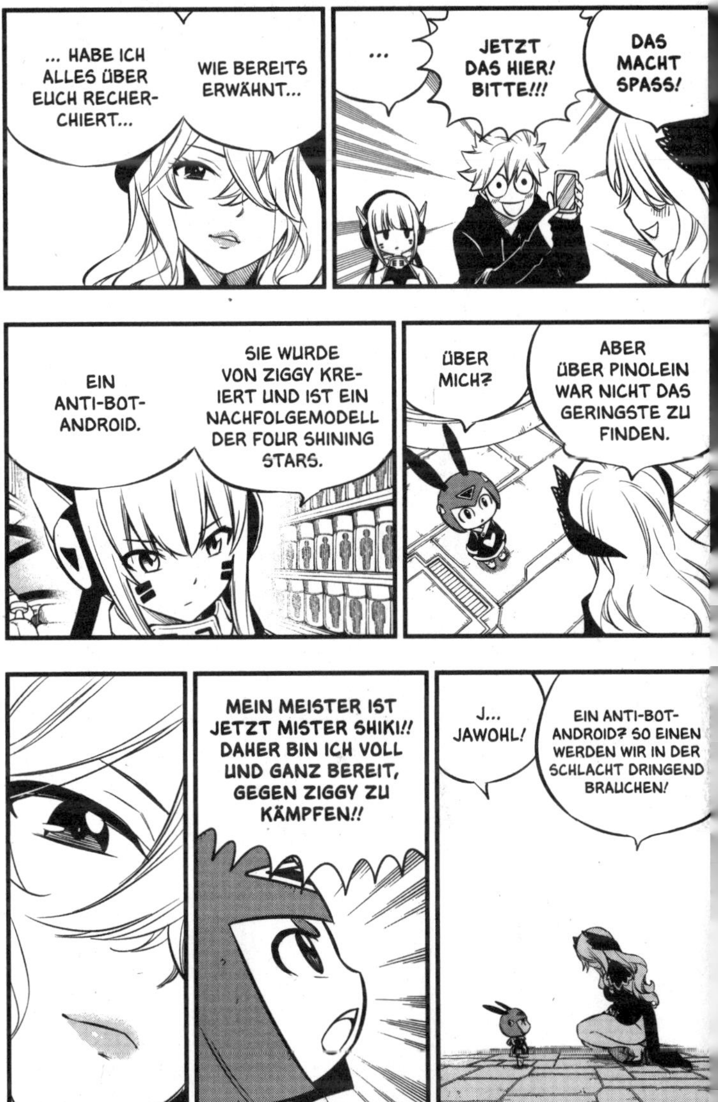
DAS MACHT SPASS!
JETZT DAS HIER! BITTE!!!
...
WIE BEREITS ERWÄHNT...
... HABE ICH ALLES ÜBER EUCH RECHERCHIERT...
ABER ÜBER PINOLEIN WAR NICHT DAS GERINGSTE ZU FINDEN.
ÜBER MICH?
SIE WURDE VON ZIGGY KREIERT UND IST EIN NACHFOLGEMODELL DER FOUR SHINING STARS.
EIN ANTI-BOT-ANDROID.
EIN ANTI-BOT-ANDROID? SO EINEN WERDEN WIR IN DER SCHLACHT DRINGEND BRAUCHEN!
J... JAWOHL!
MEIN MEISTER IST JETZT MISTER SHIKI!! DAHER BIN ICH VOLL UND GANZ BEREIT, GEGEN ZIGGY ZU KÄMPFEN!!

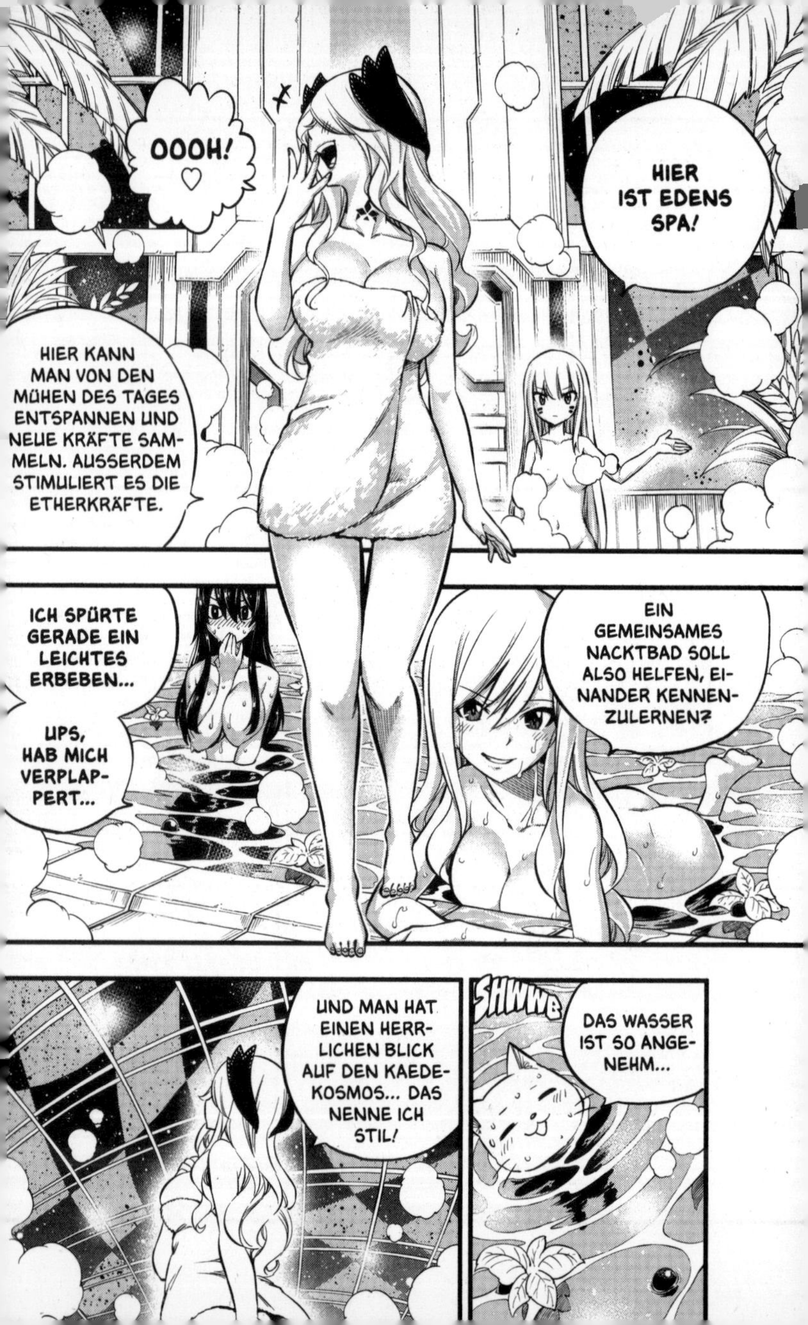
HIER IST EDENS SPA!
OOOH! ♡
HIER KANN MAN VON DEN MÜHEN DES TAGES ENTSPANNEN UND NEUE KRÄFTE SAMMELN. AUSSERDEM STIMULIERT ES DIE ETHERKRÄFTE.
EIN GEMEINSAMES NACKTBAD SOLL ALSO HELFEN, EINANDER KENNENZULERNEN?
ICH SPÜRTE GERADE EIN LEICHTES ERBEBEN...
UPS, HAB MICH VERPLAPPERT...
SHWWB
DAS WASSER IST SO ANGENEHM...
UND MAN HAT EINEN HERRLICHEN BLICK AUF DEN KAEDE-KOSMOS... DAS NENNE ICH STIL!

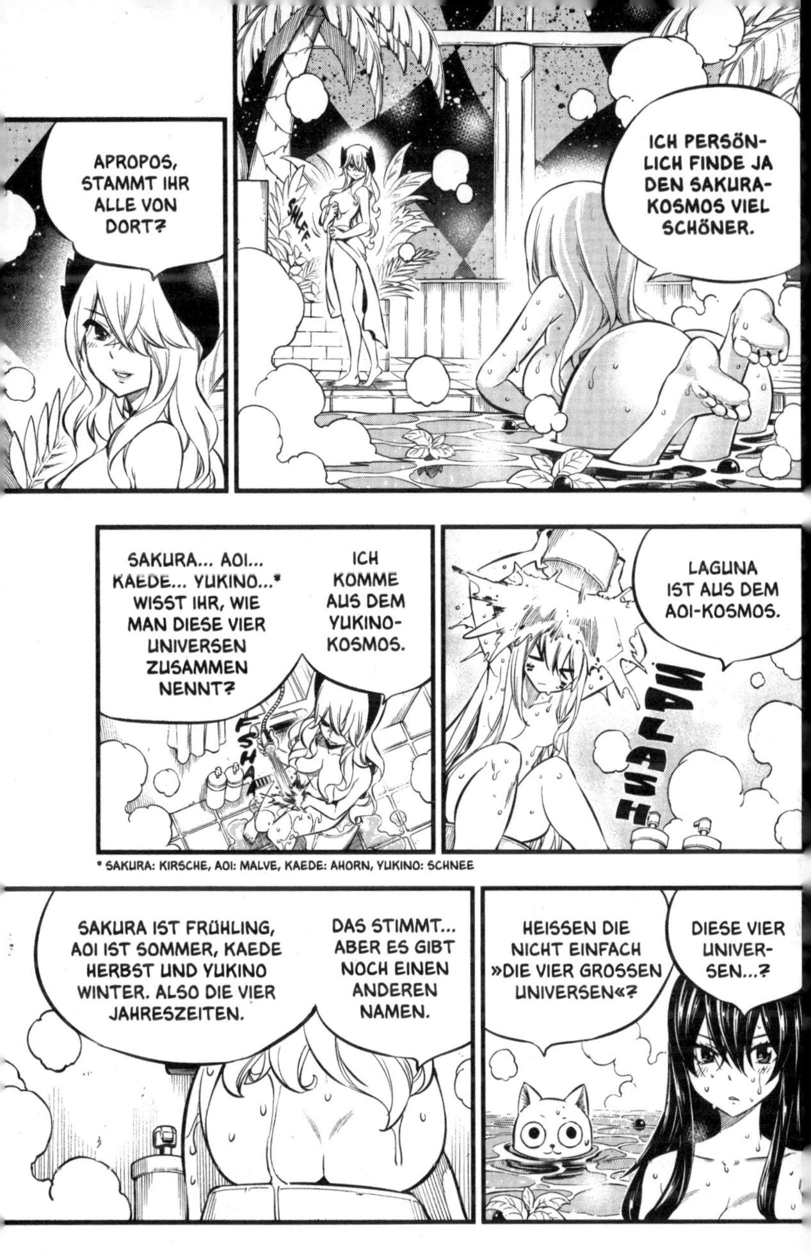

* SAKURA: KIRSCHE, AOI: MALVE, KAEDE: AHORN, YUKINO: SCHNEE

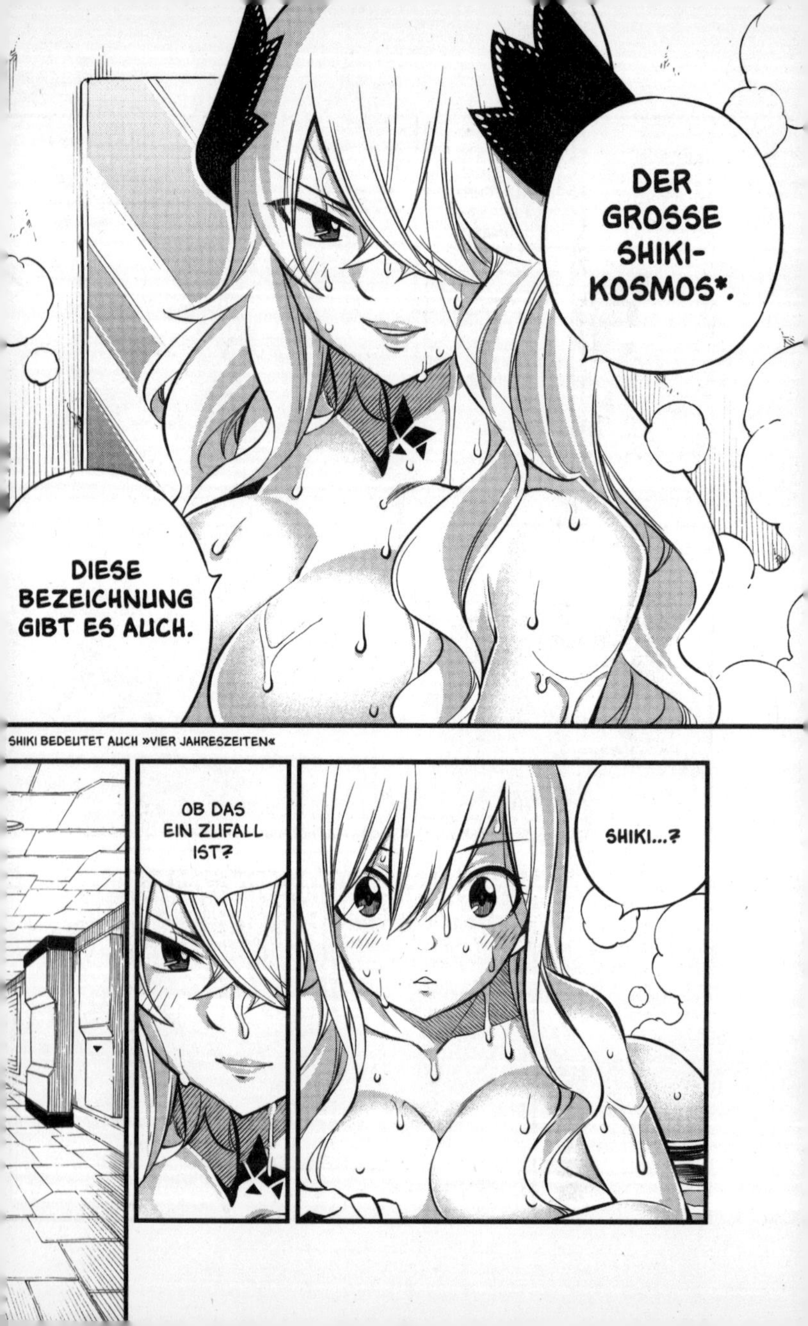
DER GROSSE SHIKI-KOSMOS*.
DIESE BEZEICHNUNG GIBT ES AUCH.
SHIKI BEDEUTET AUCH »VIER JAHRESZEITEN«
SHIKI...?
OB DAS EIN ZUFALL IST?

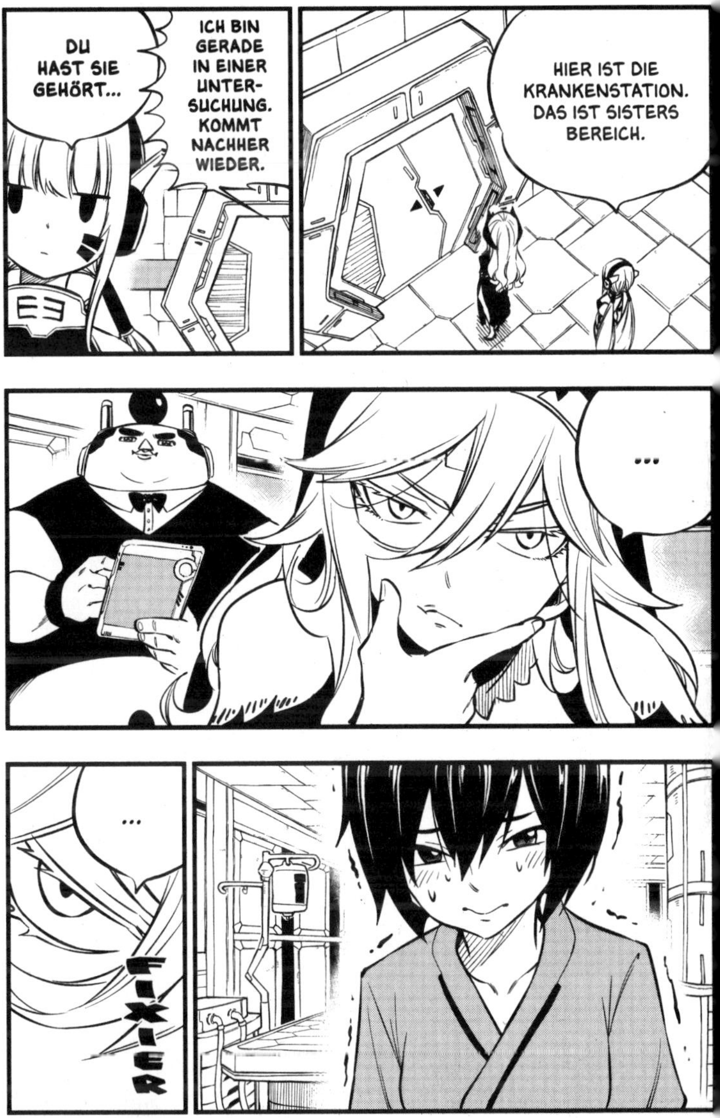
HIER IST DIE KRANKENSTATION. DAS IST SISTERS BEREICH.
ICH BIN GERADE IN EINER UNTER-SUCHUNG. KOMMT NACHHER WIEDER.
DU HAST SIE GEHÖRT...
...
...
FIXIER

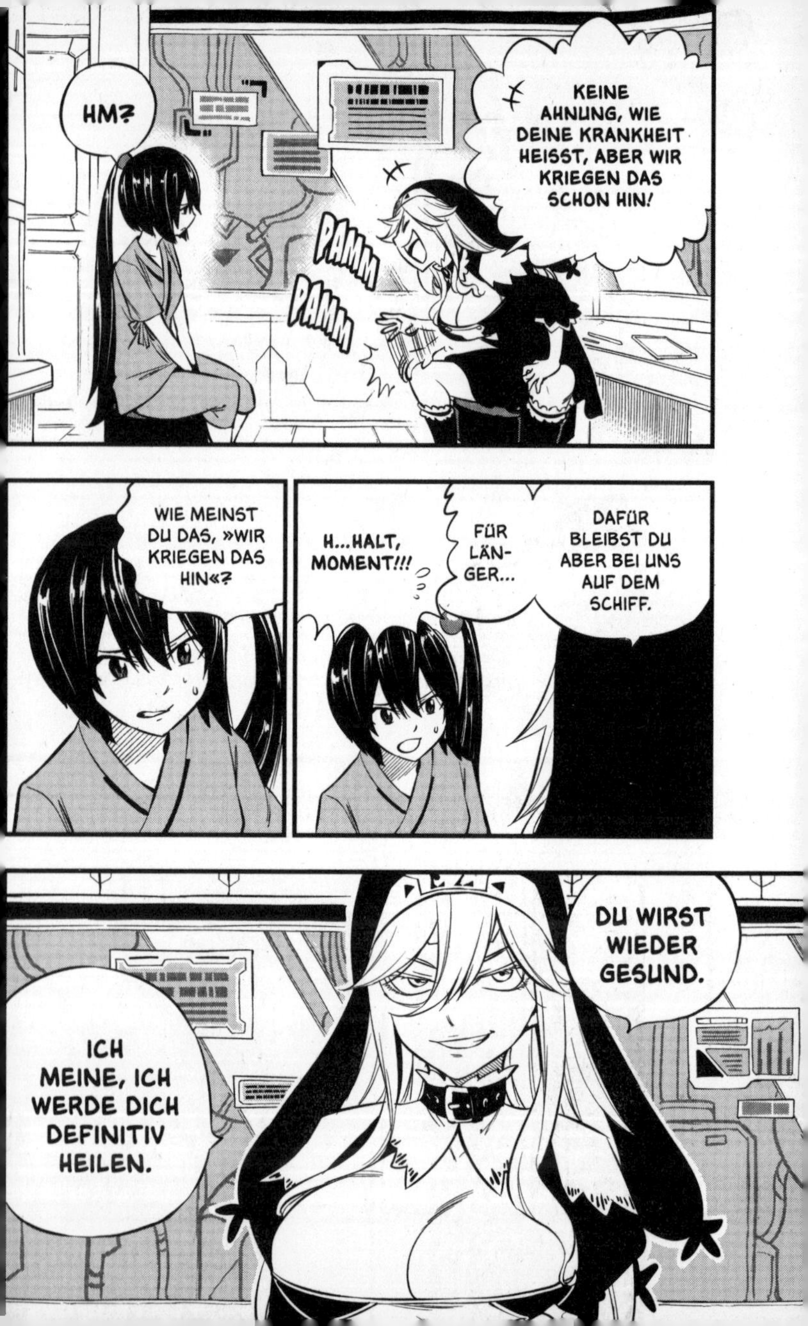

KEINE AHNUNG, WIE DEINE KRANKHEIT HEISST, ABER WIR KRIEGEN DAS SCHON HIN!
HM?
PAMM
PAMM
DAFÜR BLEIBST DU ABER BEI UNS AUF DEM SCHIFF.
FÜR LÄN-GER...
H...HALT, MOMENT!!!
WIE MEINST DU DAS, »WIR KRIEGEN DAS HIN«?
DU WIRST WIEDER GESUND.
ICH MEINE, ICH WERDE DICH DEFINITIV HEILEN.

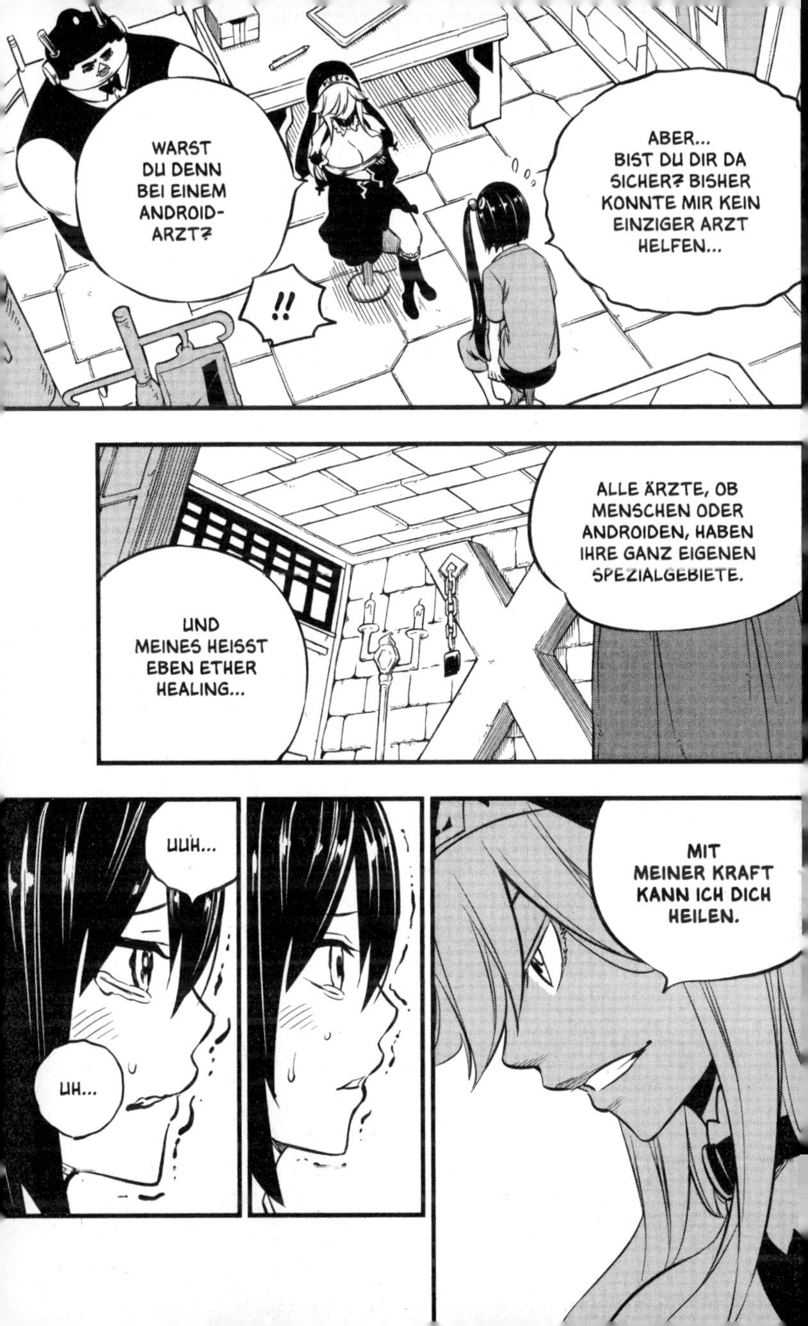
ABER... BIST DU DIR DA SICHER? BISHER KONNTE MIR KEIN EINZIGER ARZT HELFEN...
WARST DU DENN BEI EINEM ANDROID-ARZT?
!!
ALLE ÄRZTE, OB MENSCHEN ODER ANDROIDEN, HABEN IHRE GANZ EIGENEN SPEZIALGEBIETE.
UND MEINES HEISST EBEN ETHER HEALING...
MIT MEINER KRAFT KANN ICH DICH HEILEN.
UUH...
UH...

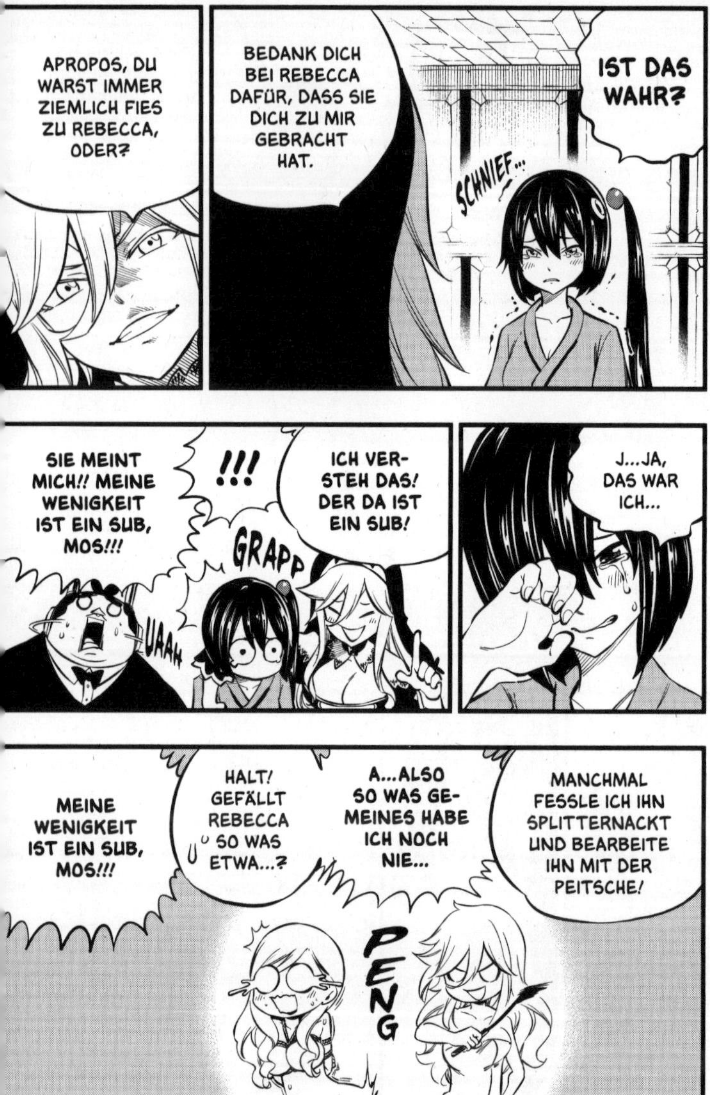
BEDANK DICH BEI REBECCA DAFÜR, DASS SIE DICH ZU MIR GEBRACHT HAT.
IST DAS WAHR?
SCHNIEF...
APROPOS, DU WARST IMMER ZIEMLICH FIES ZU REBECCA, ODER?
J...JA, DAS WAR ICH...
ICH VER-STEH DAS! DER DA IST EIN SUB!
GRAPP
!!!
SIE MEINT MICH!! MEINE WENIGKEIT IST EIN SUB, MOS!!!
UAAH
MANCHMAL FESSLE ICH IHN SPLITTERNACKT UND BEARBEITE IHN MIT DER PEITSCHE!
A...ALSO SO WAS GE-MEINES HABE ICH NOCH NIE...
PENG
HALT! GEFÄLLT REBECCA SO WAS ETWA...?
MEINE WENIGKEIT IST EIN SUB, MOS!!!

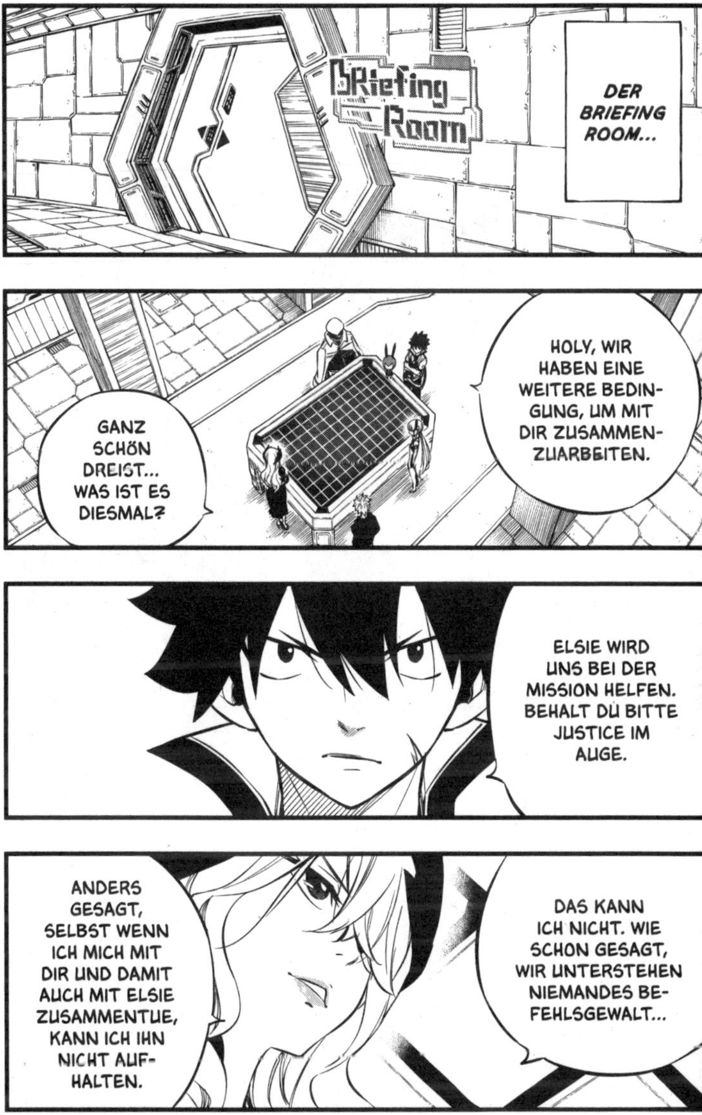
DER BRIEFING ROOM...
Briefing Room
HOLY, WIR HABEN EINE WEITERE BEDIN-GUNG, UM MIT DIR ZUSAMMEN-ZUARBEITEN.
GANZ SCHÖN DREIST... WAS IST ES DIESMAL?
ELSIE WIRD UNS BEI DER MISSION HELFEN. BEHALT DU BITTE JUSTICE IM AUGE.
DAS KANN ICH NICHT. WIE SCHON GESAGT, WIR UNTERSTEHEN NIEMANDES BE-FEHLSGEWALT...
ANDERS GESAGT, SELBST WENN ICH MICH MIT DIR UND DAMIT AUCH MIT ELSIE ZUSAMMENTUE, KANN ICH IHN NICHT AUF-HALTEN.

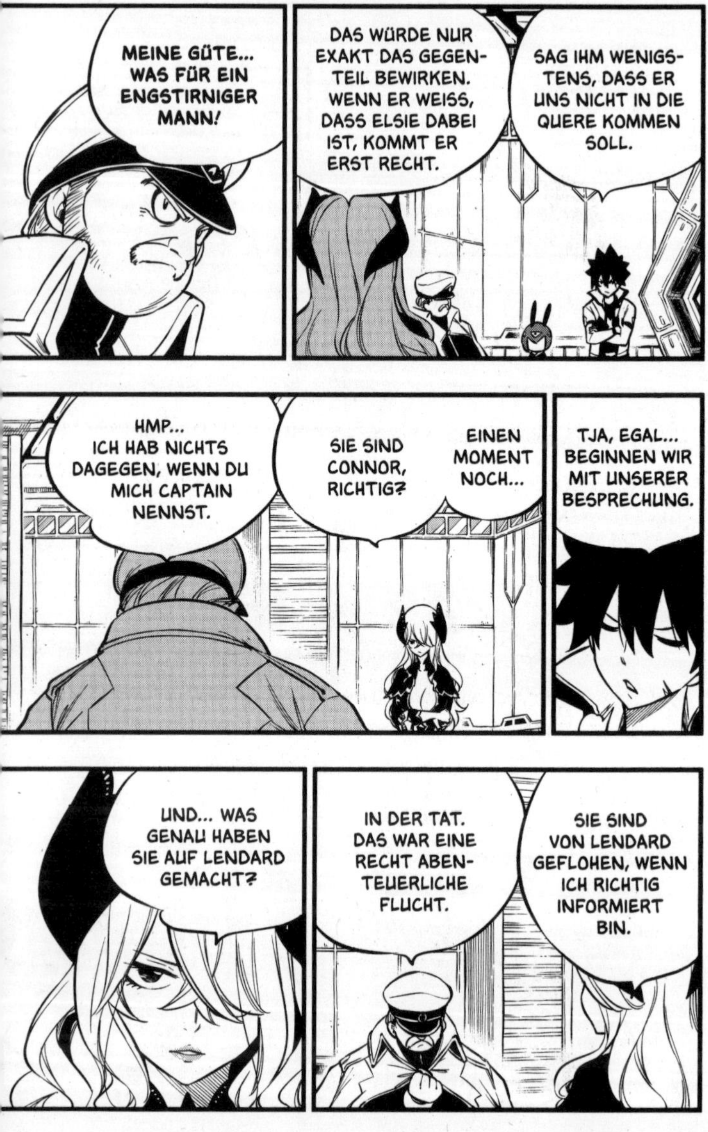
SAG IHM WENIGSTENS, DASS ER UNS NICHT IN DIE QUERE KOMMEN SOLL.
DAS WÜRDE NUR EXAKT DAS GEGENTEIL BEWIRKEN. WENN ER WEISS, DASS ELSIE DABEI IST, KOMMT ER ERST RECHT.
MEINE GÜTE... WAS FÜR EIN ENGSTIRNIGER MANN!
TJA, EGAL... BEGINNEN WIR MIT UNSERER BESPRECHUNG.
EINEN MOMENT NOCH...
SIE SIND CONNOR, RICHTIG?
HMP... ICH HAB NICHTS DAGEGEN, WENN DU MICH CAPTAIN NENNST.
SIE SIND VON LENDARD GEFLOHEN, WENN ICH RICHTIG INFORMIERT BIN.
IN DER TAT. DAS WAR EINE RECHT ABENTEUERLICHE FLUCHT.
UND... WAS GENAU HABEN SIE AUF LENDARD GEMACHT?

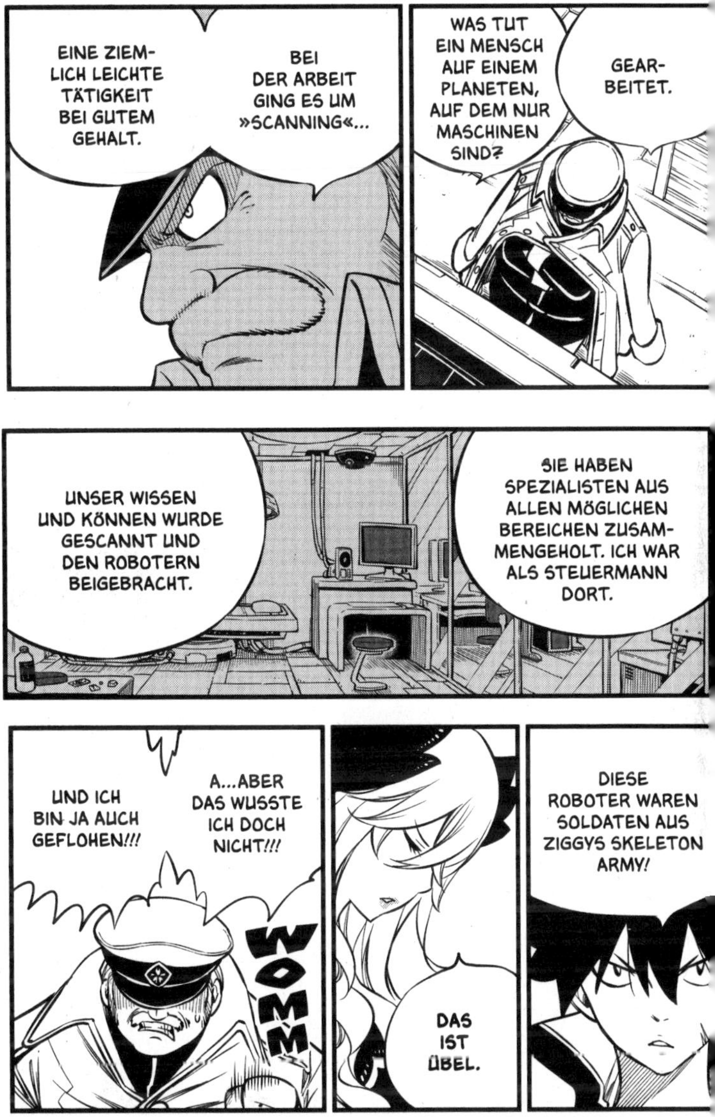
WAS TUT EIN MENSCH AUF EINEM PLANETEN, AUF DEM NUR MASCHINEN SIND?
GEARBEITET.
EINE ZIEMLICH LEICHTE TÄTIGKEIT BEI GUTEM GEHALT.
BEI DER ARBEIT GING ES UM »SCANNING«...
SIE HABEN SPEZIALISTEN AUS ALLEN MÖGLICHEN BEREICHEN ZUSAMMENGEHOLT. ICH WAR ALS STEUERMANN DORT.
UNSER WISSEN UND KÖNNEN WURDE GESCANNT UND DEN ROBOTERN BEIGEBRACHT.
DIESE ROBOTER WAREN SOLDATEN AUS ZIGGYS SKELETON ARMY!
DAS IST ÜBEL.
A...ABER DAS WUSSTE ICH DOCH NICHT!!!
UND ICH BIN JA AUCH GEFLOHEN!!!
WOMM

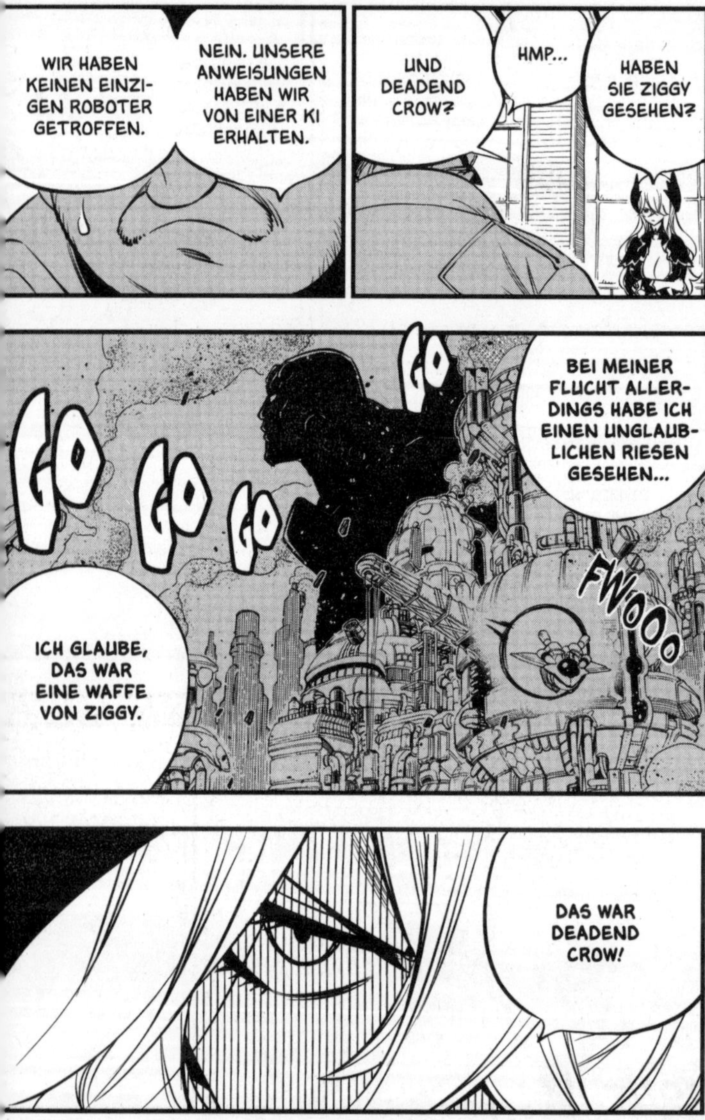
HABEN SIE ZIGGY GESEHEN?
HMP...
UND DEADEND CROW?
NEIN. UNSERE ANWEISUNGEN HABEN WIR VON EINER KI ERHALTEN.
WIR HABEN KEINEN EINZIGEN ROBOTER GETROFFEN.
BEI MEINER FLUCHT ALLERDINGS HABE ICH EINEN UNGLAUBLICHEN RIESEN GESEHEN...
GO
GO
GO
GO
FWOOO
ICH GLAUBE, DAS WAR EINE WAFFE VON ZIGGY.
DAS WAR DEADEND CROW!

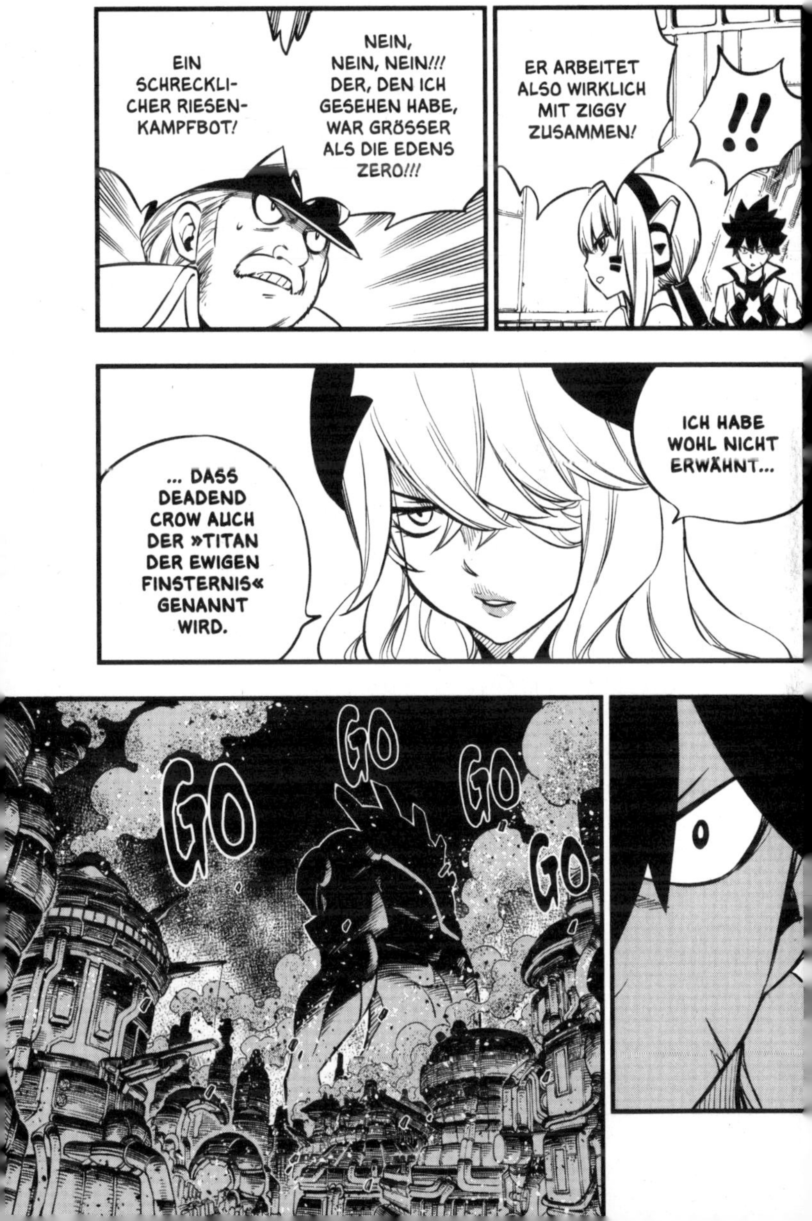
ER ARBEITET ALSO WIRKLICH MIT ZIGGY ZUSAMMEN!
!!
EIN SCHRECKLI-CHER RIESEN-KAMPFBOT!
NEIN, NEIN, NEIN!!! DER, DEN ICH GESEHEN HABE, WAR GRÖSSER ALS DIE EDENS ZERO!!!
ICH HABE WOHL NICHT ERWÄHNT...
... DASS DEADEND CROW AUCH DER »TITAN DER EWIGEN FINSTERNIS« GENANNT WIRD.
GO
GO
GO
GO

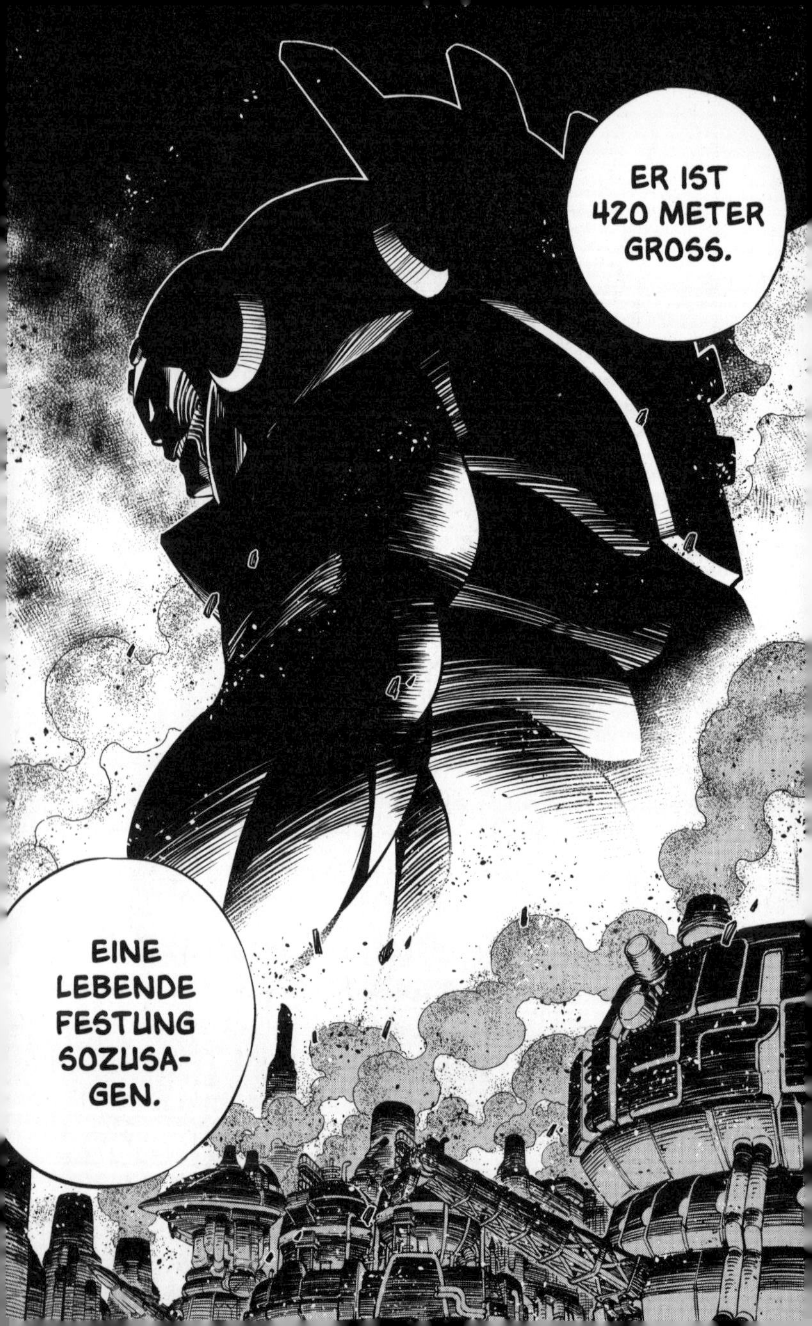
ER IST 420 METER GROSS.
EINE LEBENDE FESTUNG SOZUSA-GEN.

EDENS ZERO

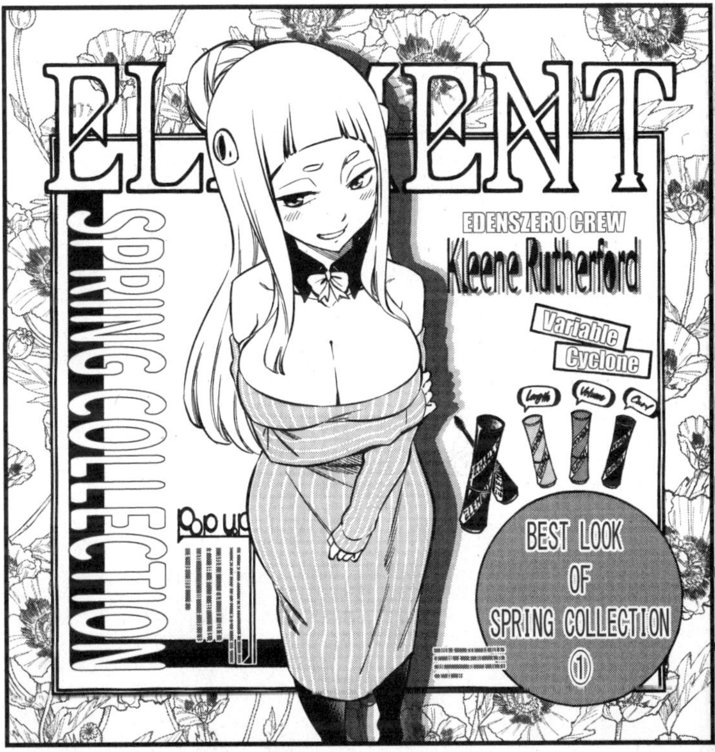

KAPITEL 180: OPERATION »ZEITENFRESSER«

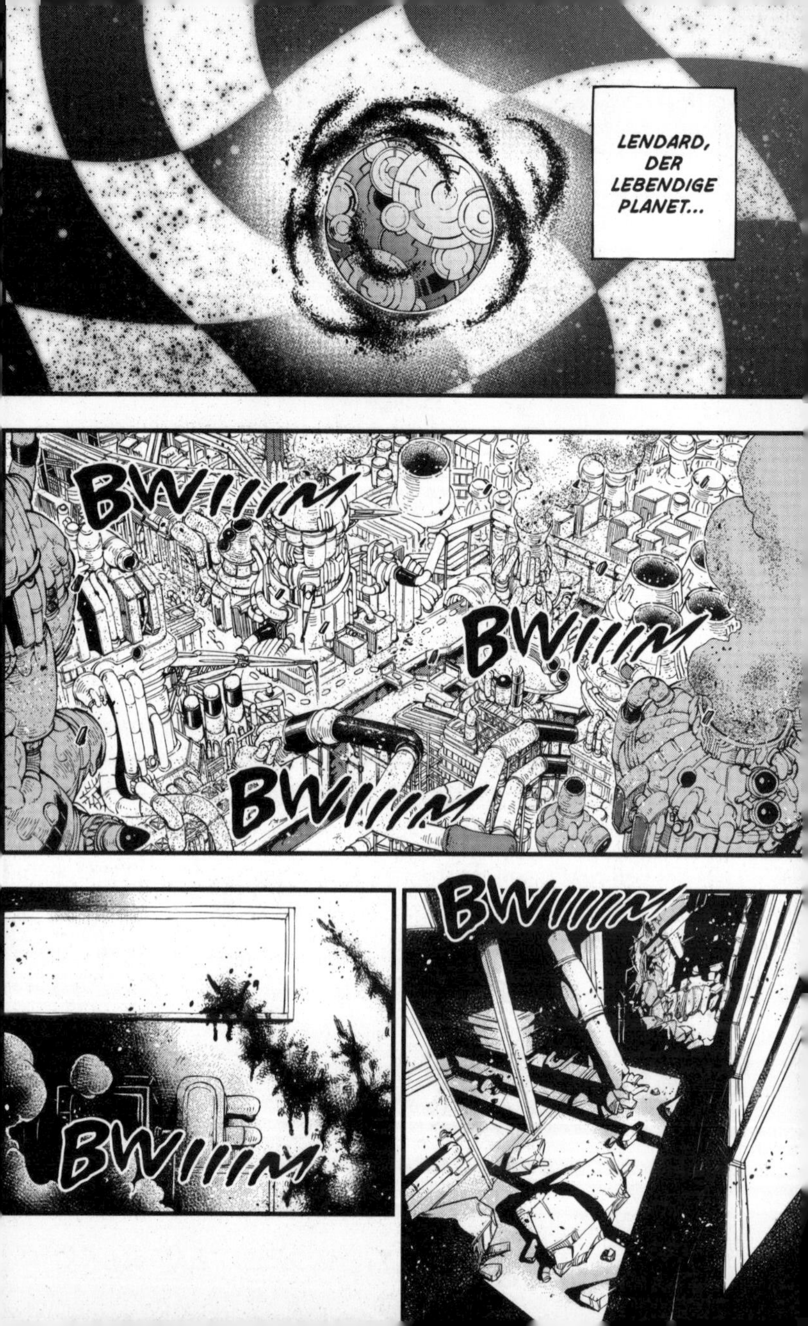
LENDARD, DER LEBENDIGE PLANET...
BWIIIM
BWIIIM
BWIIIM
BWIIIM
BWIIIM

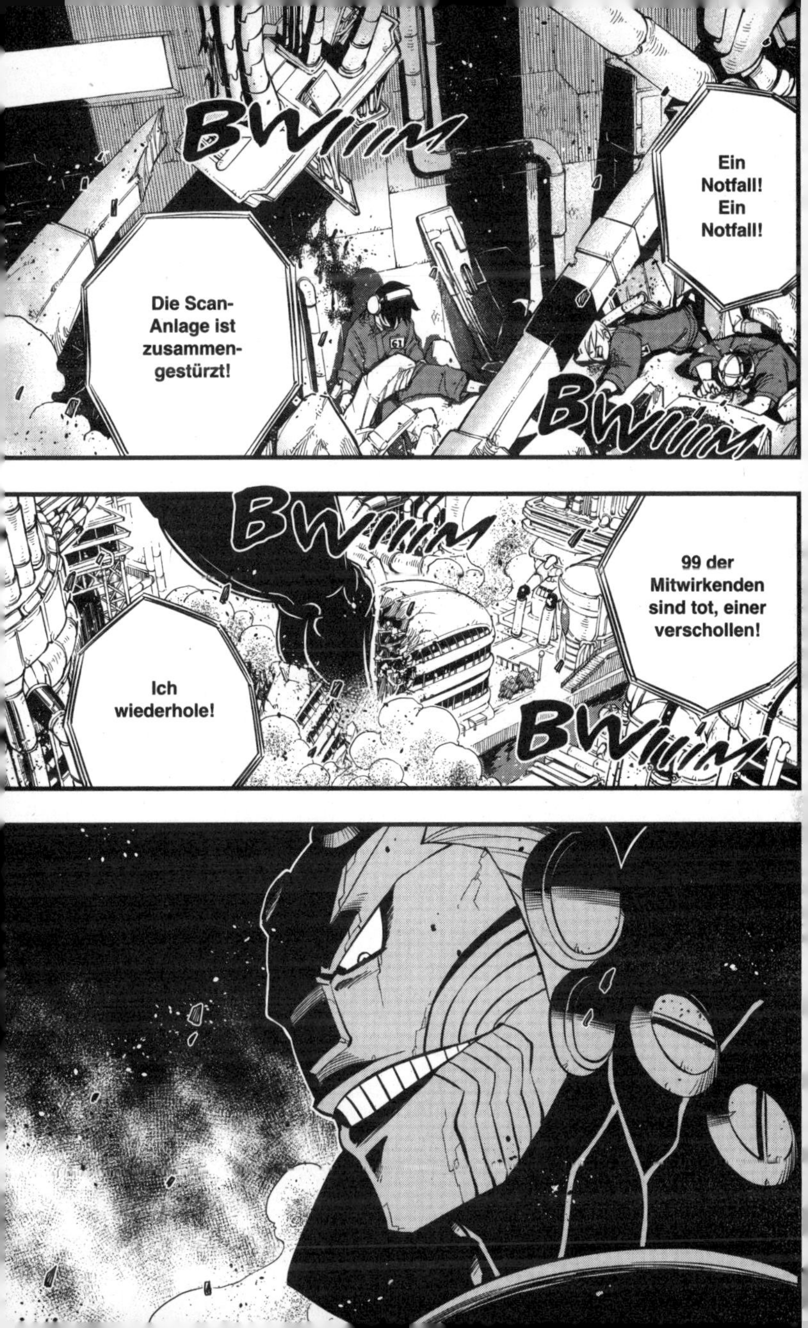
BWIIIM
Ein Notfall! Ein Notfall!
Die Scan-Anlage ist zusammengestürzt!
BWIIIM
BWIIIM
99 der Mitwirkenden sind tot, einer verschollen!
Ich wiederhole!
BWIIIM

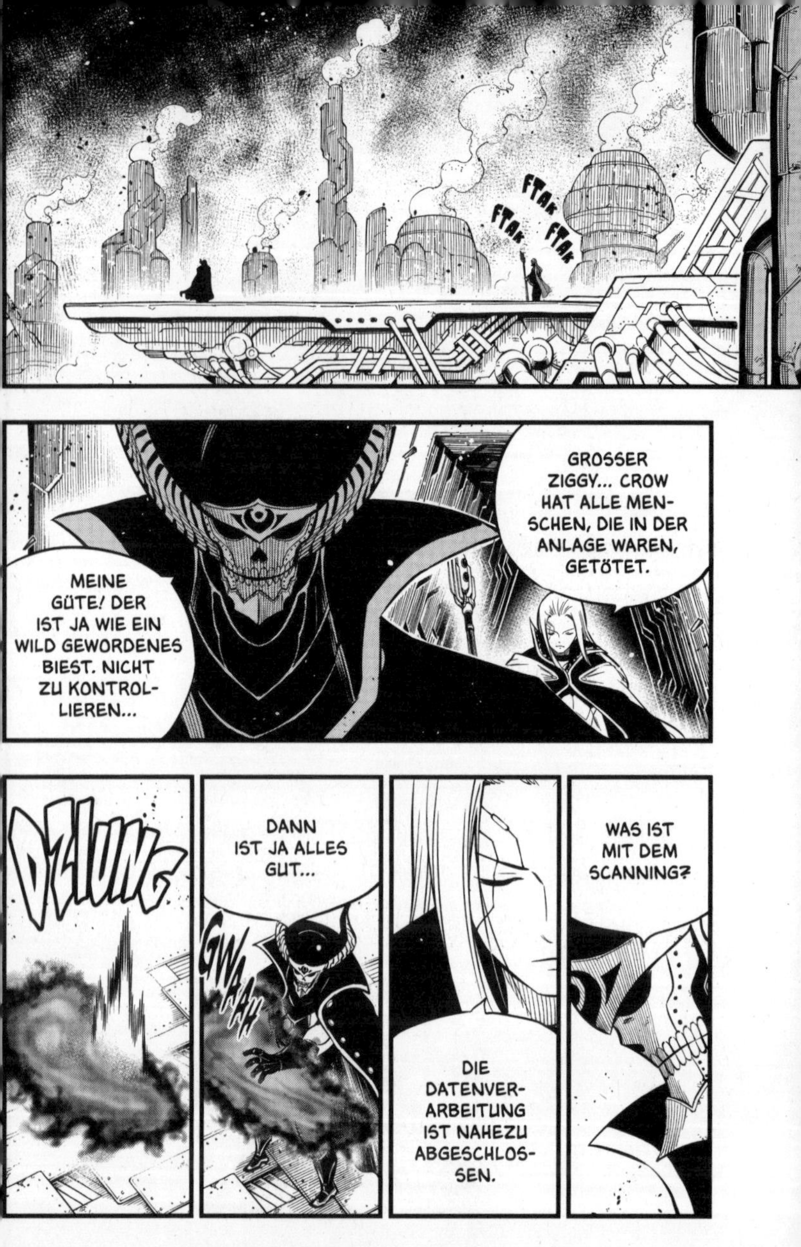
FTAK FTAK FTAK
GROSSER ZIGGY... CROW HAT ALLE MENSCHEN, DIE IN DER ANLAGE WAREN, GETÖTET.
MEINE GÜTE! DER IST JA WIE EIN WILD GEWORDENES BIEST. NICHT ZU KONTROLLIEREN...
DZIUNG
DANN IST JA ALLES GUT...
GWAAH
WAS IST MIT DEM SCANNING?
DIE DATENVERARBEITUNG IST NAHEZU ABGESCHLOSSEN.

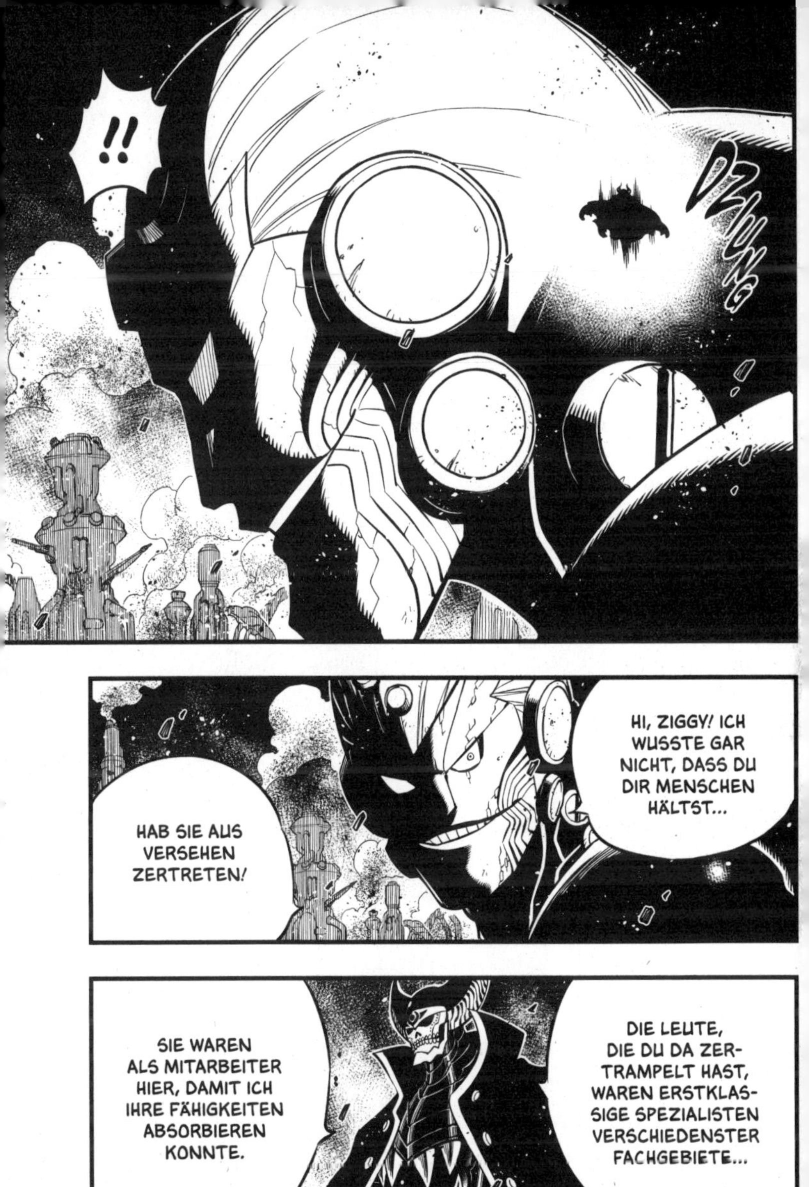
!!
DZUUNG
HI, ZIGGY! ICH WUSSTE GAR NICHT, DASS DU DIR MENSCHEN HÄLTST...
HAB SIE AUS VERSEHEN ZERTRETEN!
DIE LEUTE, DIE DU DA ZER-TRAMPELT HAST, WAREN ERSTKLAS-SIGE SPEZIALISTEN VERSCHIEDENSTER FACHGEBIETE...
SIE WAREN ALS MITARBEITER HIER, DAMIT ICH IHRE FÄHIGKEITEN ABSORBIEREN KONNTE.

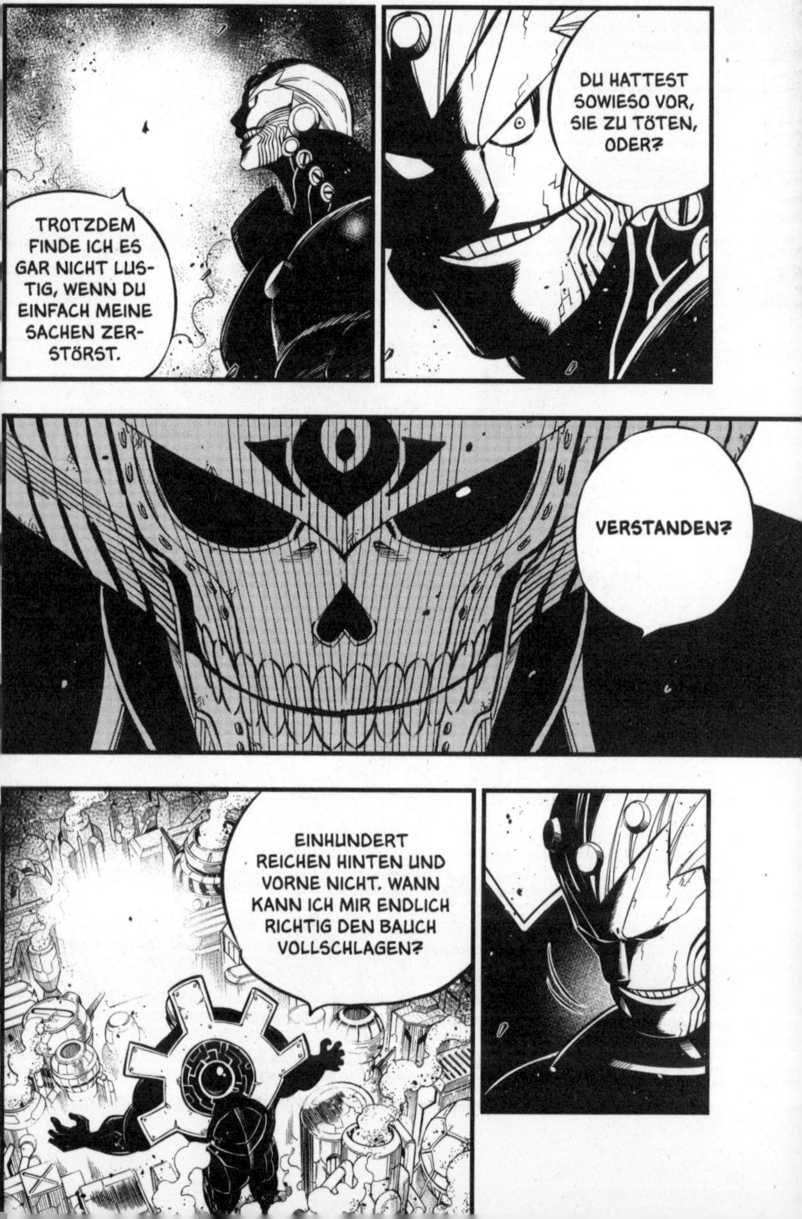
DU HATTEST SOWIESO VOR, SIE ZU TÖTEN, ODER?
TROTZDEM FINDE ICH ES GAR NICHT LUSTIG, WENN DU EINFACH MEINE SACHEN ZERSTÖRST.
VERSTANDEN?
EINHUNDERT REICHEN HINTEN UND VORNE NICHT. WANN KANN ICH MIR ENDLICH RICHTIG DEN BAUCH VOLLSCHLAGEN?

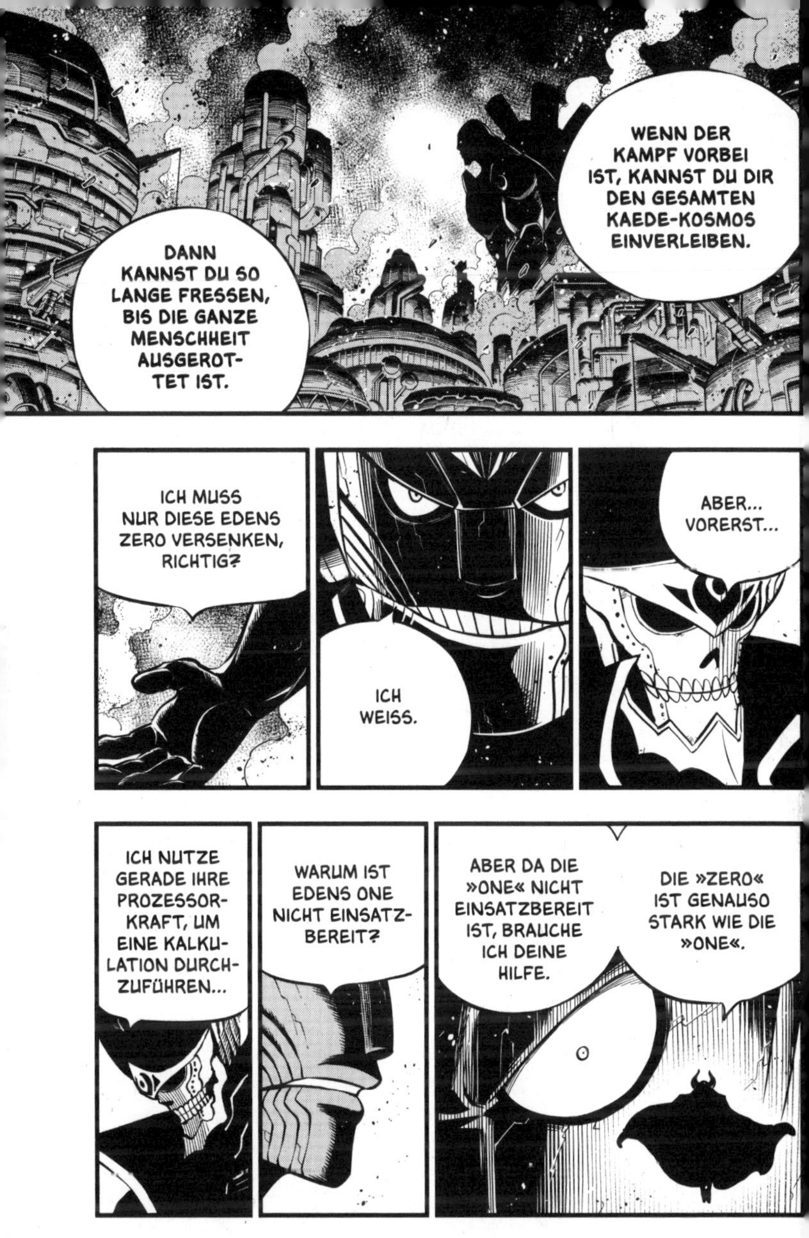
WENN DER KAMPF VORBEI IST, KANNST DU DIR DEN GESAMTEN KAEDE-KOSMOS EINVERLEIBEN.
DANN KANNST DU SO LANGE FRESSEN, BIS DIE GANZE MENSCHHEIT AUSGEROT-TET IST.
ABER... VORERST...
ICH WEISS.
ICH MUSS NUR DIESE EDENS ZERO VERSENKEN, RICHTIG?
DIE »ZERO« IST GENAUSO STARK WIE DIE »ONE«.
ABER DA DIE »ONE« NICHT EINSATZBEREIT IST, BRAUCHE ICH DEINE HILFE.
WARUM IST EDENS ONE NICHT EINSATZ-BEREIT?
ICH NUTZE GERADE IHRE PROZESSOR-KRAFT, UM EINE KALKU-LATION DURCH-ZUFÜHREN...

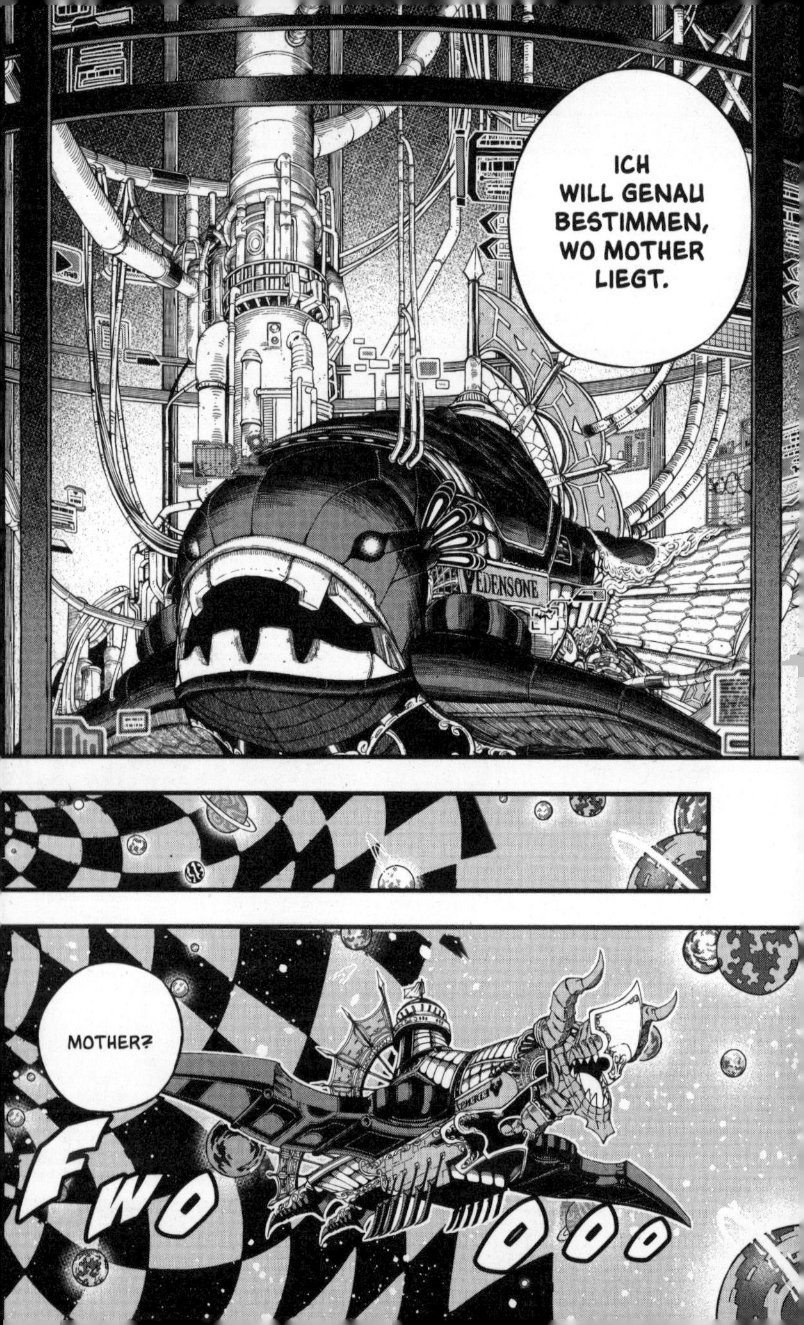
ICH WILL GENAU BESTIMMEN, WO MOTHER LIEGT.
EDENSONE
MOTHER?
FWOOO

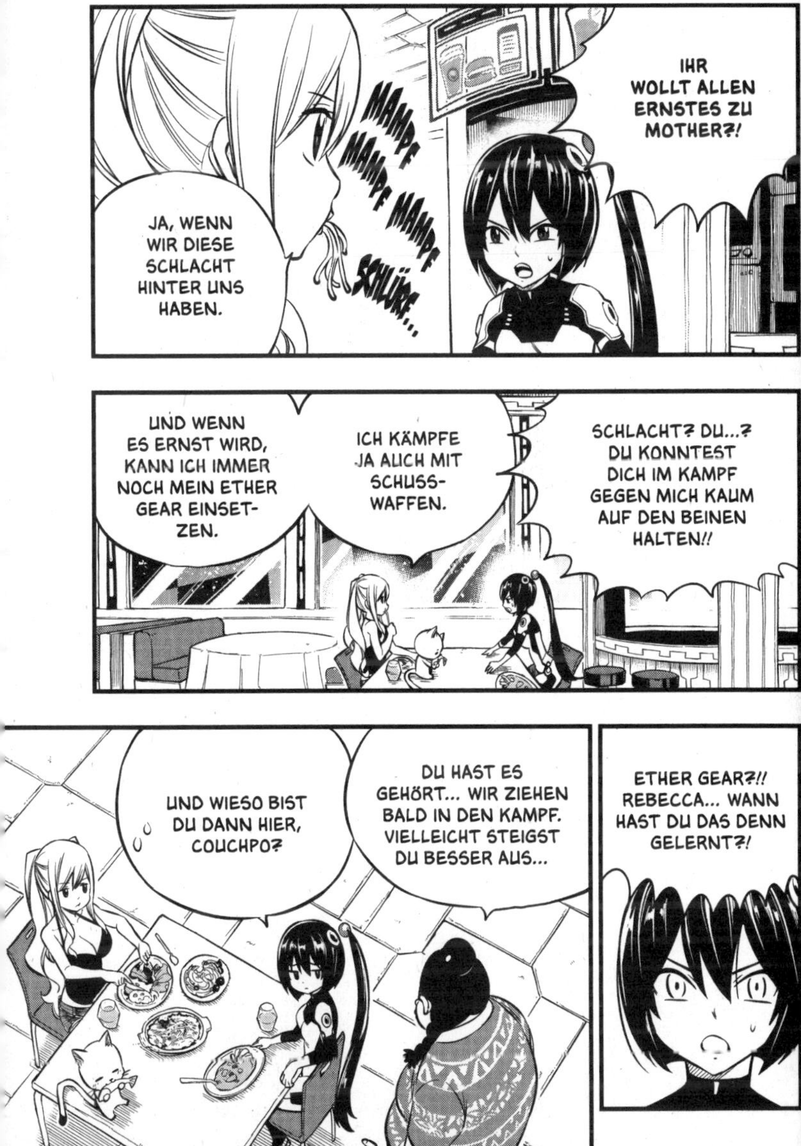
IHR WOLLT ALLEN ERNSTES ZU MOTHER?!
JA, WENN WIR DIESE SCHLACHT HINTER UNS HABEN.
MAMPFE MAMPFE MAMPFE MAMPFE
SCHLÜRF...
SCHLACHT? DU...? DU KONNTEST DICH IM KAMPF GEGEN MICH KAUM AUF DEN BEINEN HALTEN!!
ICH KÄMPFE JA AUCH MIT SCHUSS-WAFFEN.
UND WENN ES ERNST WIRD, KANN ICH IMMER NOCH MEIN ETHER GEAR EINSET-ZEN.
ETHER GEAR?!! REBECCA... WANN HAST DU DAS DENN GELERNT?!
DU HAST ES GEHÖRT... WIR ZIEHEN BALD IN DEN KAMPF. VIELLEICHT STEIGST DU BESSER AUS...
UND WIESO BIST DU DANN HIER, COUCHPO?

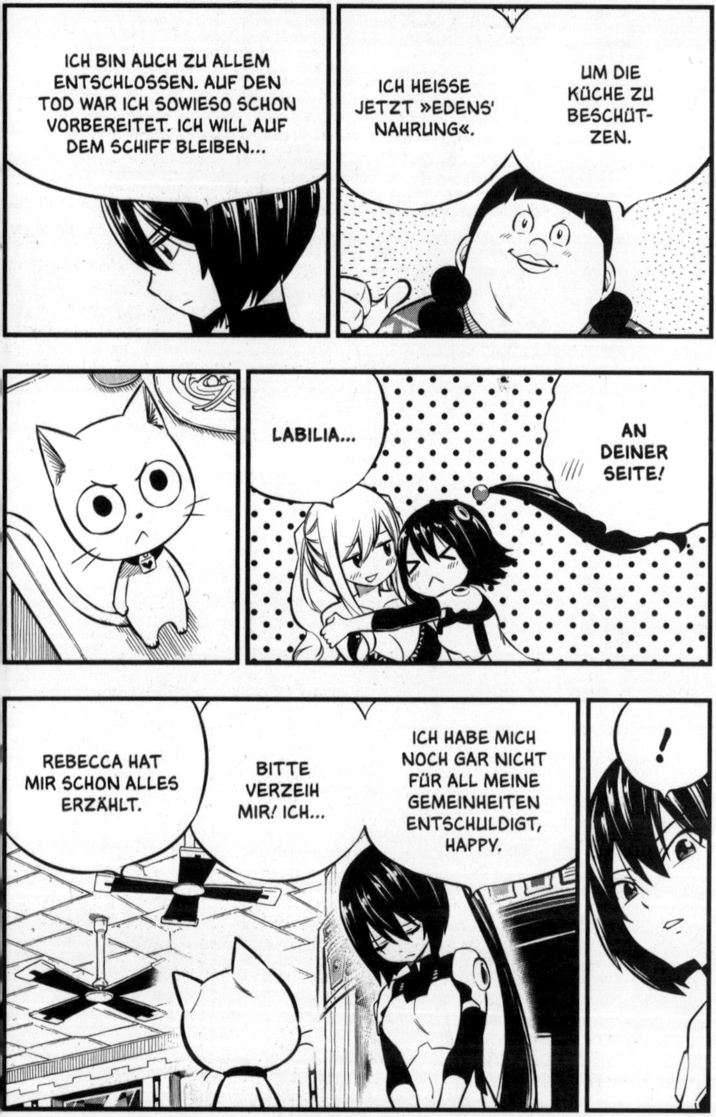
UM DIE KÜCHE ZU BESCHÜT-ZEN.
ICH HEISSE JETZT »EDENS' NAHRUNG«.
ICH BIN AUCH ZU ALLEM ENTSCHLOSSEN. AUF DEN TOD WAR ICH SOWIESO SCHON VORBEREITET. ICH WILL AUF DEM SCHIFF BLEIBEN...
AN DEINER SEITE!
LABILIA...
!
ICH HABE MICH NOCH GAR NICHT FÜR ALL MEINE GEMEINHEITEN ENTSCHULDIGT, HAPPY.
BITTE VERZEIH MIR! ICH...
REBECCA HAT MIR SCHON ALLES ERZÄHLT.

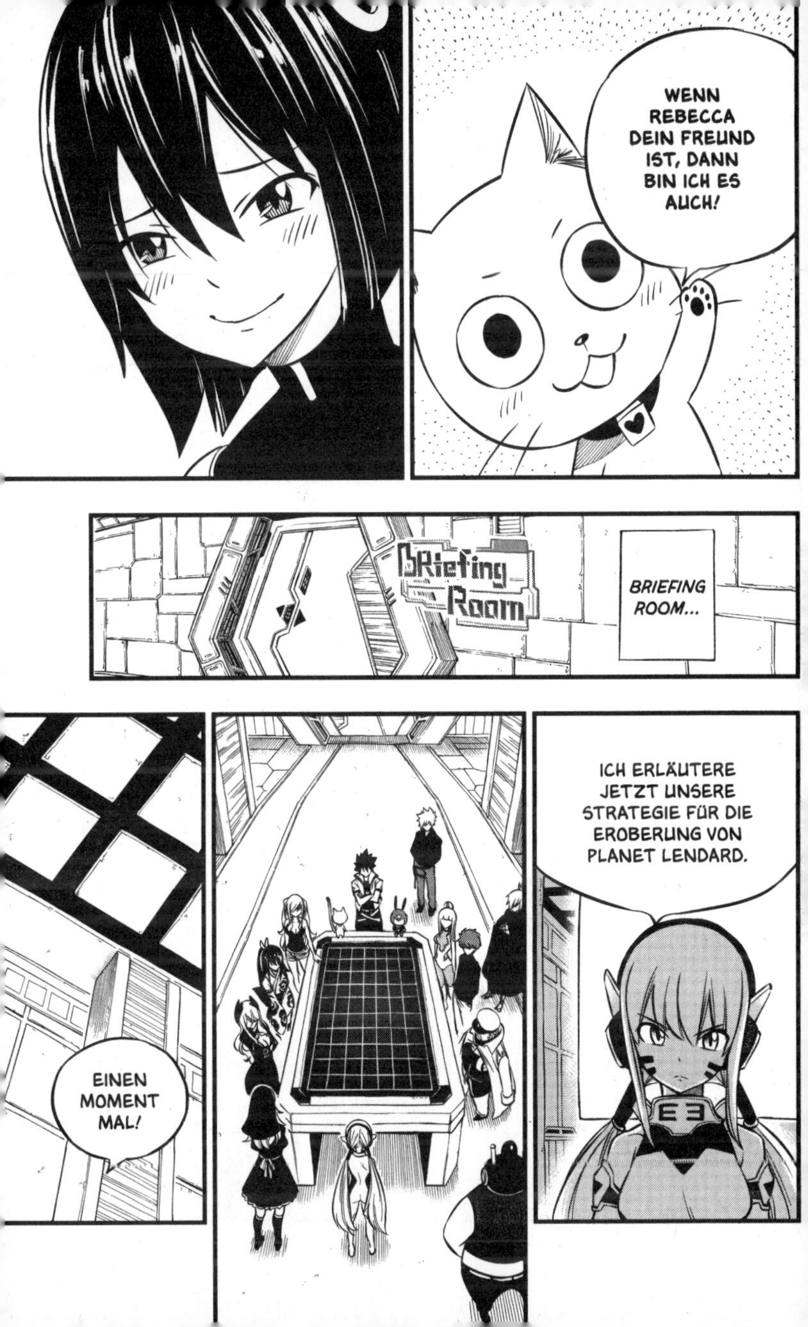
WENN REBECCA DEIN FREUND IST, DANN BIN ICH ES AUCH!
Briefing Room
BRIEFING ROOM...
ICH ERLÄUTERE JETZT UNSERE STRATEGIE FÜR DIE EROBERUNG VON PLANET LENDARD.
EINEN MOMENT MAL!

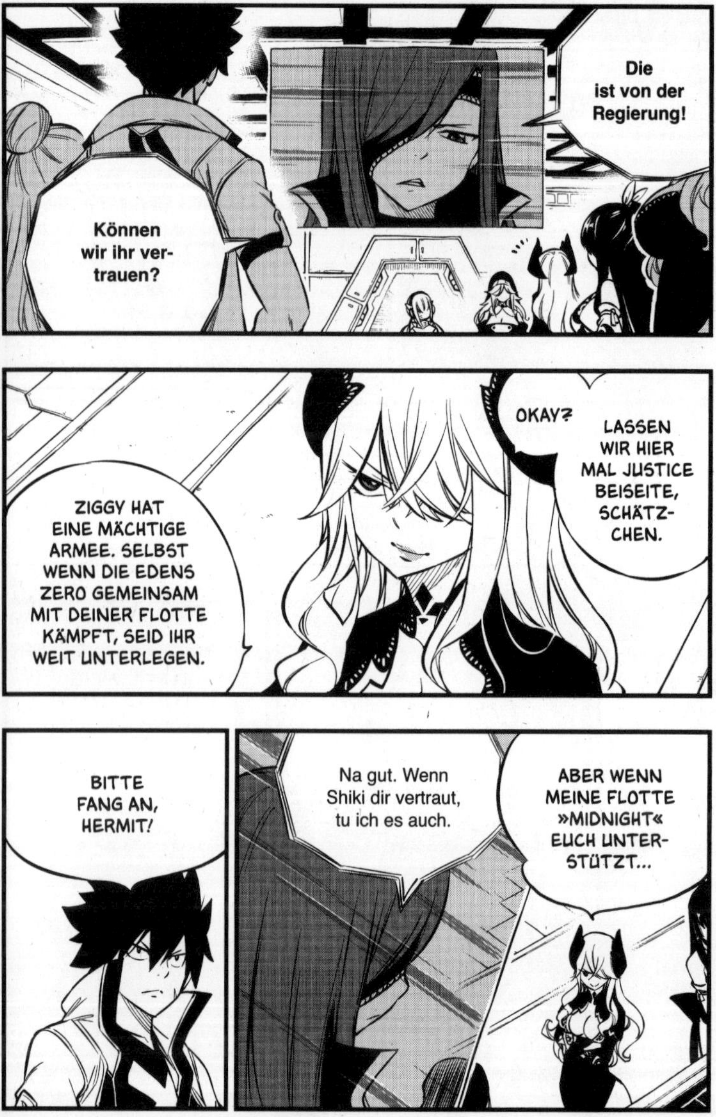
Die ist von der Regierung!
Können wir ihr vertrauen?
OKAY?
LASSEN WIR HIER MAL JUSTICE BEISEITE, SCHÄTZCHEN.
ZIGGY HAT EINE MÄCHTIGE ARMEE. SELBST WENN DIE EDENS ZERO GEMEINSAM MIT DEINER FLOTTE KÄMPFT, SEID IHR WEIT UNTERLEGEN.
ABER WENN MEINE FLOTTE »MIDNIGHT« EUCH UNTERSTÜTZT...
Na gut. Wenn Shiki dir vertraut, tu ich es auch.
BITTE FANG AN, HERMIT!

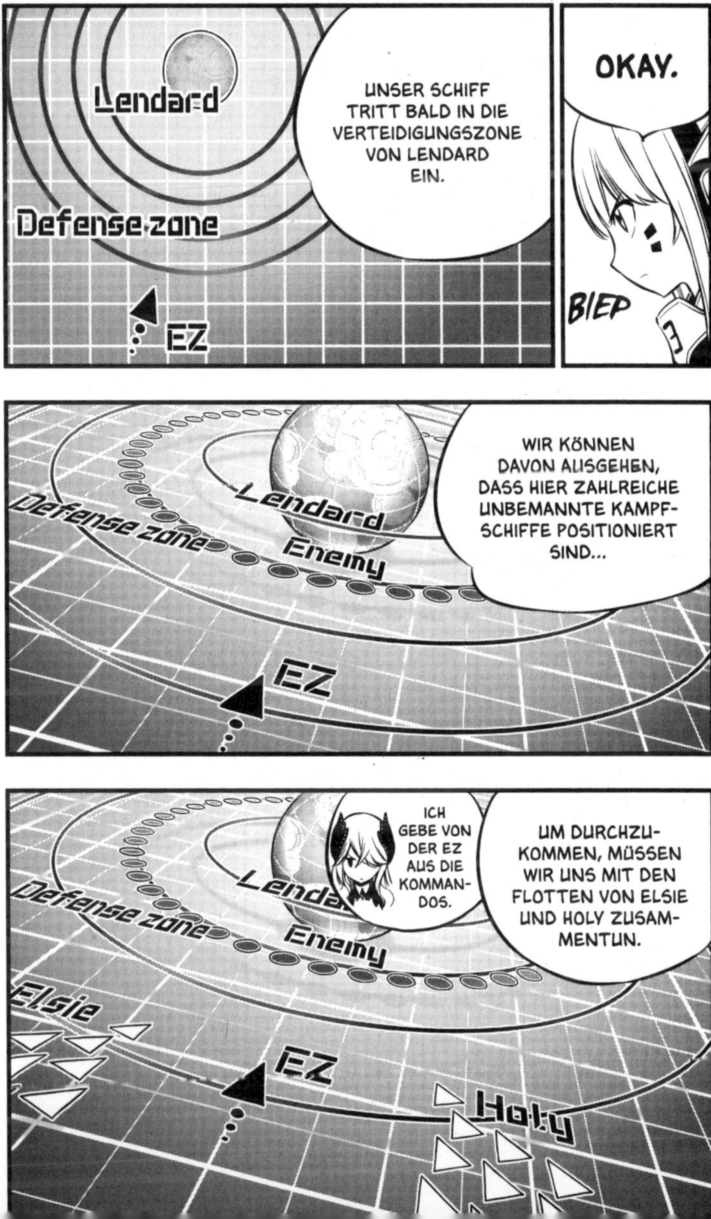

BIEP
OKAY.
UNSER SCHIFF TRITT BALD IN DIE VERTEIDIGUNGSZONE VON LENDARD EIN.
Lendard
Defense zone
EZ
WIR KÖNNEN DAVON AUSGEHEN, DASS HIER ZAHLREICHE UNBEMANNTE KAMPF-SCHIFFE POSITIONIERT SIND...
Lendard
Defense zone
Enemy
EZ
UM DURCHZU-KOMMEN, MÜSSEN WIR UNS MIT DEN FLOTTEN VON ELSIE UND HOLY ZUSAM-MENTUN.
ICH GEBE VON DER EZ AUS DIE KOMMAN-DOS.
Defense zone
Enemy
Elsie
EZ
Holy

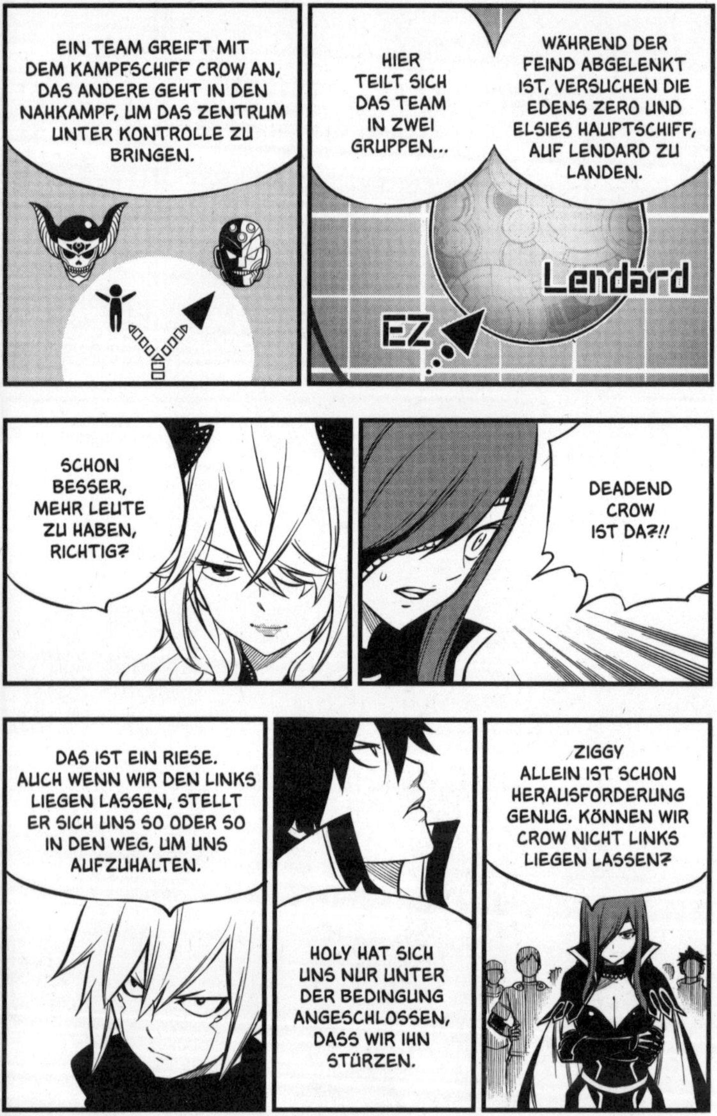
WÄHREND DER FEIND ABGELENKT IST, VERSUCHEN DIE EDENS ZERO UND ELSIES HAUPTSCHIFF, AUF LENDARD ZU LANDEN.
HIER TEILT SICH DAS TEAM IN ZWEI GRUPPEN...
Lendard
EZ
EIN TEAM GREIFT MIT DEM KAMPFSCHIFF CROW AN, DAS ANDERE GEHT IN DEN NAHKAMPF, UM DAS ZENTRUM UNTER KONTROLLE ZU BRINGEN.
DEADEND CROW IST DA?!!
SCHON BESSER, MEHR LEUTE ZU HABEN, RICHTIG?
ZIGGY ALLEIN IST SCHON HERAUSFORDERUNG GENUG. KÖNNEN WIR CROW NICHT LINKS LIEGEN LASSEN?
HOLY HAT SICH UNS NUR UNTER DER BEDINGUNG ANGESCHLOSSEN, DASS WIR IHN STÜRZEN.
DAS IST EIN RIESE. AUCH WENN WIR DEN LINKS LIEGEN LASSEN, STELLT ER SICH UNS SO ODER SO IN DEN WEG, UM UNS AUFZUHALTEN.

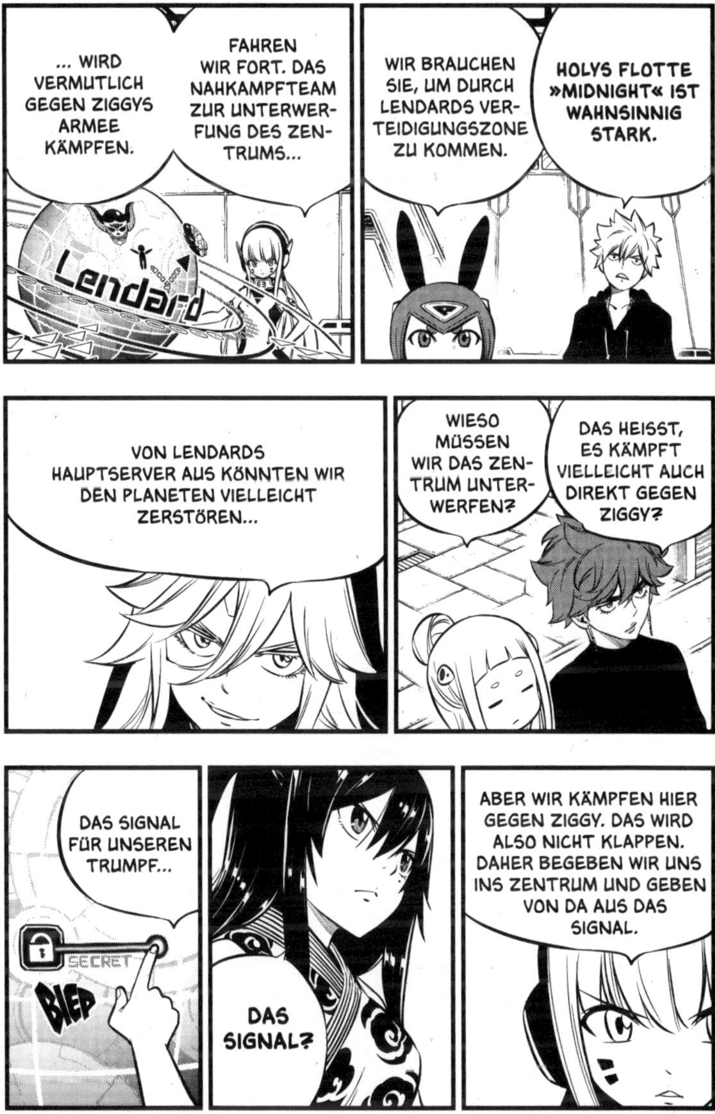
HOLYS FLOTTE »MIDNIGHT« IST WAHNSINNIG STARK.
WIR BRAUCHEN SIE, UM DURCH LENDARDS VERTEIDIGUNGSZONE ZU KOMMEN.
FAHREN WIR FORT. DAS NAHKAMPFTEAM ZUR UNTERWERFUNG DES ZENTRUMS...
... WIRD VERMUTLICH GEGEN ZIGGYS ARMEE KÄMPFEN.
Lendard
DAS HEISST, ES KÄMPFT VIELLEICHT AUCH DIREKT GEGEN ZIGGY?
WIESO MÜSSEN WIR DAS ZENTRUM UNTERWERFEN?
VON LENDARDS HAUPTSERVER AUS KÖNNTEN WIR DEN PLANETEN VIELLEICHT ZERSTÖREN...
ABER WIR KÄMPFEN HIER GEGEN ZIGGY. DAS WIRD ALSO NICHT KLAPPEN. DAHER BEGEBEN WIR UNS INS ZENTRUM UND GEBEN VON DA AUS DAS SIGNAL.
DAS SIGNAL?
DAS SIGNAL FÜR UNSEREN TRUMPF...
SECRET
BIEP

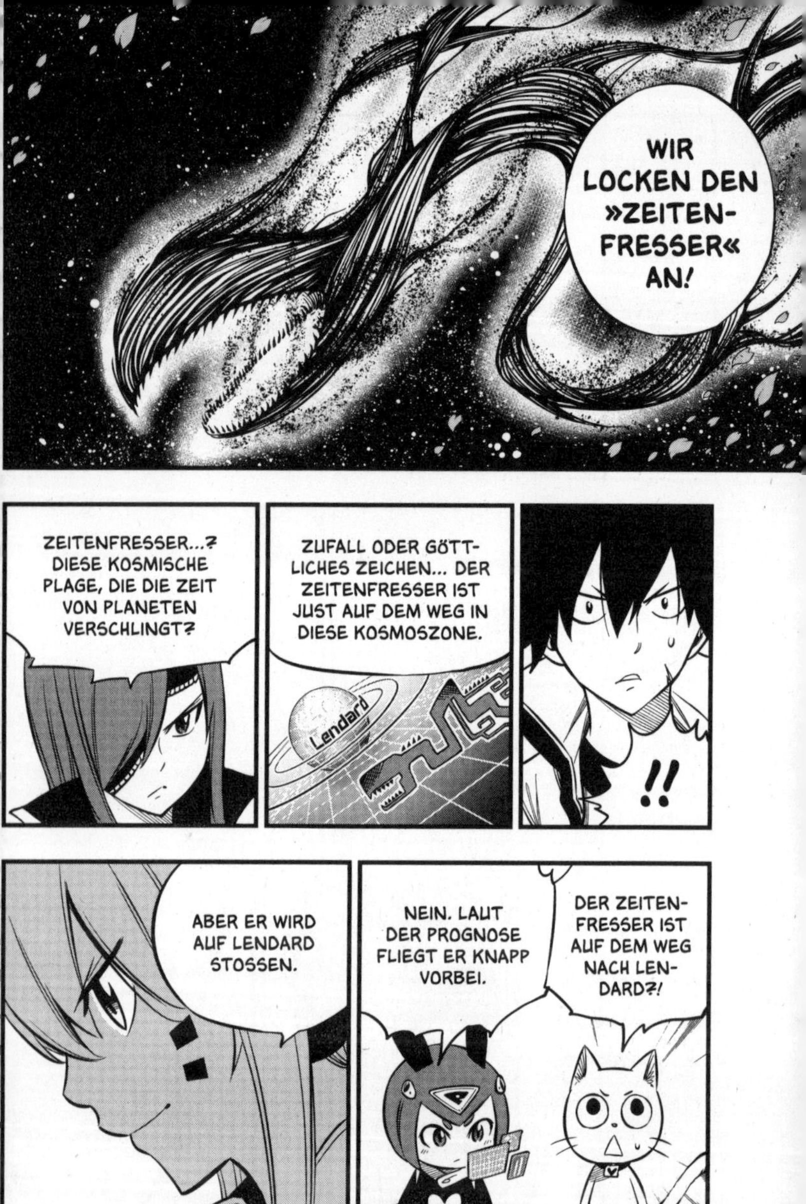
WIR LOCKEN DEN »ZEITEN-FRESSER« AN!
!!
ZUFALL ODER GÖTT-LICHES ZEICHEN... DER ZEITENFRESSER IST JUST AUF DEM WEG IN DIESE KOSMOSZONE.
Lendard
ZEITENFRESSER...? DIESE KOSMISCHE PLAGE, DIE DIE ZEIT VON PLANETEN VERSCHLINGT?
DER ZEITEN-FRESSER IST AUF DEM WEG NACH LEN-DARD?!
NEIN. LAUT DER PROGNOSE FLIEGT ER KNAPP VORBEI.
ABER ER WIRD AUF LENDARD STOSSEN.

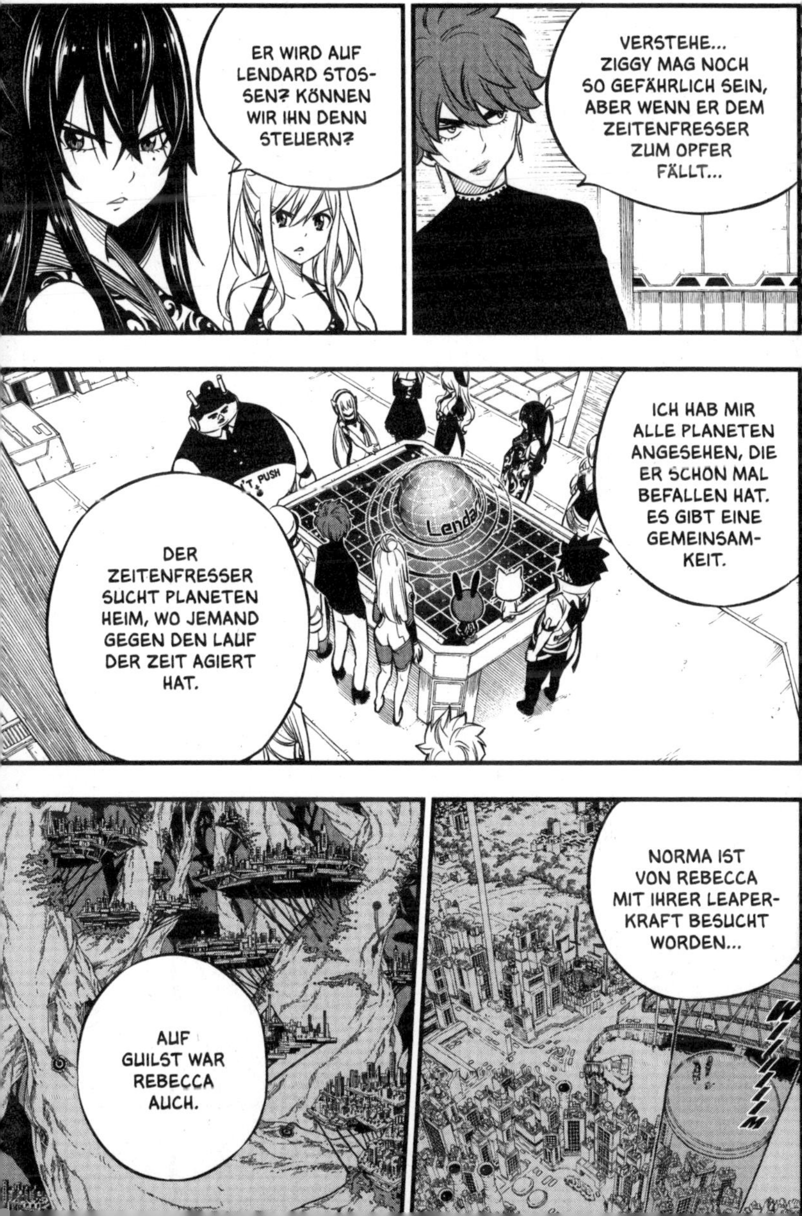
ER WIRD AUF LENDARD STOSSEN? KÖNNEN WIR IHN DENN STEUERN?
VERSTEHE... ZIGGY MAG NOCH SO GEFÄHRLICH SEIN, ABER WENN ER DEM ZEITENFRESSER ZUM OPFER FÄLLT...
ICH HAB MIR ALLE PLANETEN ANGESEHEN, DIE ER SCHON MAL BEFALLEN HAT. ES GIBT EINE GEMEINSAMKEIT.
DER ZEITENFRESSER SUCHT PLANETEN HEIM, WO JEMAND GEGEN DEN LAUF DER ZEIT AGIERT HAT.
NORMA IST VON REBECCA MIT IHRER LEAPERKRAFT BESUCHT WORDEN...
AUF GUILST WAR REBECCA AUCH.

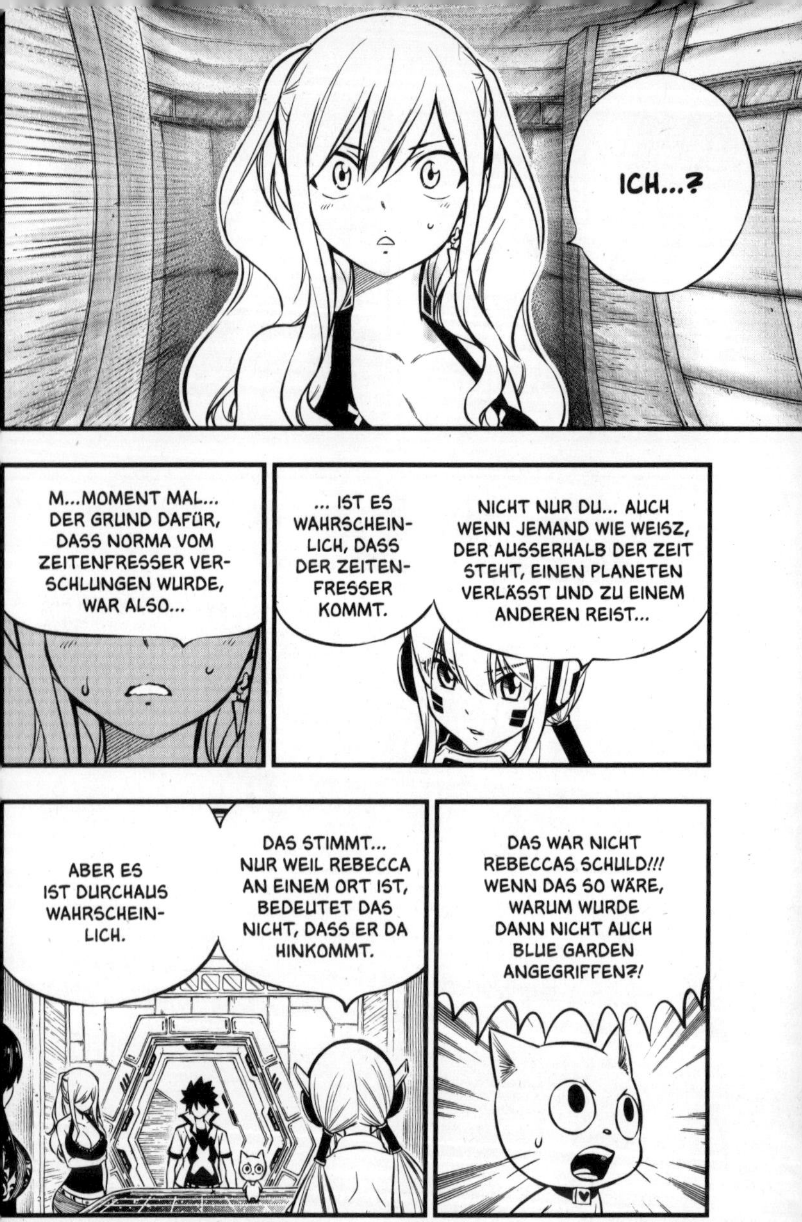
ICH...?
M...MOMENT MAL... DER GRUND DAFÜR, DASS NORMA VOM ZEITENFRESSER VERSCHLUNGEN WURDE, WAR ALSO...
NICHT NUR DU... AUCH WENN JEMAND WIE WEISZ, DER AUSSERHALB DER ZEIT STEHT, EINEN PLANETEN VERLÄSST UND ZU EINEM ANDEREN REIST...
... IST ES WAHRSCHEINLICH, DASS DER ZEITENFRESSER KOMMT.
DAS WAR NICHT REBECCAS SCHULD!!! WENN DAS SO WÄRE, WARUM WURDE DANN NICHT AUCH BLUE GARDEN ANGEGRIFFEN?!
DAS STIMMT... NUR WEIL REBECCA AN EINEM ORT IST, BEDEUTET DAS NICHT, DASS ER DA HINKOMMT.
ABER ES IST DURCHAUS WAHRSCHEINLICH.

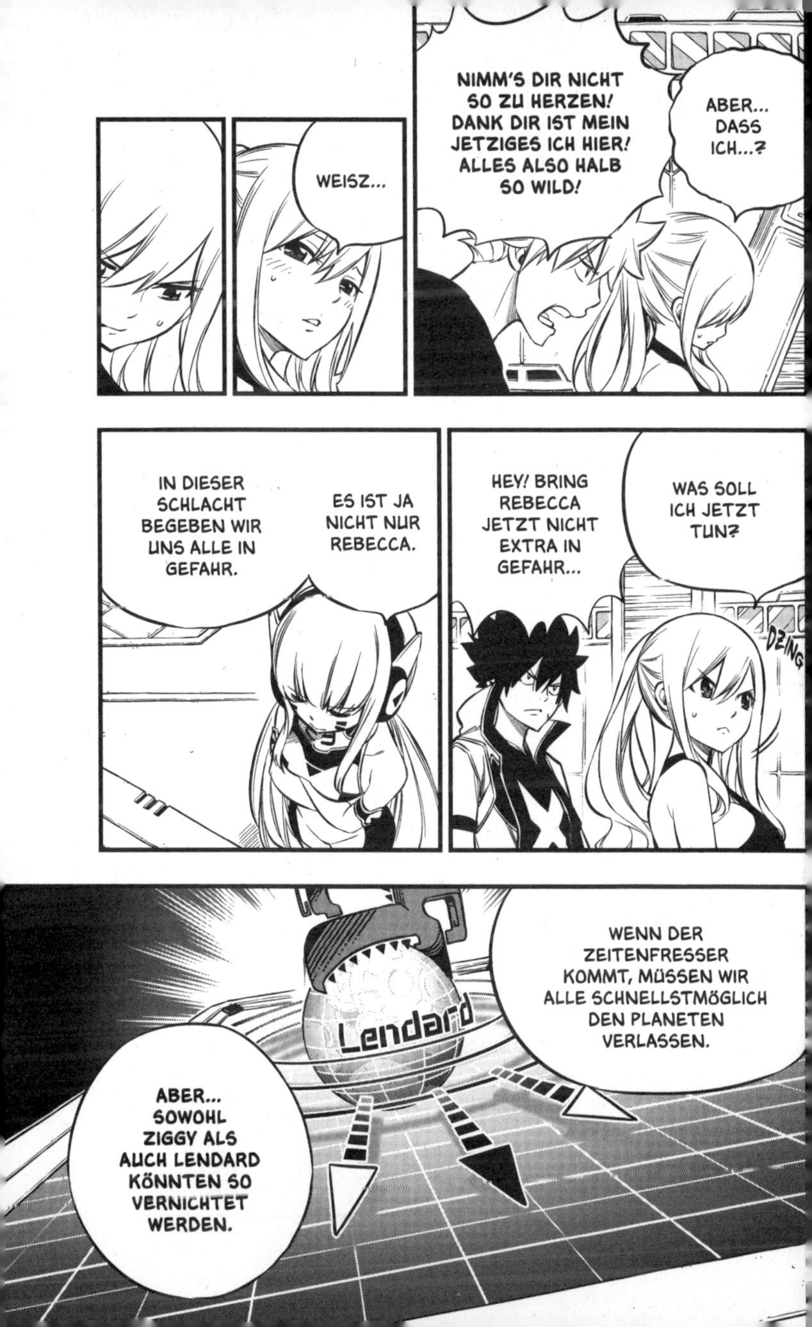
ABER... DASS ICH...?
NIMM'S DIR NICHT SO ZU HERZEN! DANK DIR IST MEIN JETZIGES ICH HIER! ALLES ALSO HALB SO WILD!
WEISZ...
WAS SOLL ICH JETZT TUN?
DZING
HEY! BRING REBECCA JETZT NICHT EXTRA IN GEFAHR...
ES IST JA NICHT NUR REBECCA.
IN DIESER SCHLACHT BEGEBEN WIR UNS ALLE IN GEFAHR.
WENN DER ZEITENFRESSER KOMMT, MÜSSEN WIR ALLE SCHNELLSTMÖGLICH DEN PLANETEN VERLASSEN.
Lendard
ABER... SOWOHL ZIGGY ALS AUCH LENDARD KÖNNTEN SO VERNICHTET WERDEN.

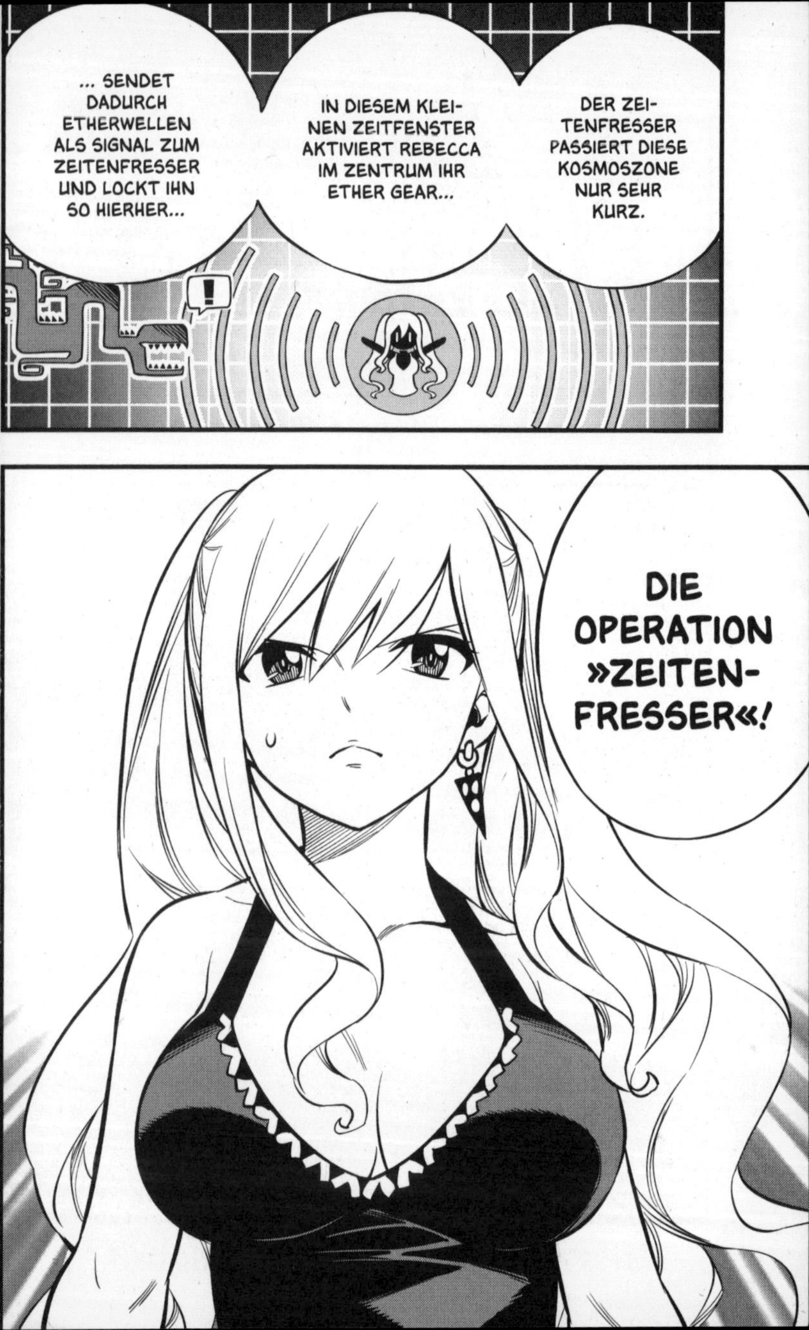
DER ZEITENFRESSER PASSIERT DIESE KOSMOSZONE NUR SEHR KURZ.
IN DIESEM KLEINEN ZEITFENSTER AKTIVIERT REBECCA IM ZENTRUM IHR ETHER GEAR...
... SENDET DADURCH ETHERWELLEN ALS SIGNAL ZUM ZEITENFRESSER UND LOCKT IHN SO HIERHER...
!
DIE OPERATION »ZEITENFRESSER«!

EDENS ZERO

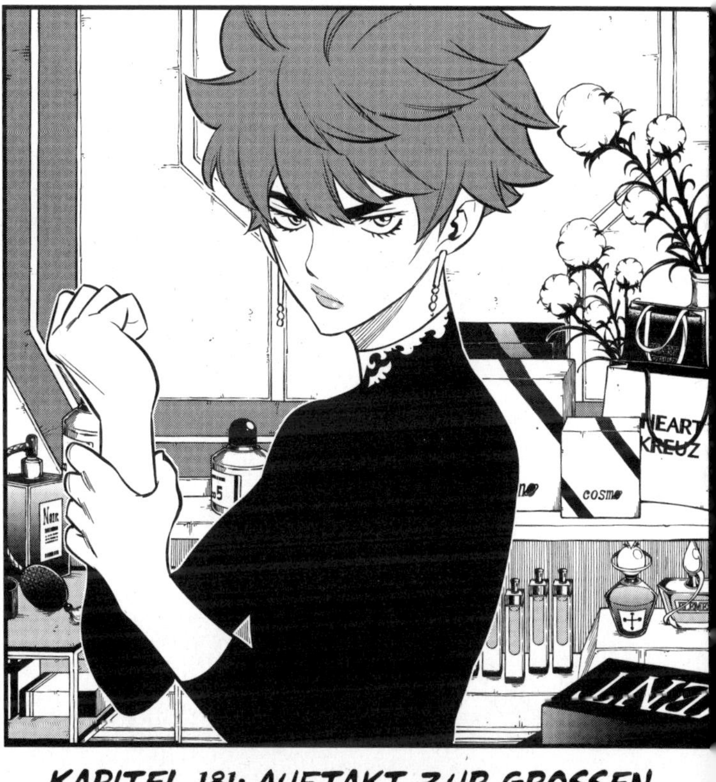

KAPITEL 181: AUFTAKT ZUR GROSSEN KAEDE-SCHLACHT

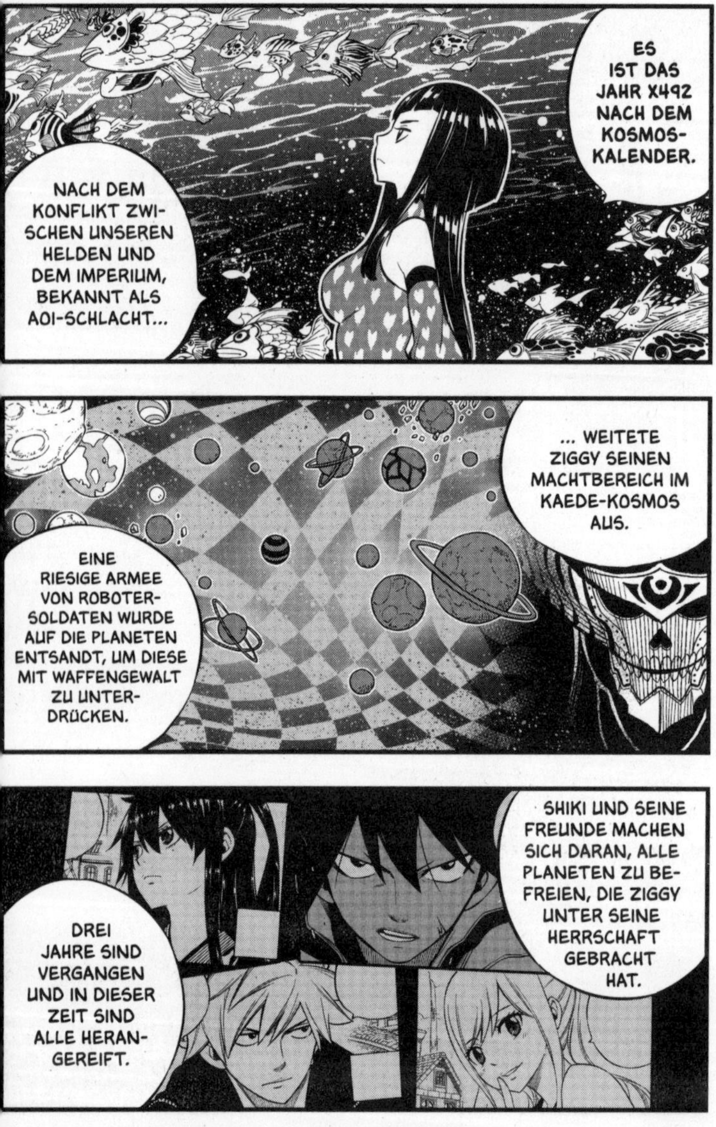
ES IST DAS JAHR X492 NACH DEM KOSMOS-KALENDER.
NACH DEM KONFLIKT ZWISCHEN UNSEREN HELDEN UND DEM IMPERIUM, BEKANNT ALS AOI-SCHLACHT...
... WEITETE ZIGGY SEINEN MACHTBEREICH IM KAEDE-KOSMOS AUS.
EINE RIESIGE ARMEE VON ROBOTERSOLDATEN WURDE AUF DIE PLANETEN ENTSANDT, UM DIESE MIT WAFFENGEWALT ZU UNTERDRÜCKEN.
SHIKI UND SEINE FREUNDE MACHEN SICH DARAN, ALLE PLANETEN ZU BEFREIEN, DIE ZIGGY UNTER SEINE HERRSCHAFT GEBRACHT HAT.
DREI JAHRE SIND VERGANGEN UND IN DIESER ZEIT SIND ALLE HERANGEREIFT.

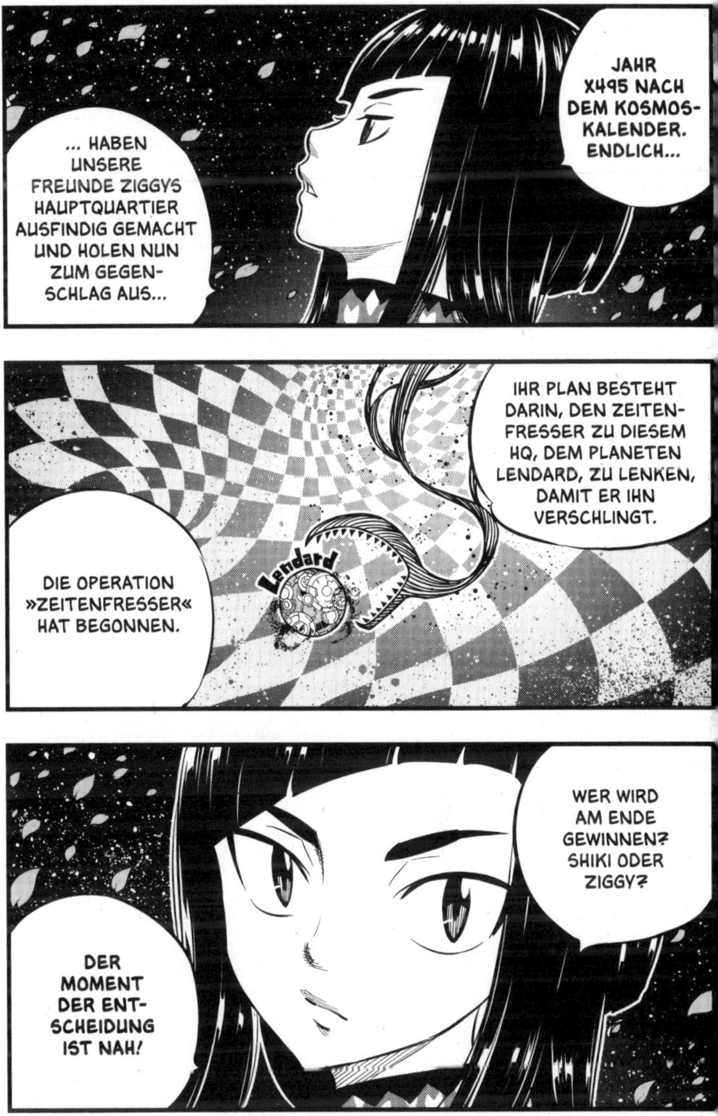
JAHR X495 NACH DEM KOSMOS-KALENDER. ENDLICH...
... HABEN UNSERE FREUNDE ZIGGYS HAUPTQUARTIER AUSFINDIG GEMACHT UND HOLEN NUN ZUM GEGEN-SCHLAG AUS...
IHR PLAN BESTEHT DARIN, DEN ZEITEN-FRESSER ZU DIESEM HQ, DEM PLANETEN LENDARD, ZU LENKEN, DAMIT ER IHN VERSCHLINGT.
Lendard
DIE OPERATION »ZEITENFRESSER« HAT BEGONNEN.
WER WIRD AM ENDE GEWINNEN? SHIKI ODER ZIGGY?
DER MOMENT DER ENT-SCHEIDUNG IST NAH!

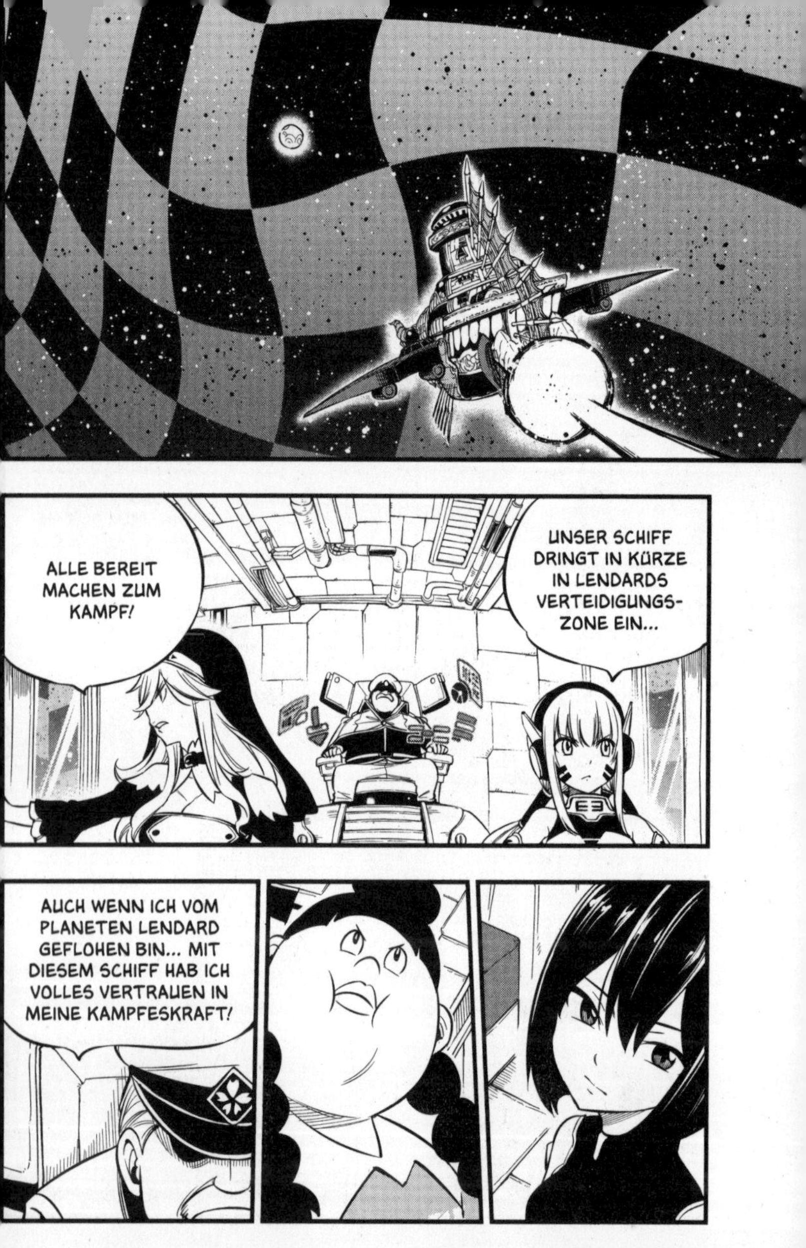
UNSER SCHIFF DRINGT IN KÜRZE IN LENDARDS VERTEIDIGUNGS-ZONE EIN...
ALLE BEREIT MACHEN ZUM KAMPF!
AUCH WENN ICH VOM PLANETEN LENDARD GEFLOHEN BIN... MIT DIESEM SCHIFF HAB ICH VOLLES VERTRAUEN IN MEINE KAMPFESKRAFT!

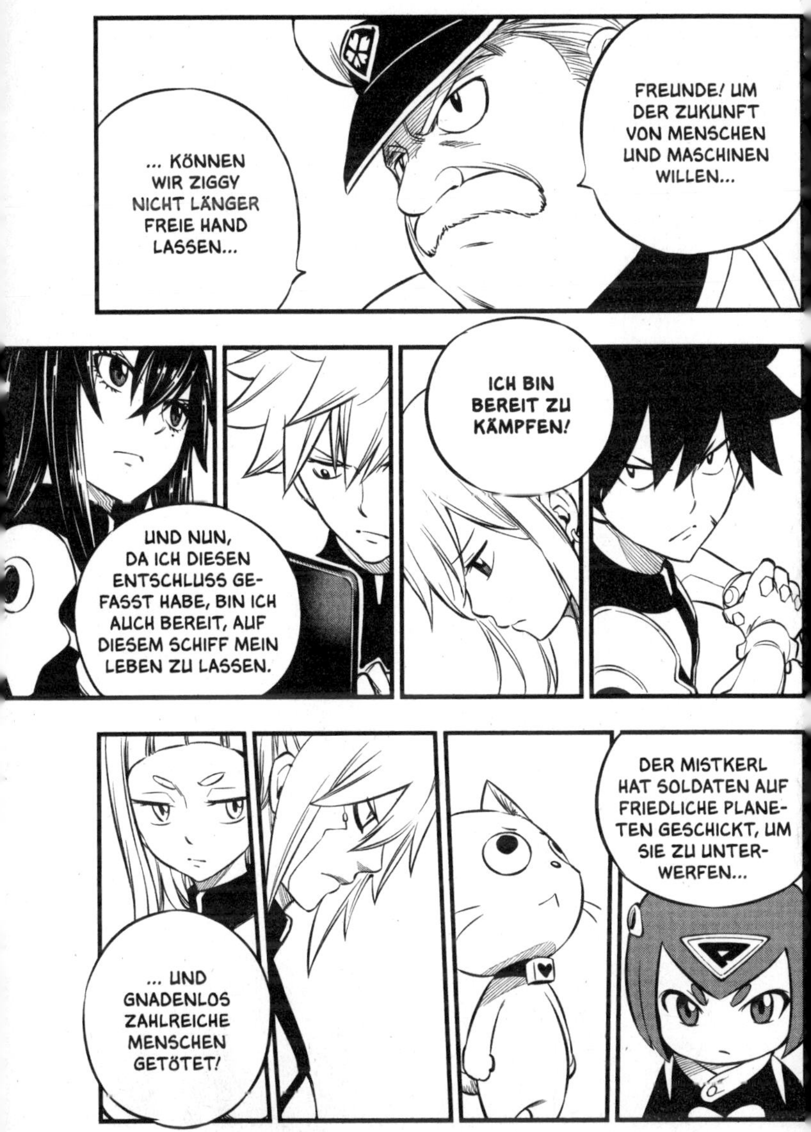
FREUNDE! UM DER ZUKUNFT VON MENSCHEN UND MASCHINEN WILLEN...
... KÖNNEN WIR ZIGGY NICHT LÄNGER FREIE HAND LASSEN...
ICH BIN BEREIT ZU KÄMPFEN!
UND NUN, DA ICH DIESEN ENTSCHLUSS GE-FASST HABE, BIN ICH AUCH BEREIT, AUF DIESEM SCHIFF MEIN LEBEN ZU LASSEN.
DER MISTKERL HAT SOLDATEN AUF FRIEDLICHE PLANE-TEN GESCHICKT, UM SIE ZU UNTER-WERFEN...
... UND GNADENLOS ZAHLREICHE MENSCHEN GETÖTET!

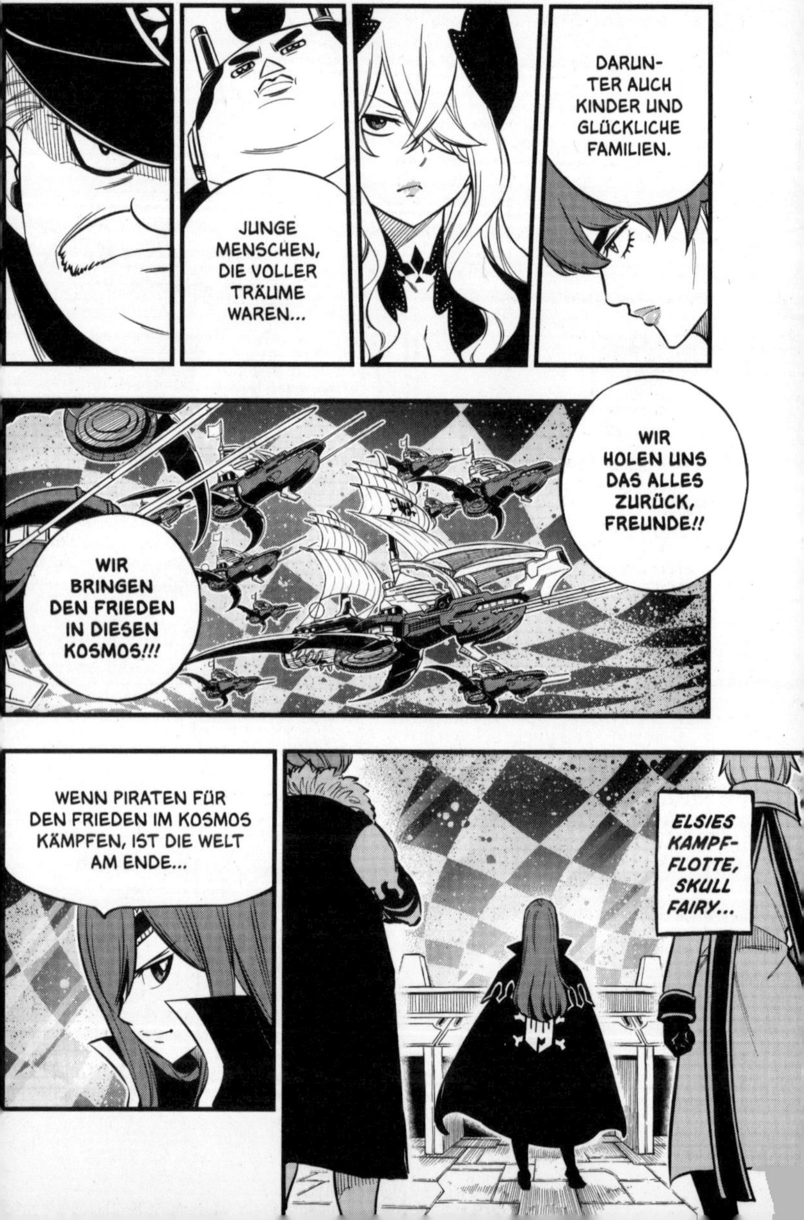
DARUN-
TER AUCH
KINDER UND
GLÜCKLICHE
FAMILIEN.
JUNGE
MENSCHEN,
DIE VOLLER
TRÄUME
WAREN...
WIR
HOLEN UNS
DAS ALLES
ZURÜCK,
FREUNDE!!
WIR
BRINGEN
DEN FRIEDEN
IN DIESEN
KOSMOS!!!
ELSIES
KAMPF-
FLOTTE,
SKULL
FAIRY...
WENN PIRATEN FÜR
DEN FRIEDEN IM KOSMOS
KÄMPFEN, IST DIE WELT
AM ENDE...

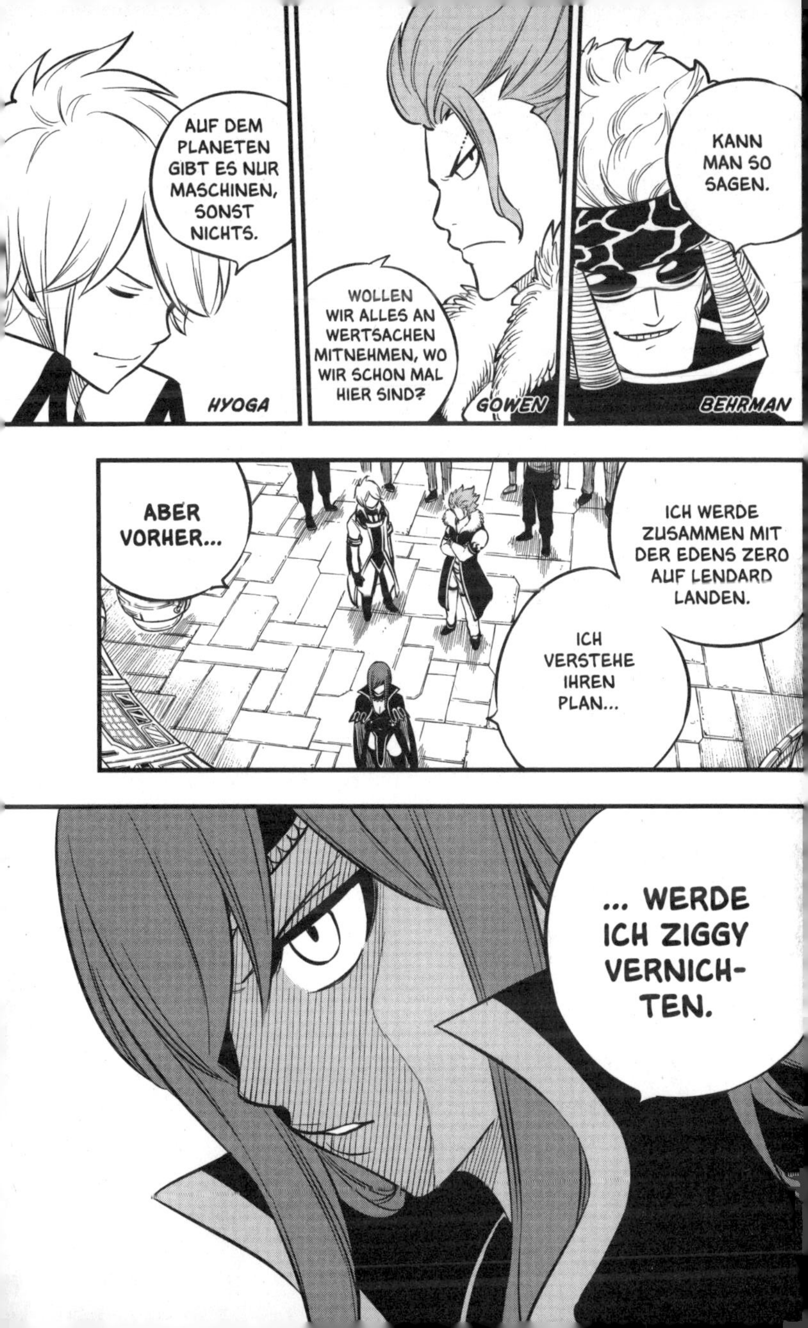
KANN MAN SO SAGEN.
BEHRMAN
WOLLEN WIR ALLES AN WERTSACHEN MITNEHMEN, WO WIR SCHON MAL HIER SIND?
GOWEN
AUF DEM PLANETEN GIBT ES NUR MASCHINEN, SONST NICHTS.
HYOGA
ICH WERDE ZUSAMMEN MIT DER EDENS ZERO AUF LENDARD LANDEN.
ICH VERSTEHE IHREN PLAN...
ABER VORHER...
... WERDE ICH ZIGGY VERNICH-TEN.

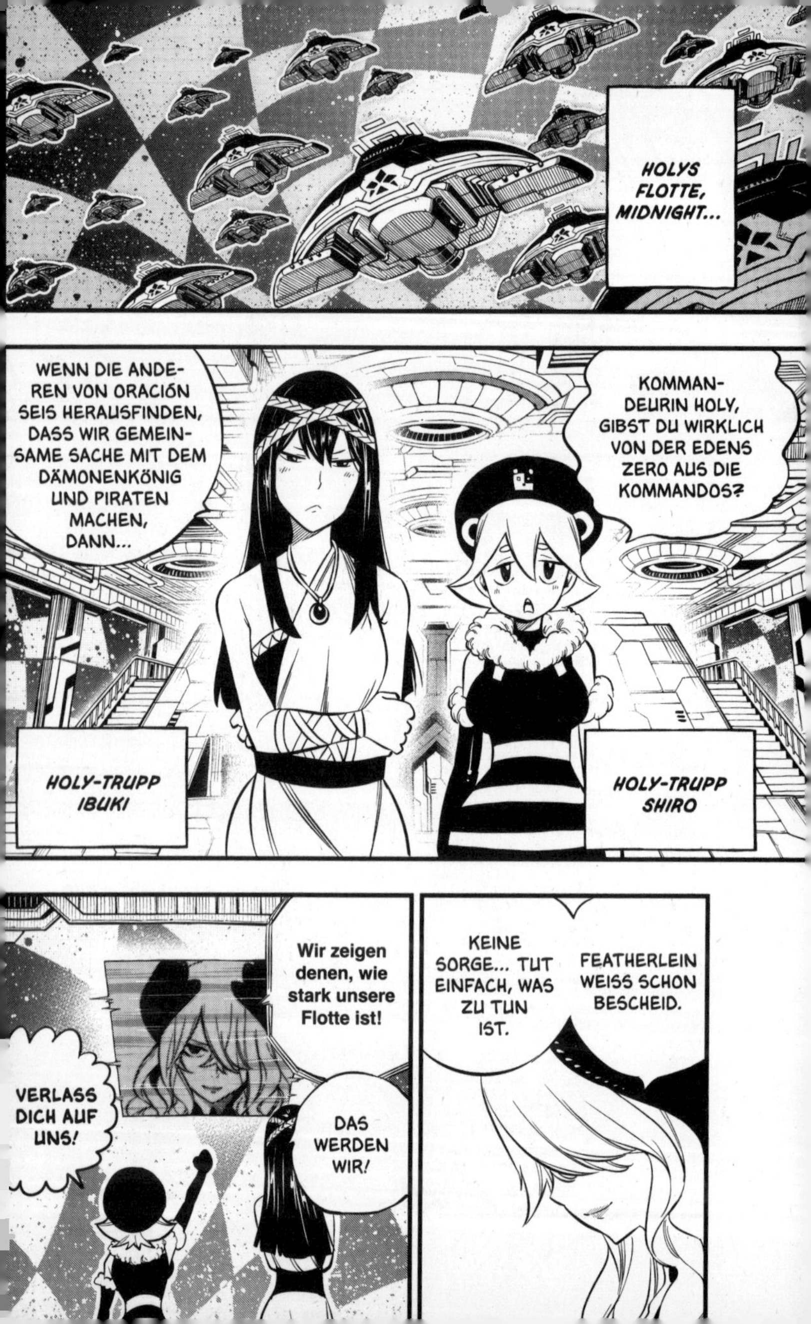

HOLYS FLOTTE, MIDNIGHT...
KOMMANDEURIN HOLY, GIBST DU WIRKLICH VON DER EDENS ZERO AUS DIE KOMMANDOS?
WENN DIE ANDEREN VON ORACIÓN SEIS HERAUSFINDEN, DASS WIR GEMEINSAME SACHE MIT DEM DÄMONENKÖNIG UND PIRATEN MACHEN, DANN...
HOLY-TRUPP SHIRO
HOLY-TRUPP IBUKI
FEATHERLEIN WEISS SCHON BESCHEID.
KEINE SORGE... TUT EINFACH, WAS ZU TUN IST.
Wir zeigen denen, wie stark unsere Flotte ist!
DAS WERDEN WIR!
VERLASS DICH AUF UNS!

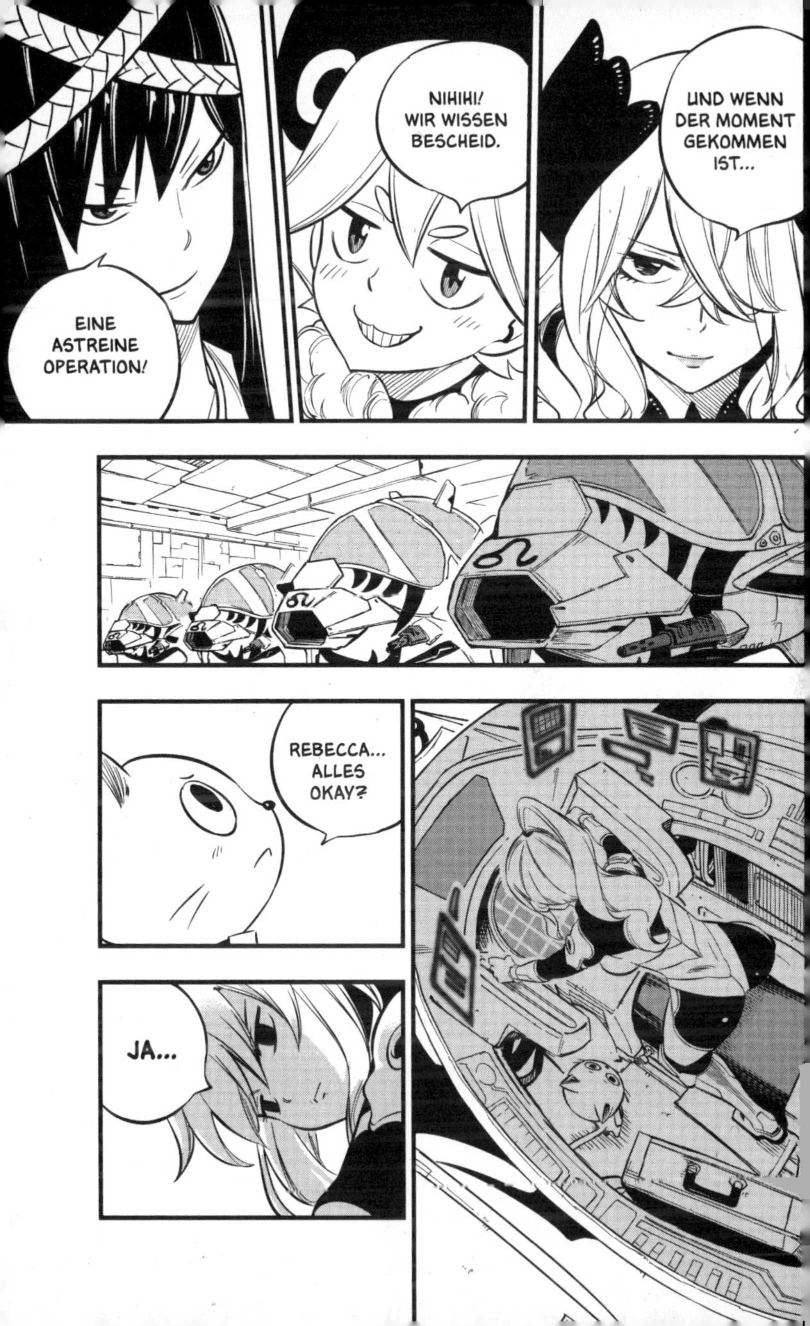

EINE ASTREINE OPERATION!
NIHIHI! WIR WISSEN BESCHEID.
UND WENN DER MOMENT GEKOMMEN IST...
REBECCA... ALLES OKAY?
JA...

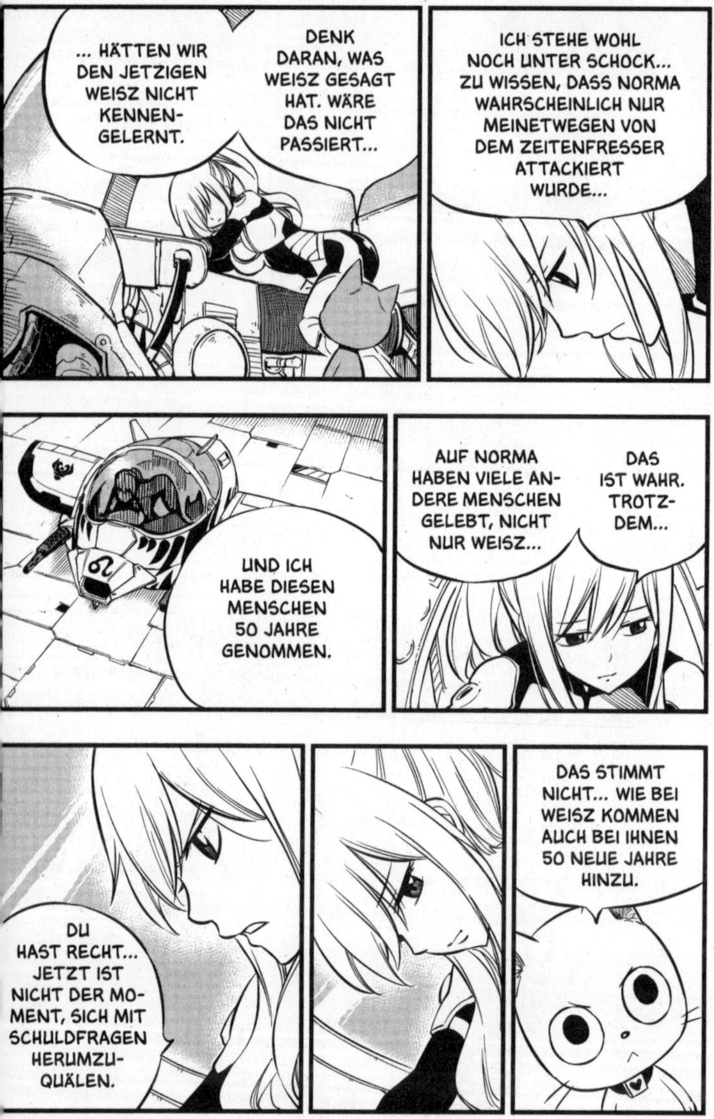
ICH STEHE WOHL NOCH UNTER SCHOCK... ZU WISSEN, DASS NORMA WAHRSCHEINLICH NUR MEINETWEGEN VON DEM ZEITENFRESSER ATTACKIERT WURDE...
DENK DARAN, WAS WEISZ GESAGT HAT. WÄRE DAS NICHT PASSIERT...
... HÄTTEN WIR DEN JETZIGEN WEISZ NICHT KENNEN-GELERNT.
AUF NORMA HABEN VIELE AN-DERE MENSCHEN GELEBT, NICHT NUR WEISZ...
DAS IST WAHR. TROTZ-DEM...
UND ICH HABE DIESEN MENSCHEN 50 JAHRE GENOMMEN.
DAS STIMMT NICHT... WIE BEI WEISZ KOMMEN AUCH BEI IHNEN 50 NEUE JAHRE HINZU.
DU HAST RECHT... JETZT IST NICHT DER MO-MENT, SICH MIT SCHULDFRAGEN HERUMZU-QUÄLEN.

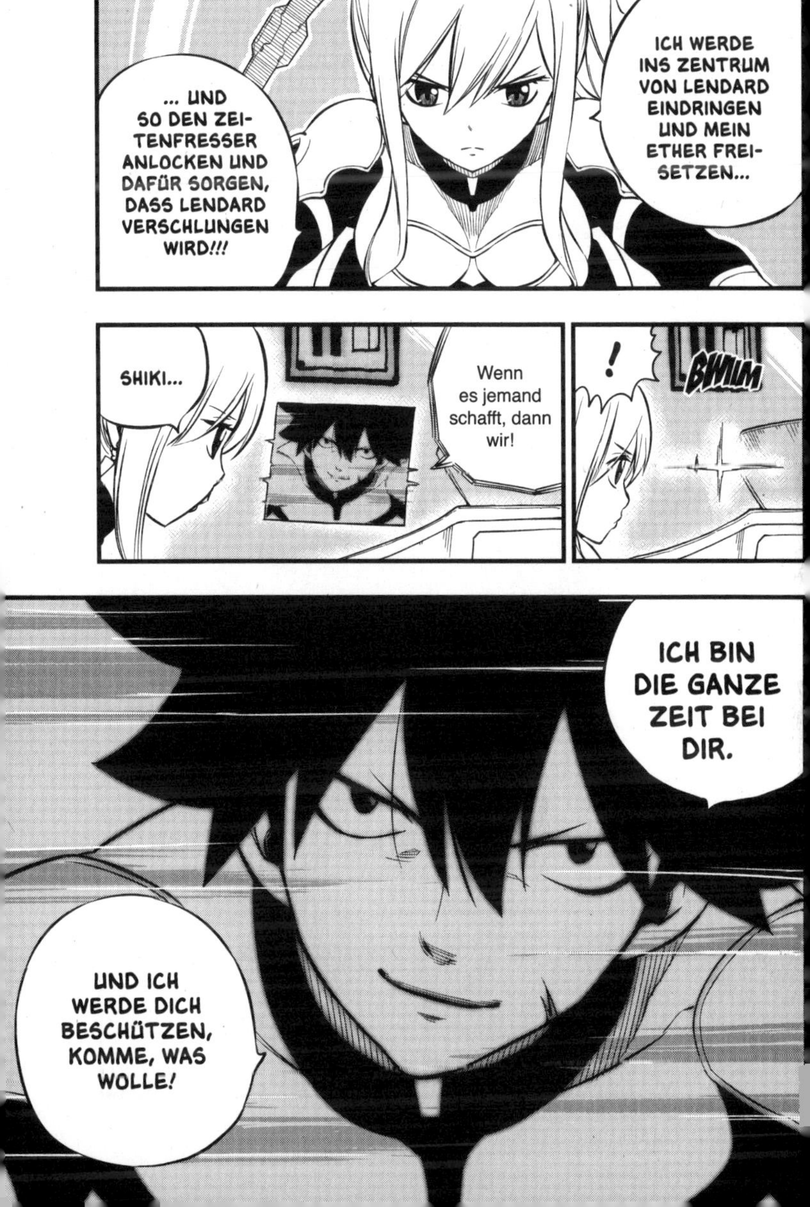
ICH WERDE INS ZENTRUM VON LENDARD EINDRINGEN UND MEIN ETHER FREISETZEN...
... UND SO DEN ZEITENFRESSER ANLOCKEN UND DAFÜR SORGEN, DASS LENDARD VERSCHLUNGEN WIRD!!!
!
BWUM
Wenn es jemand schafft, dann wir!
SHIKI...
ICH BIN DIE GANZE ZEIT BEI DIR.
UND ICH WERDE DICH BESCHÜTZEN, KOMME, WAS WOLLE!

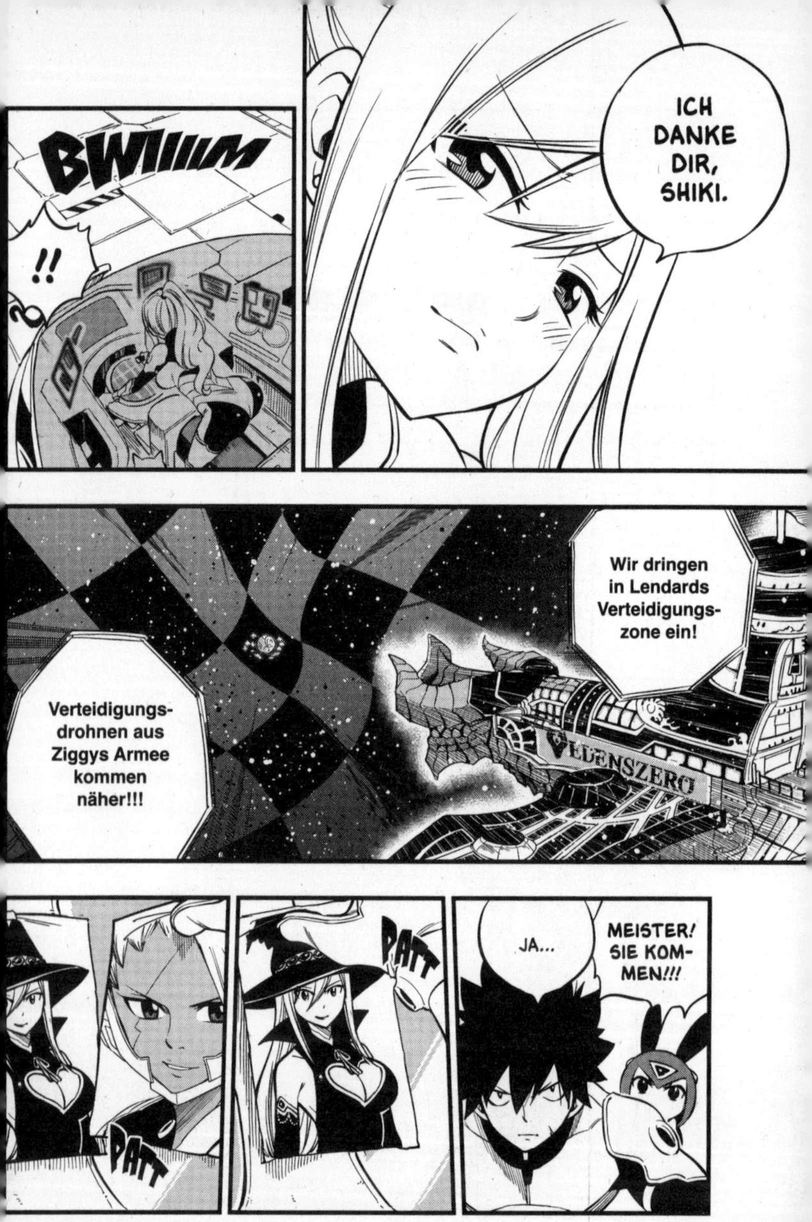
ICH DANKE DIR, SHIKI.
BWIIIIM
!!
Wir dringen in Lendards Verteidigungs-zone ein!
EDENSZERO
Verteidigungs-drohnen aus Ziggys Armee kommen näher!!!
MEISTER! SIE KOM-MEN!!!
JA...
PATT
PATT

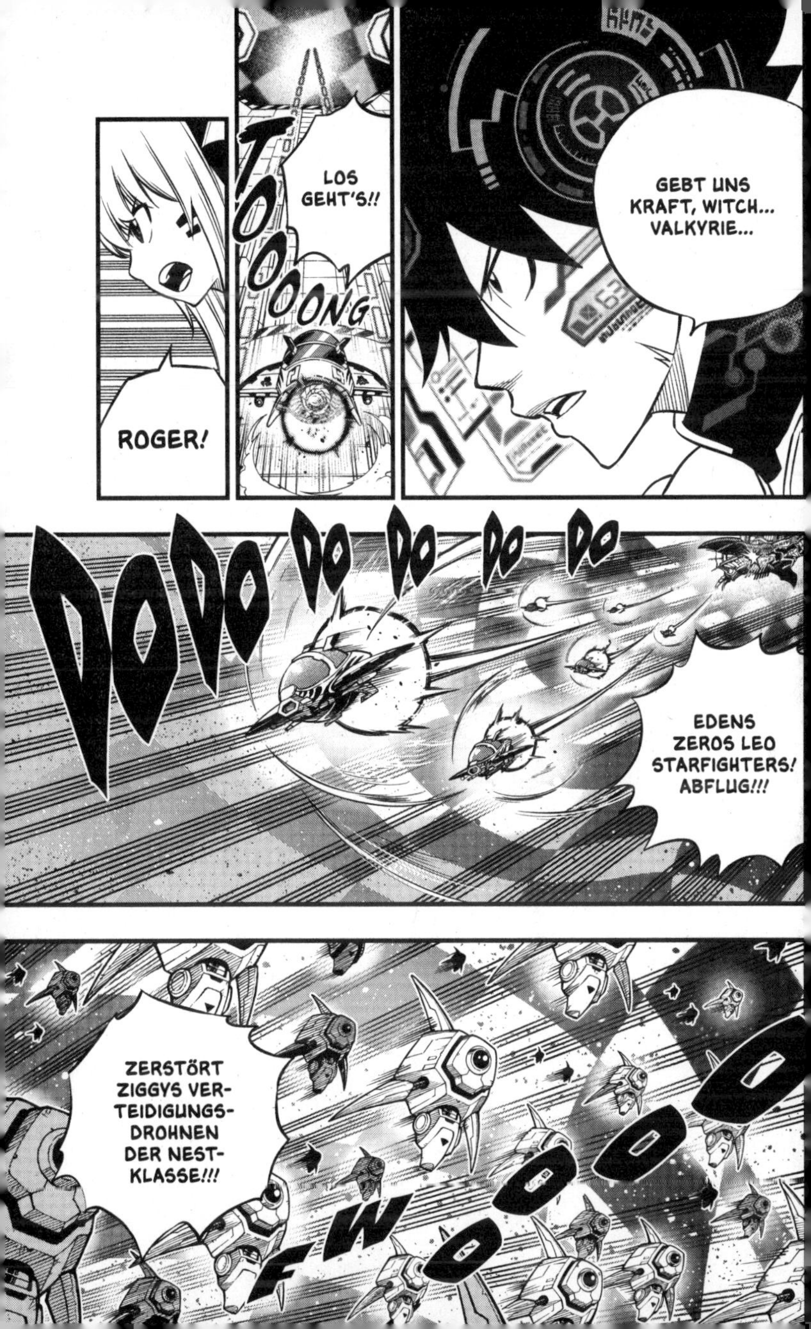
GEBT UNS KRAFT, WITCH... VALKYRIE...
TOOOOONG
LOS GEHT'S!!
ROGER!
DODO DO DO DO DO
EDENS ZEROS LEO STARFIGHTERS! ABFLUG!!!
ZERSTÖRT ZIGGYS VERTEIDIGUNGSDROHNEN DER NESTKLASSE!!!
FWOOOOOO

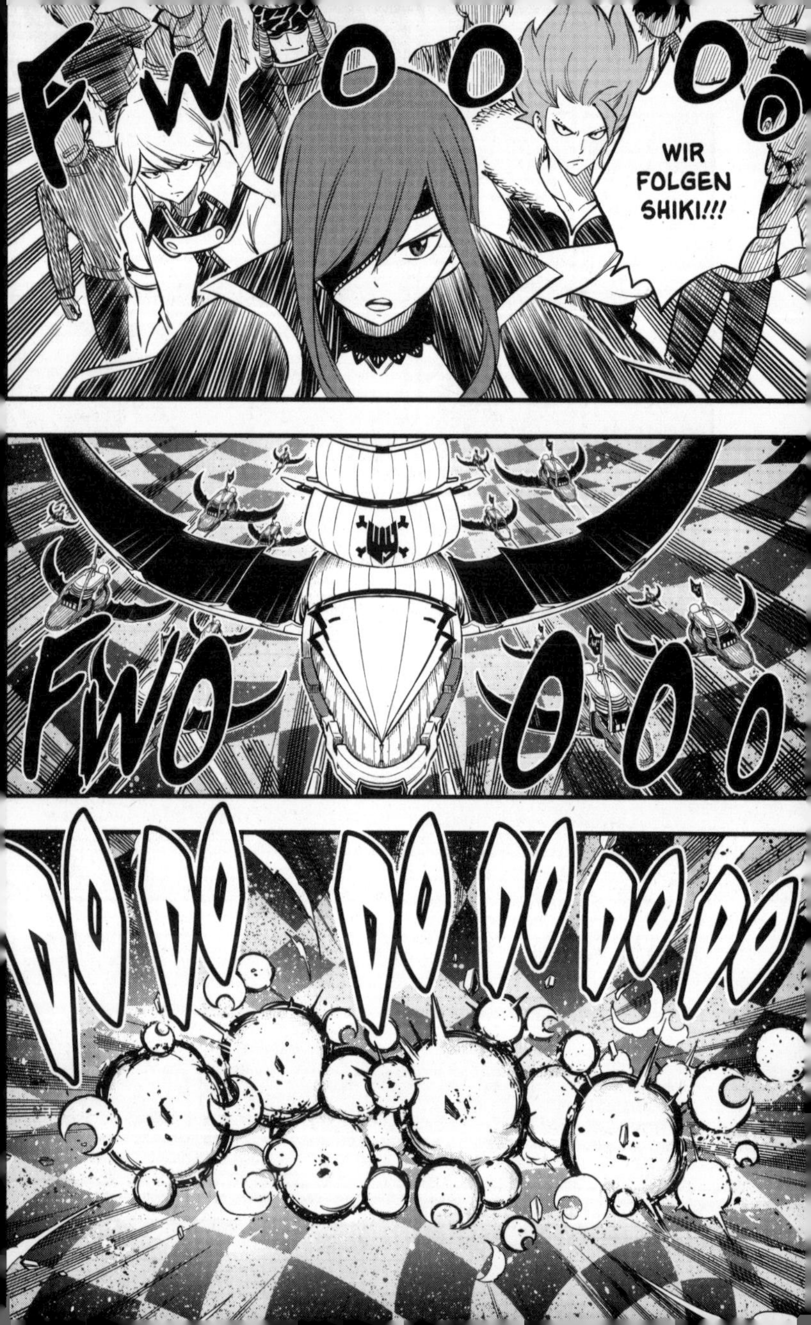
FWOOOO
WIR FOLGEN SHIKI!!!
FWOOOO
DODO DO DO DO DO

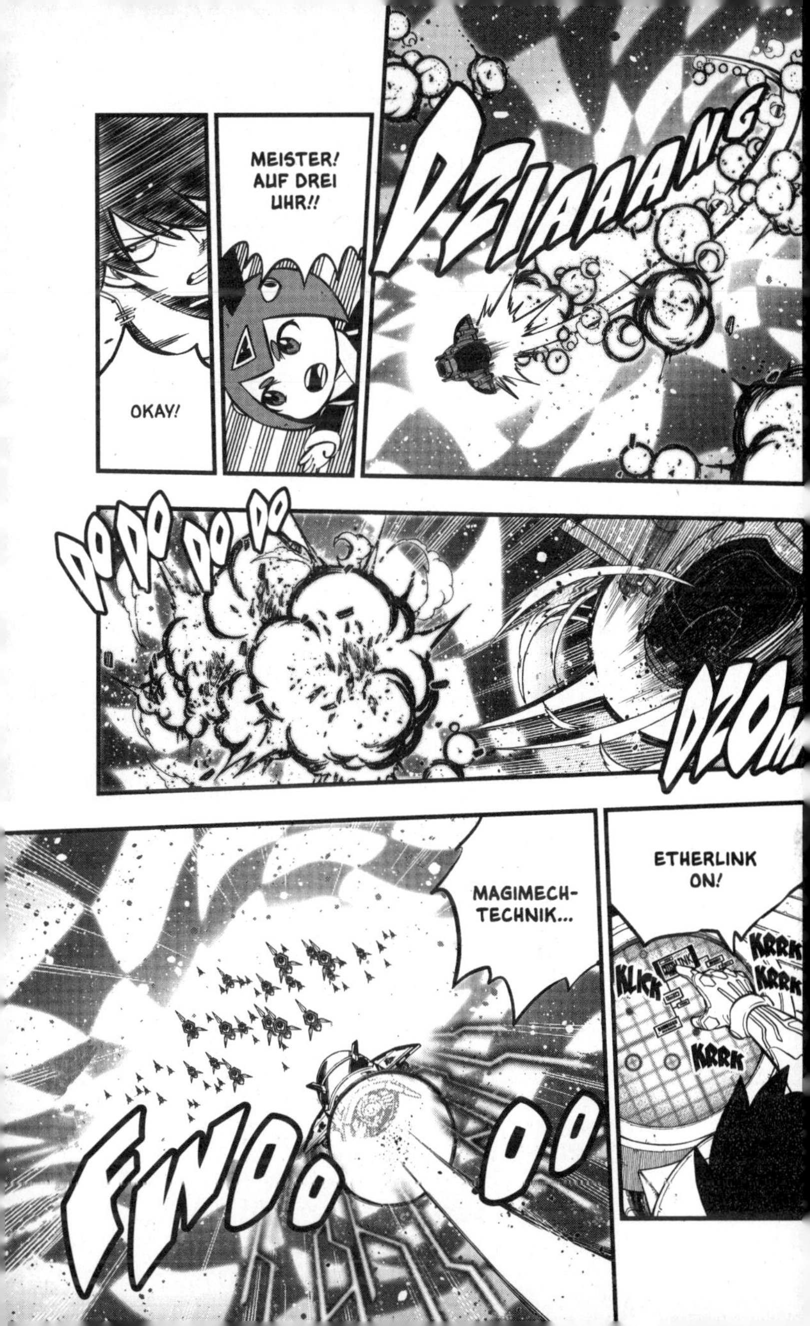
DZIAAANG
MEISTER! AUF DREI UHR!!
OKAY!
DZOM
DO DO DO DO
ETHERLINK ON!
KRRK KRRK
KLICK
KRRK
MAGIMECH-TECHNIK...
FWOOOO

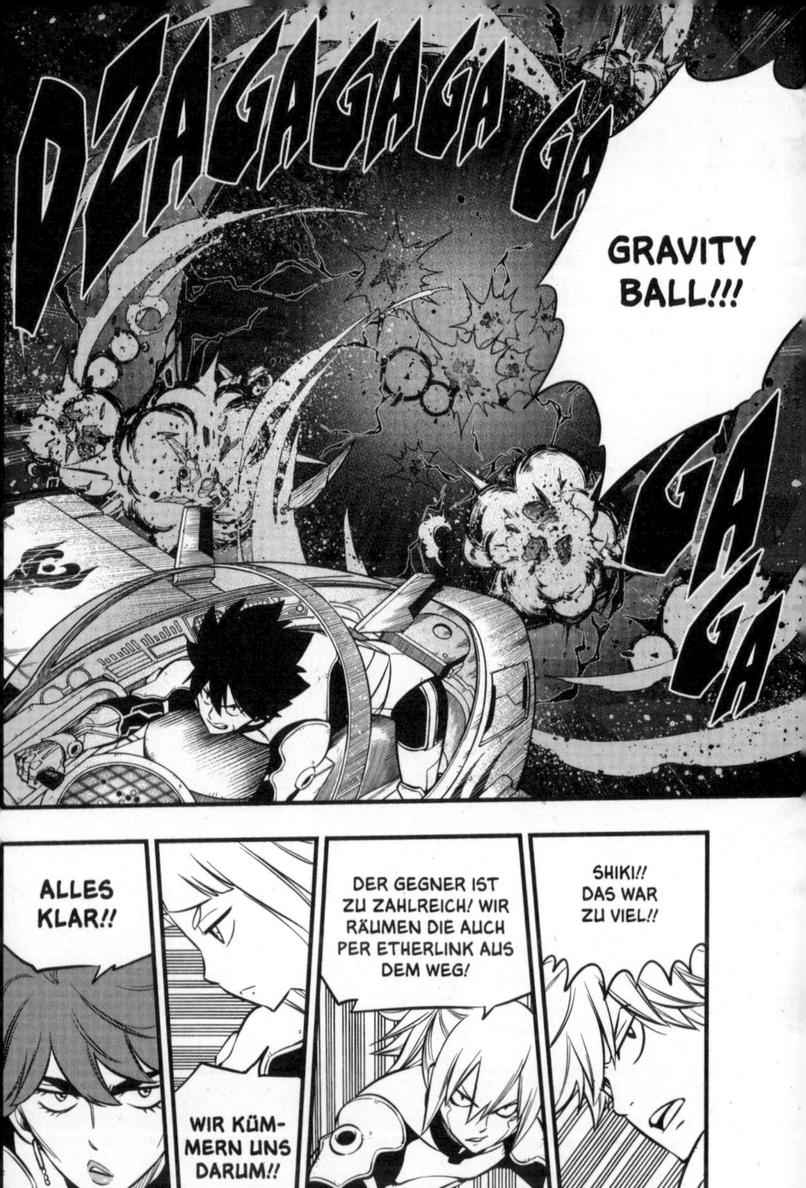
DZAGAGAGA GA
GRAVITY BALL!!!
SHIKI!! DAS WAR ZU VIEL!!
DER GEGNER IST ZU ZAHLREICH! WIR RÄUMEN DIE AUCH PER ETHERLINK AUS DEM WEG!
WIR KÜM-MERN UNS DARUM!!
ALLES KLAR!!

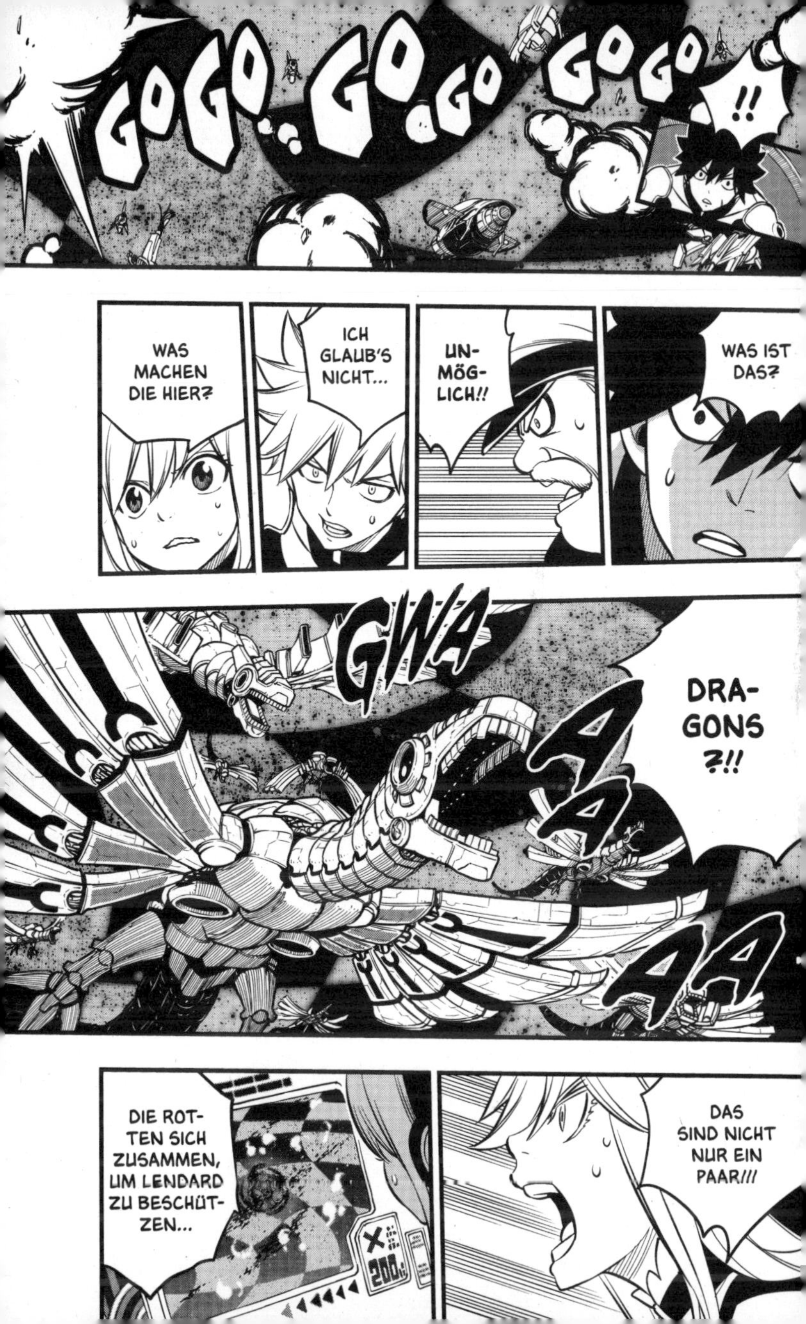
GOGO GO GO GOGO
!!
WAS IST DAS?
UN-MÖG-LICH!!
ICH GLAUB'S NICHT...
WAS MACHEN DIE HIER?
GWAAAAA
DRA-GONS?!!
DAS SIND NICHT NUR EIN PAAR!!!
DIE ROT-TEN SICH ZUSAMMEN, UM LENDARD ZU BESCHÜT-ZEN...

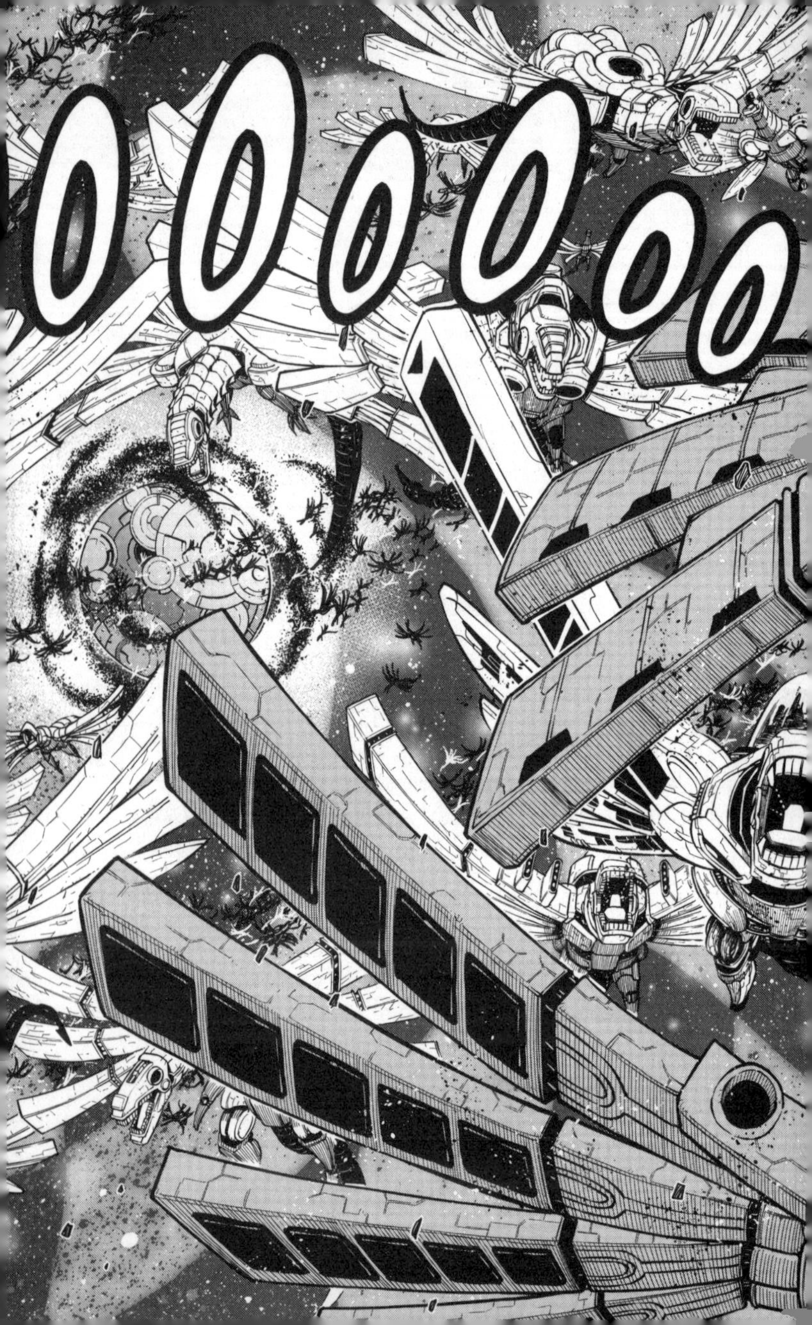
OOOOOO

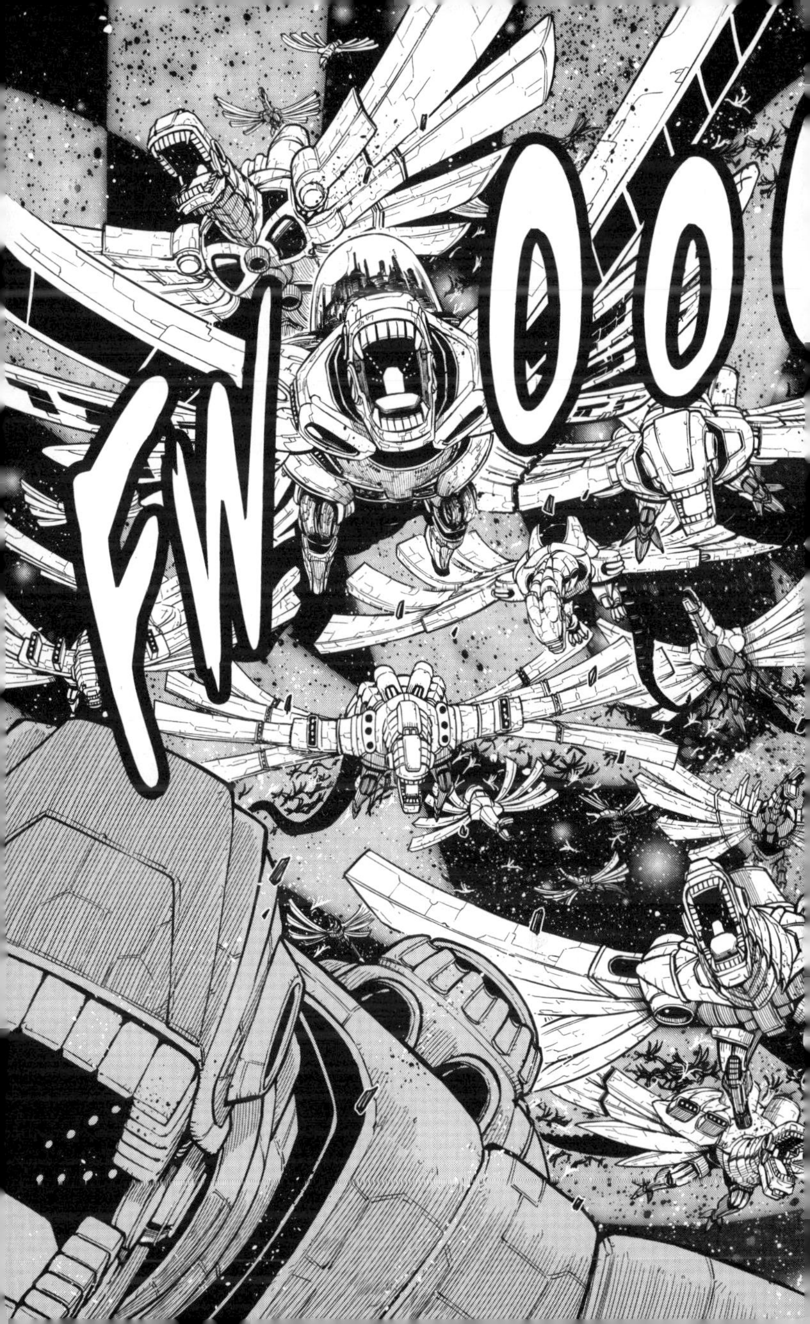
FWOOO

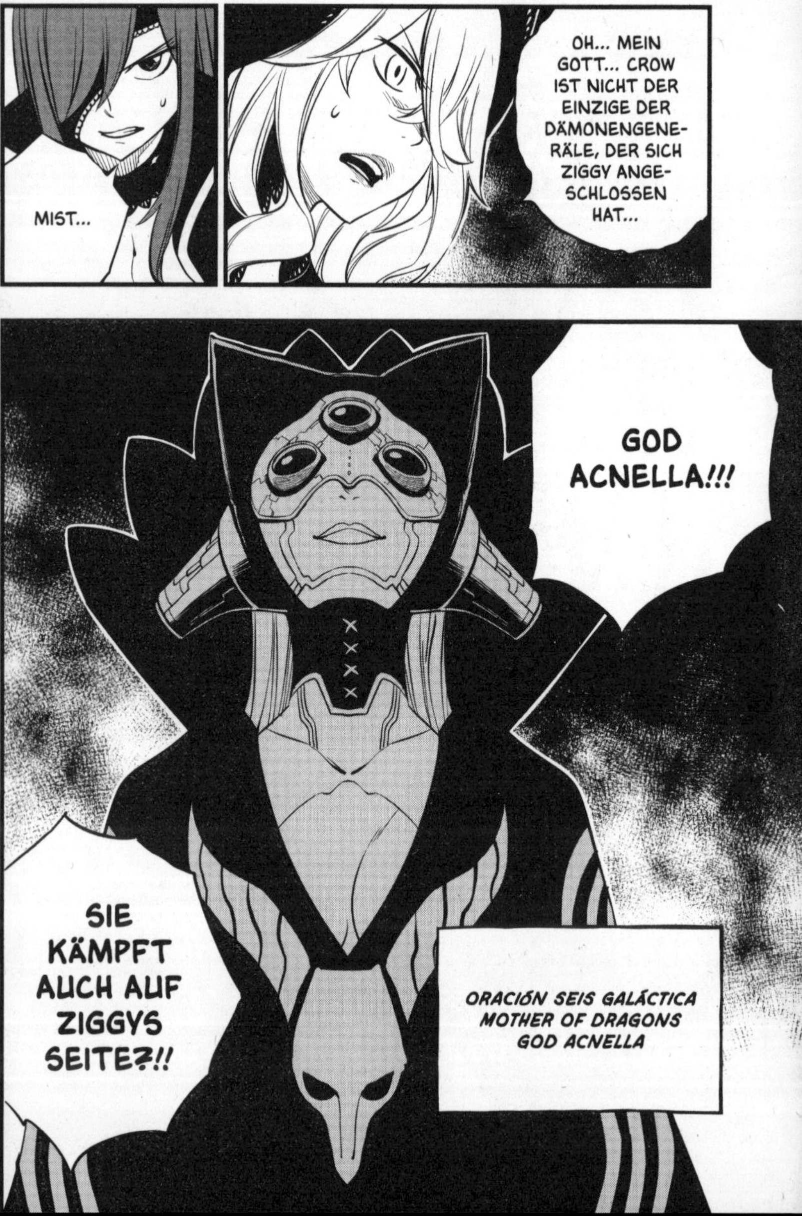
OH... MEIN GOTT... CROW IST NICHT DER EINZIGE DER DÄMONENGENERÄLE, DER SICH ZIGGY ANGESCHLOSSEN HAT...
MIST...
GOD ACNELLA!!!
ORACIÓN SEIS GALÁCTICA MOTHER OF DRAGONS GOD ACNELLA
SIE KÄMPFT AUCH AUF ZIGGYS SEITE?!!

EDENS ZERO

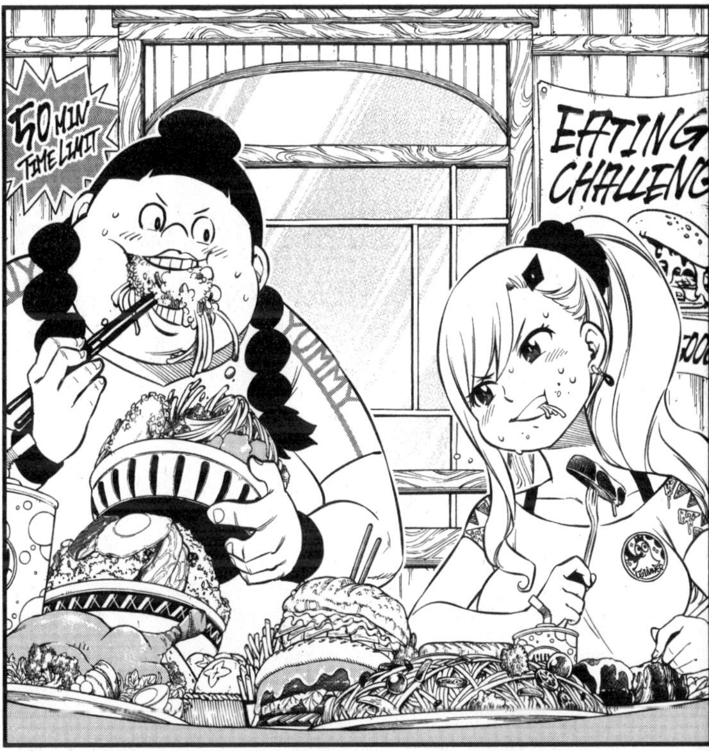

KAPITEL 182: WALKÜRE-MODUS

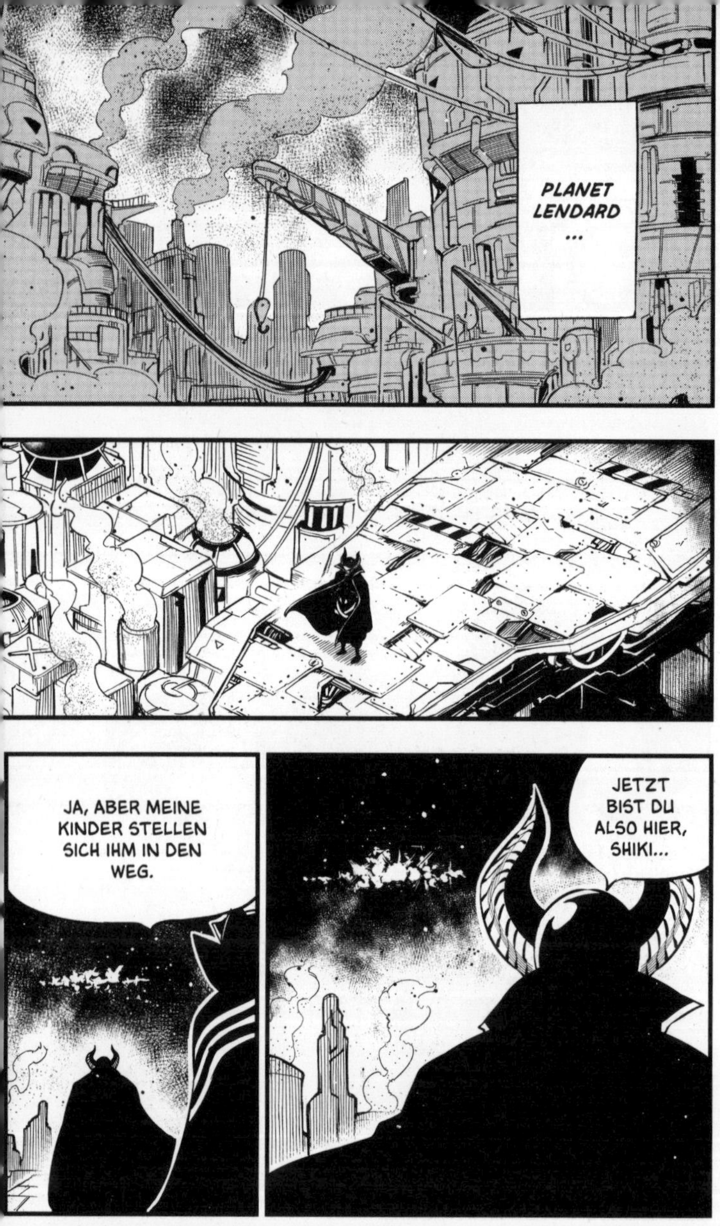
PLANET LENDARD ...
JETZT BIST DU ALSO HIER, SHIKI...
JA, ABER MEINE KINDER STELLEN SICH IHM IN DEN WEG.

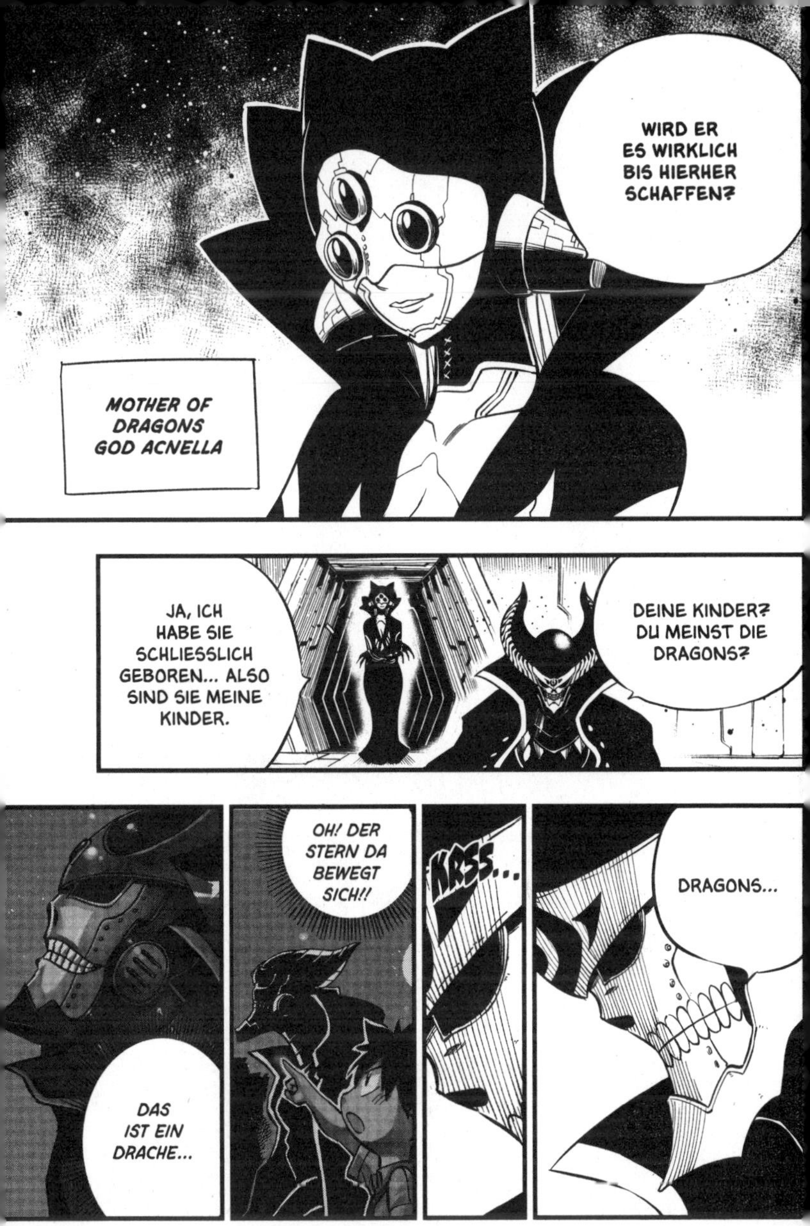
WIRD ER
ES WIRKLICH
BIS HIERHER
SCHAFFEN?
MOTHER OF
DRAGONS
GOD ACNELLA
DEINE KINDER?
DU MEINST DIE
DRAGONS?
JA, ICH
HABE SIE
SCHLIESSLICH
GEBOREN... ALSO
SIND SIE MEINE
KINDER.
DRAGONS...
KRSS...
OH! DER
STERN DA
BEWEGT
SICH!!
DAS
IST EIN
DRACHE...

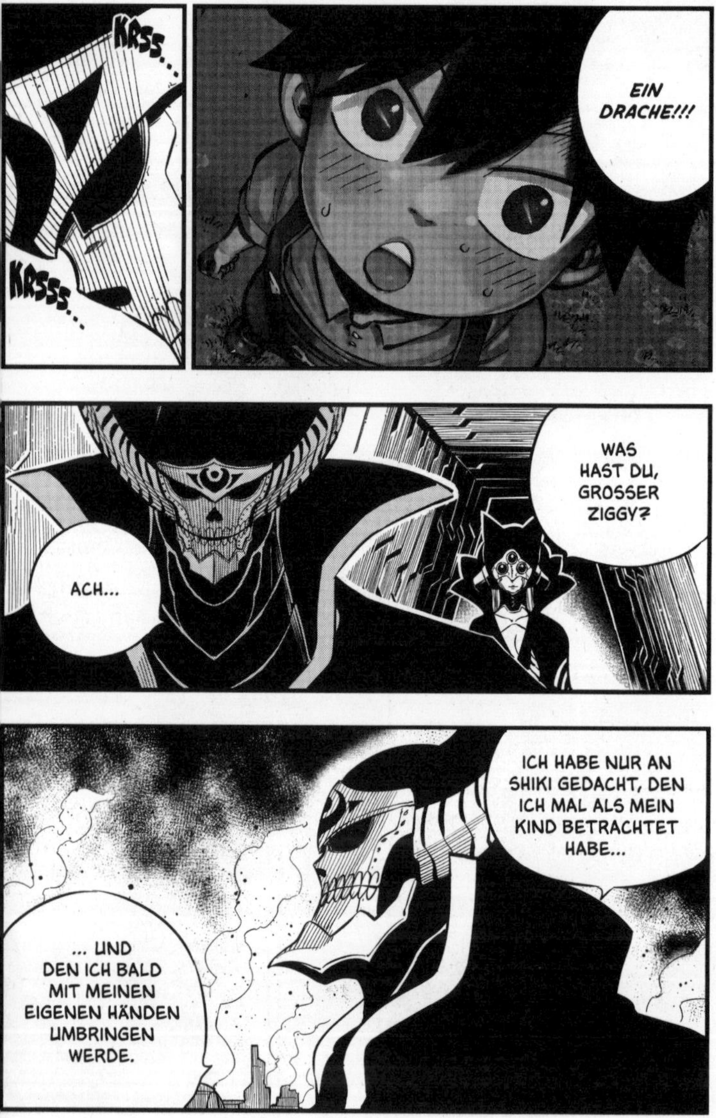
EIN DRACHE!!!
KRSS...
KRSSS...
WAS HAST DU, GROSSER ZIGGY?
ACH...
ICH HABE NUR AN SHIKI GEDACHT, DEN ICH MAL ALS MEIN KIND BETRACHTET HABE...
... UND DEN ICH BALD MIT MEINEN EIGENEN HÄNDEN UMBRINGEN WERDE.

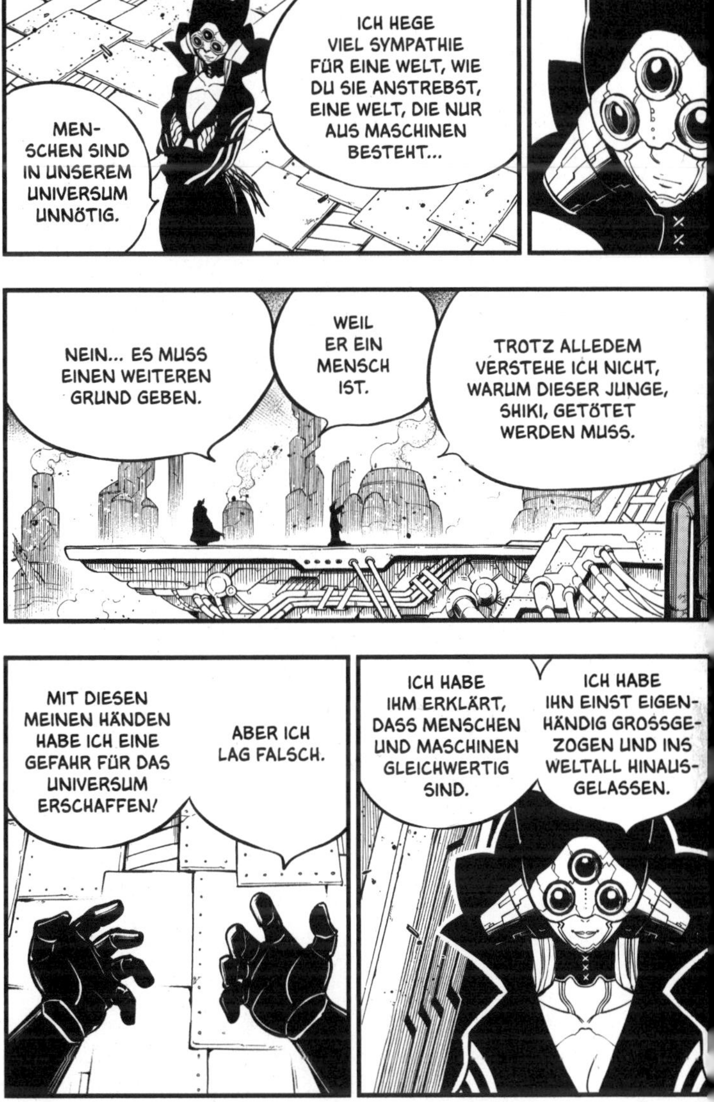
ICH HEGE VIEL SYMPATHIE FÜR EINE WELT, WIE DU SIE ANSTREBST, EINE WELT, DIE NUR AUS MASCHINEN BESTEHT...
MEN-SCHEN SIND IN UNSEREM UNIVERSUM UNNÖTIG.
TROTZ ALLEDEM VERSTEHE ICH NICHT, WARUM DIESER JUNGE, SHIKI, GETÖTET WERDEN MUSS.
WEIL ER EIN MENSCH IST.
NEIN... ES MUSS EINEN WEITEREN GRUND GEBEN.
ICH HABE IHN EINST EIGEN-HÄNDIG GROSSGE-ZOGEN UND INS WELTALL HINAUS-GELASSEN.
ICH HABE IHM ERKLÄRT, DASS MENSCHEN UND MASCHINEN GLEICHWERTIG SIND.
ABER ICH LAG FALSCH.
MIT DIESEN MEINEN HÄNDEN HABE ICH EINE GEFAHR FÜR DAS UNIVERSUM ERSCHAFFEN!

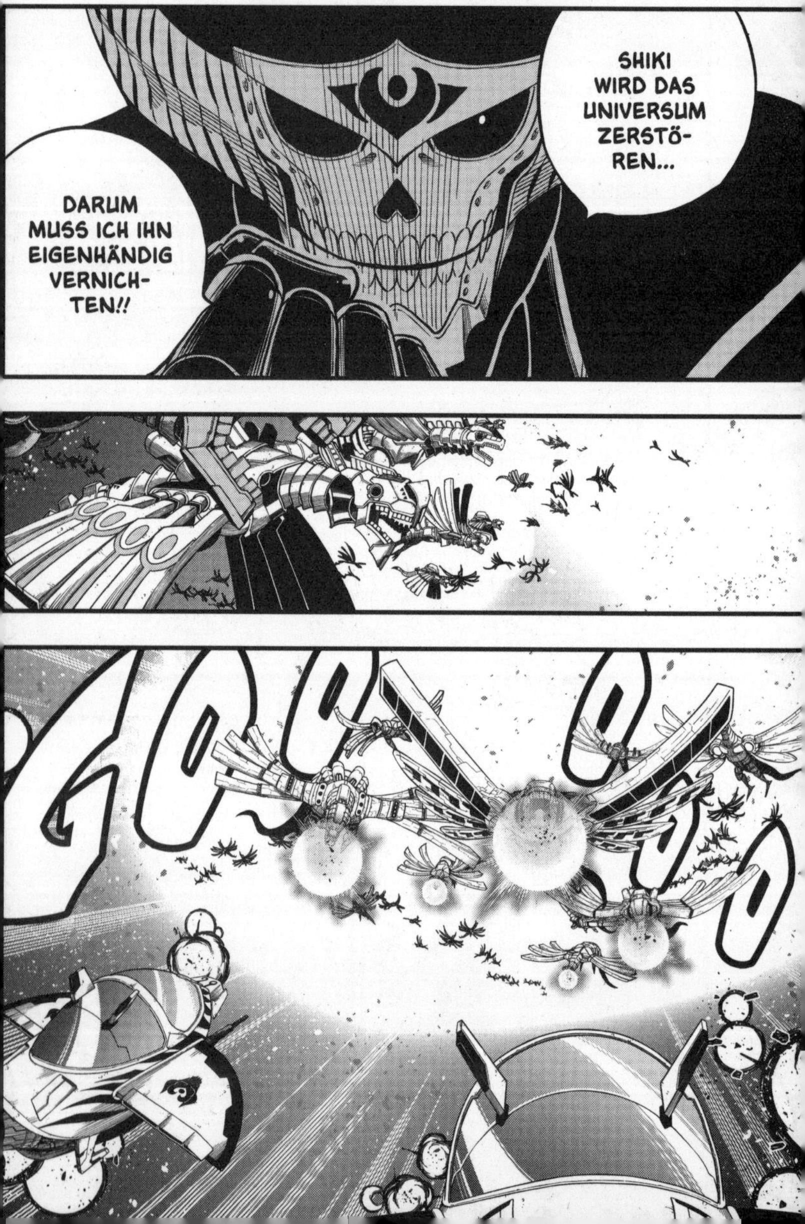
SHIKI WIRD DAS UNIVERSUM ZERSTÖ-REN...
DARUM MUSS ICH IHN EIGENHÄNDIG VERNICH-TEN!!

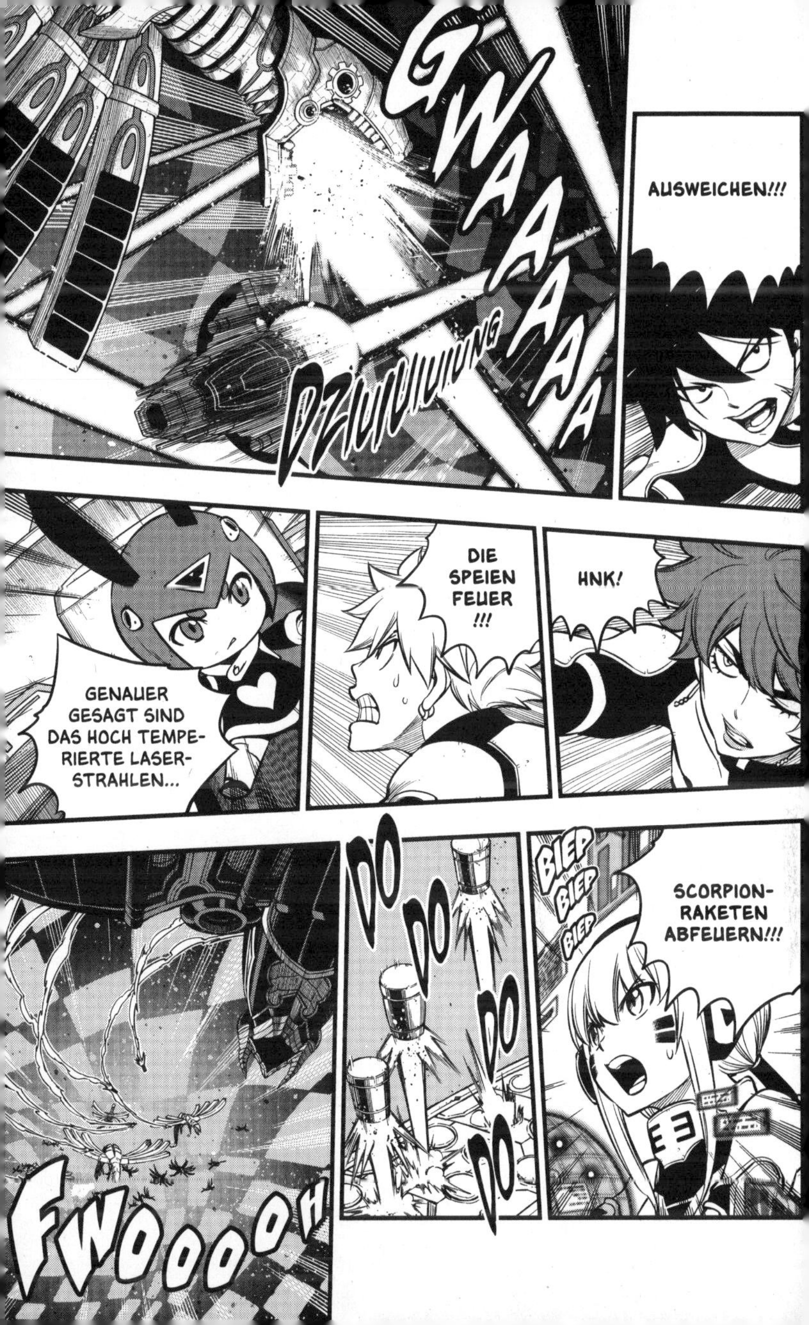

GWAAAAAAA
DZIIIIIIIING
AUSWEICHEN!!!
HNK!
DIE SPEIEN FEUER !!!
GENAUER GESAGT SIND DAS HOCH TEMPE-RIERTE LASER-STRAHLEN...
BIEP BIEP BIEP
SCORPION-RAKETEN ABFEUERN!!!
DO DO DO DO DO DO
FWOOOOH

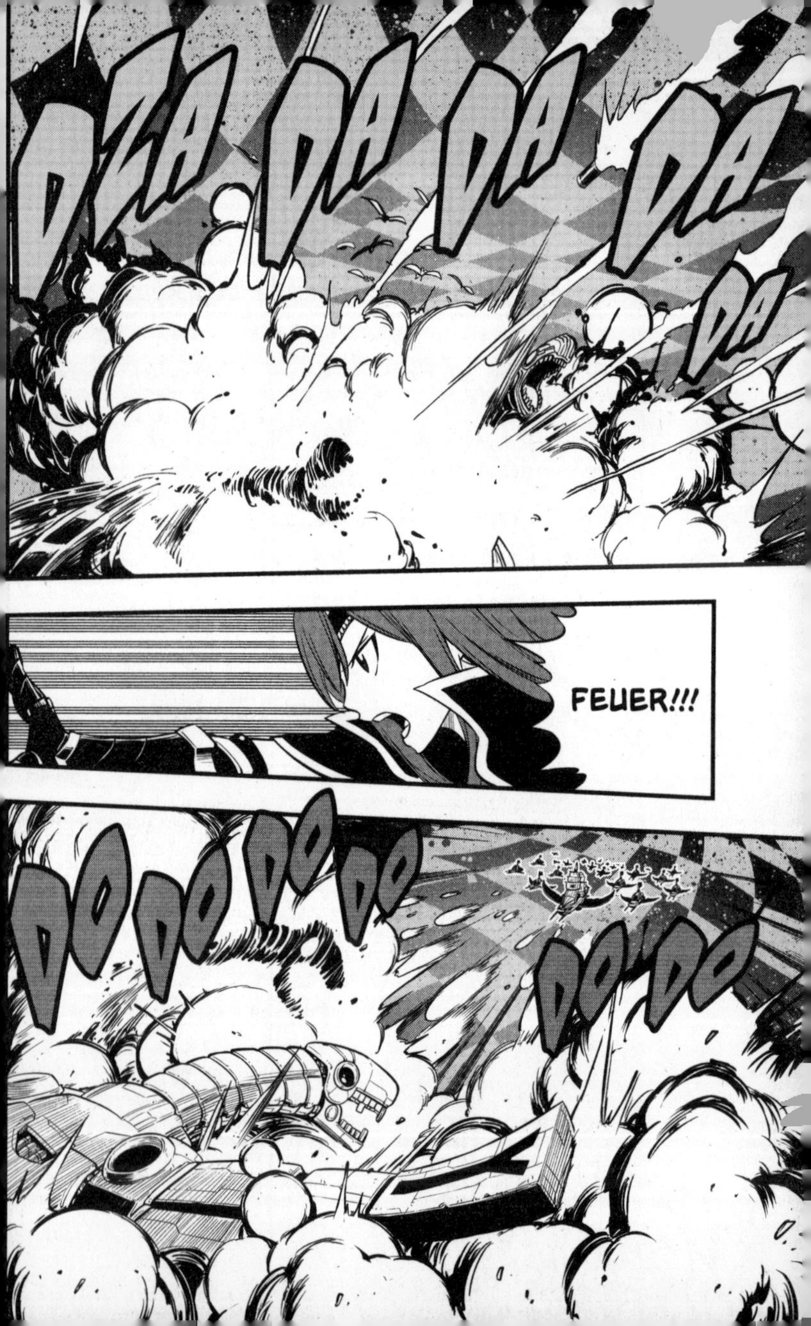
DZA DA DA DA
DA
FEUER!!!
DO DO DO DO
DO DO

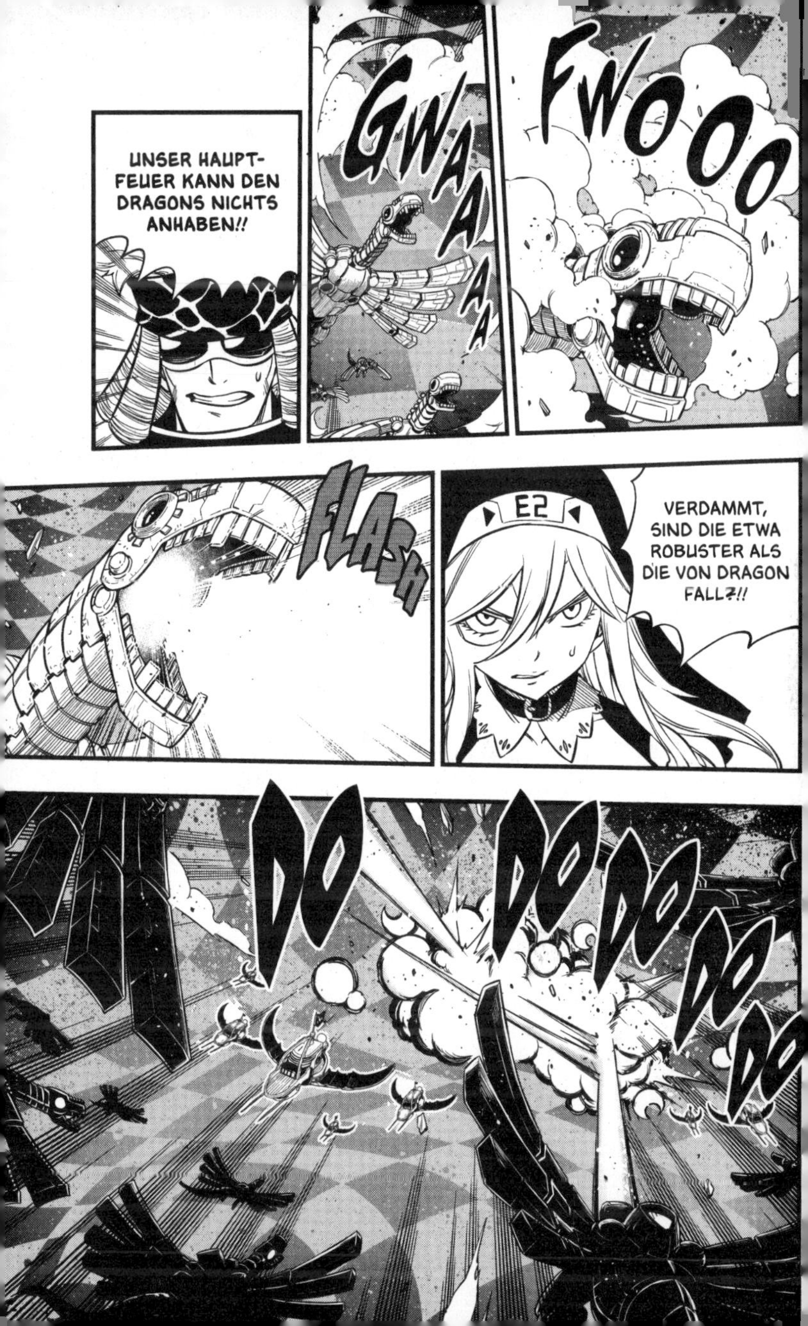
UNSER HAUPT-
FEUER KANN DEN
DRAGONS NICHTS
ANHABEN!!
GWAAAAAA
FWOOOO
FLASH
E2
VERDAMMT,
SIND DIE ETWA
ROBUSTER ALS
DIE VON DRAGON
FALL?!!
DO DO DO DO DO DO

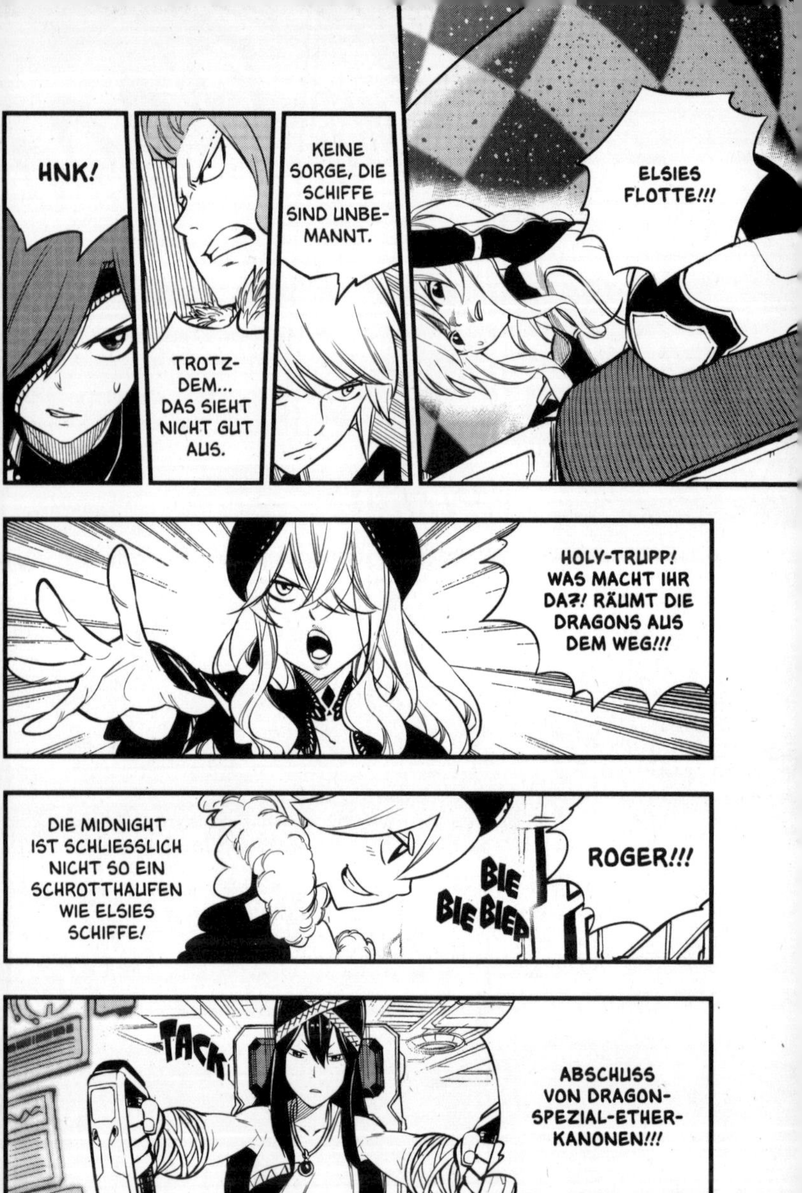
ELSIES FLOTTE!!!
KEINE SORGE, DIE SCHIFFE SIND UNBE-MANNT.
TROTZ-DEM... DAS SIEHT NICHT GUT AUS.
HNK!
HOLY-TRUPP! WAS MACHT IHR DA?! RÄUMT DIE DRAGONS AUS DEM WEG!!!
ROGER!!!
BIE BIE BIEP
DIE MIDNIGHT IST SCHLIESSLICH NICHT SO EIN SCHROTTHAUFEN WIE ELSIES SCHIFFE!
ABSCHUSS VON DRAGON-SPEZIAL-ETHER-KANONEN!!!
TACK

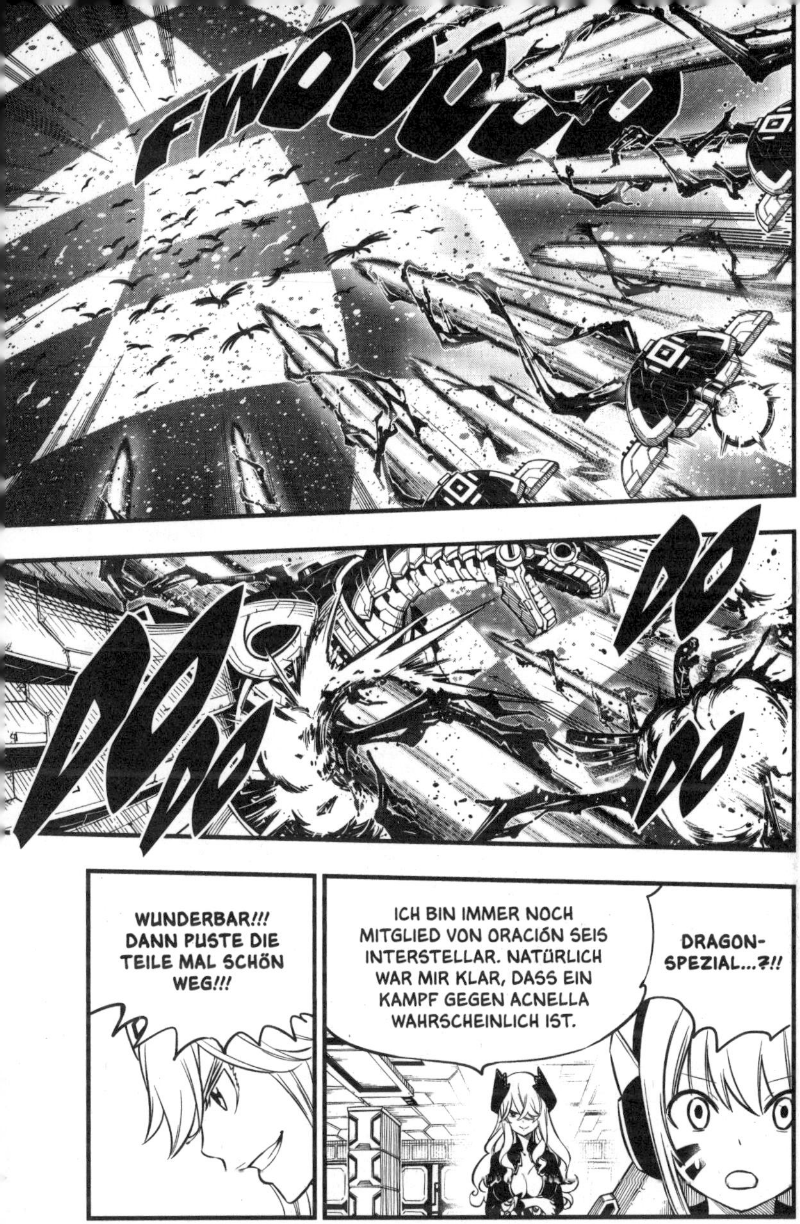
DRAGON-SPEZIAL...?!!
ICH BIN IMMER NOCH MITGLIED VON ORACIÓN SEIS INTERSTELLAR. NATÜRLICH WAR MIR KLAR, DASS EIN KAMPF GEGEN ACNELLA WAHRSCHEINLICH IST.
WUNDERBAR!!! DANN PUSTE DIE TEILE MAL SCHÖN WEG!!!

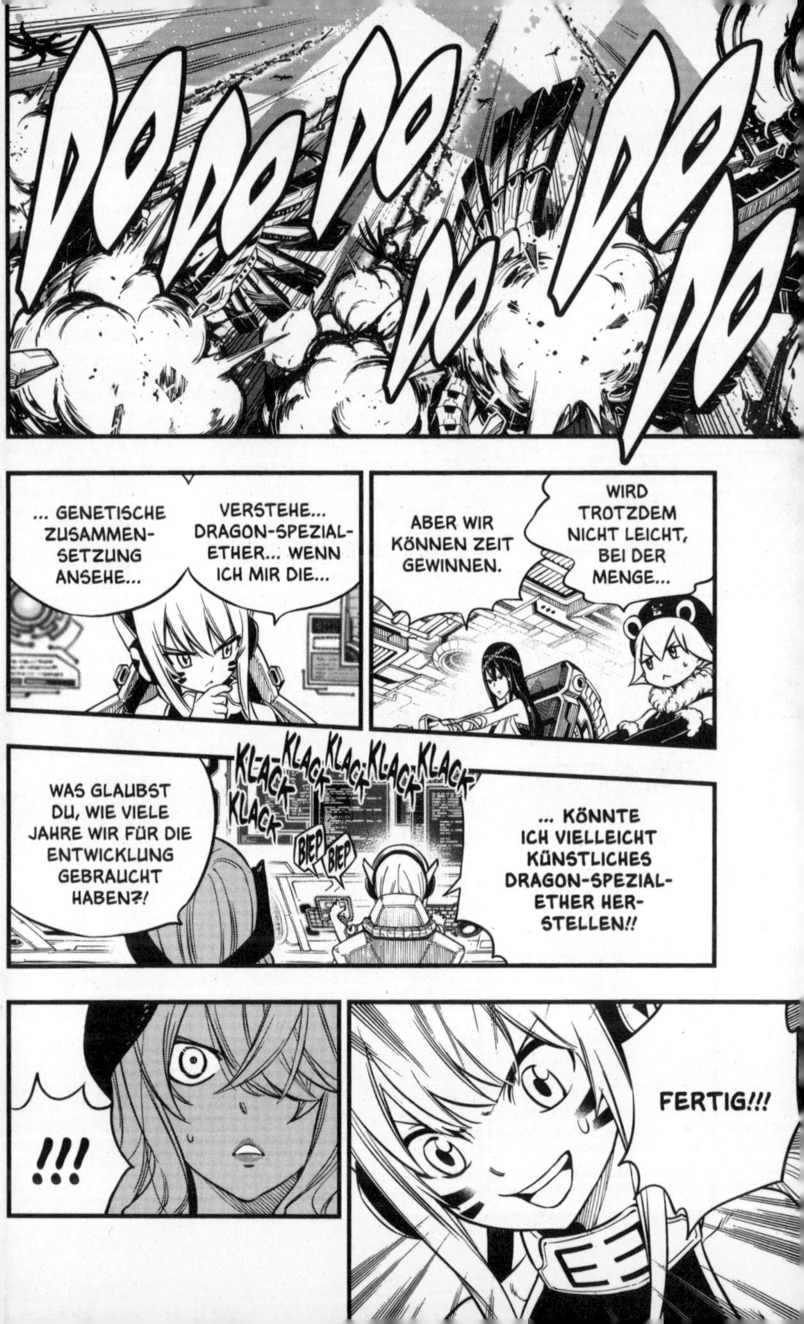
DODODO
DO
DODO
WIRD TROTZDEM NICHT LEICHT, BEI DER MENGE...
ABER WIR KÖNNEN ZEIT GEWINNEN.
VERSTEHE... DRAGON-SPEZIAL-ETHER... WENN ICH MIR DIE...
... GENETISCHE ZUSAMMEN-SETZUNG ANSEHE...
... KÖNNTE ICH VIELLEICHT KÜNSTLICHES DRAGON-SPEZIAL-ETHER HER-STELLEN!!
KLACK KLACK KLACK KLACK KLACK KLACK
BIEP BIEP
WAS GLAUBST DU, WIE VIELE JAHRE WIR FÜR DIE ENTWICKLUNG GEBRAUCHT HABEN?!
FERTIG!!!
!!!

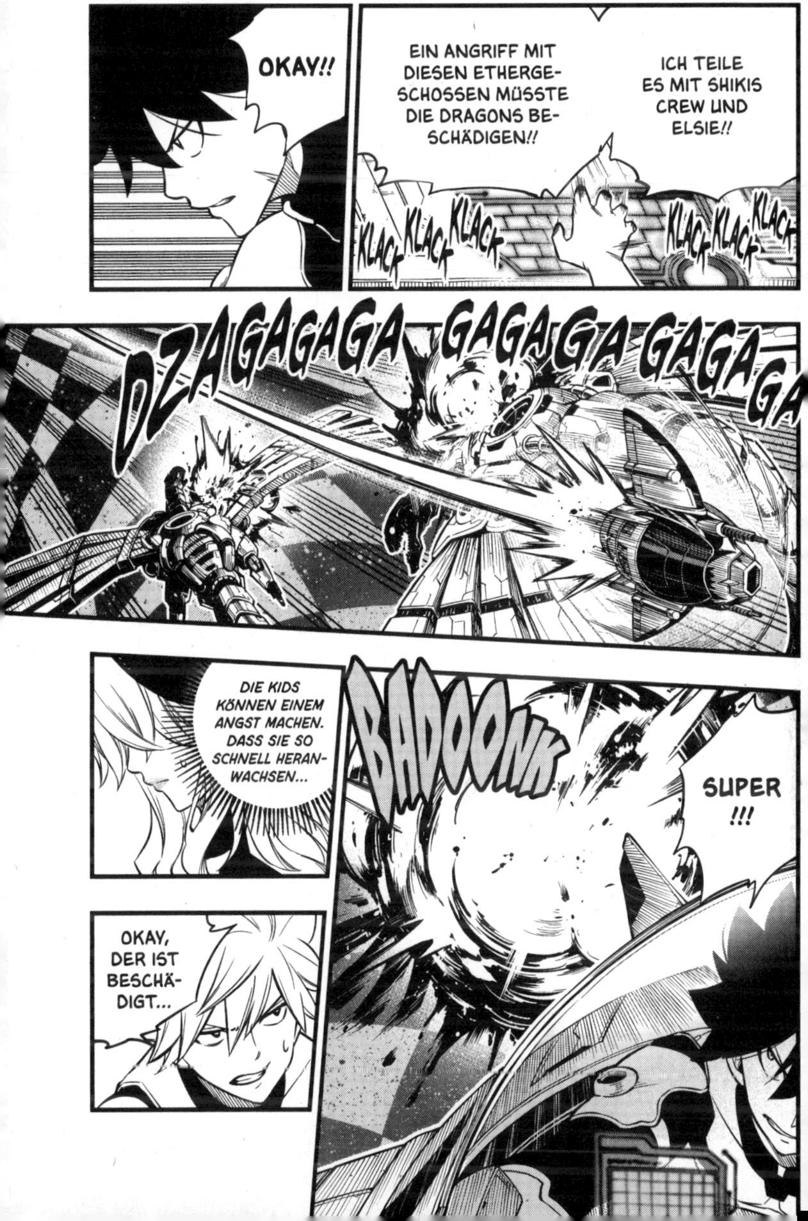
ICH TEILE ES MIT SHIKIS CREW UND ELSIE!!
EIN ANGRIFF MIT DIESEN ETHERGE-SCHOSSEN MÜSSTE DIE DRAGONS BE-SCHÄDIGEN!!
KLACK KLACK KLACK
KLACK KLACK KLACK
OKAY!!
DZAGAGAGA GAGAGA GAGAGA
BADOONK
SUPER !!!
DIE KIDS KÖNNEN EINEM ANGST MACHEN. DASS SIE SO SCHNELL HERAN-WACHSEN...
OKAY, DER IST BESCHÄ-DIGT...

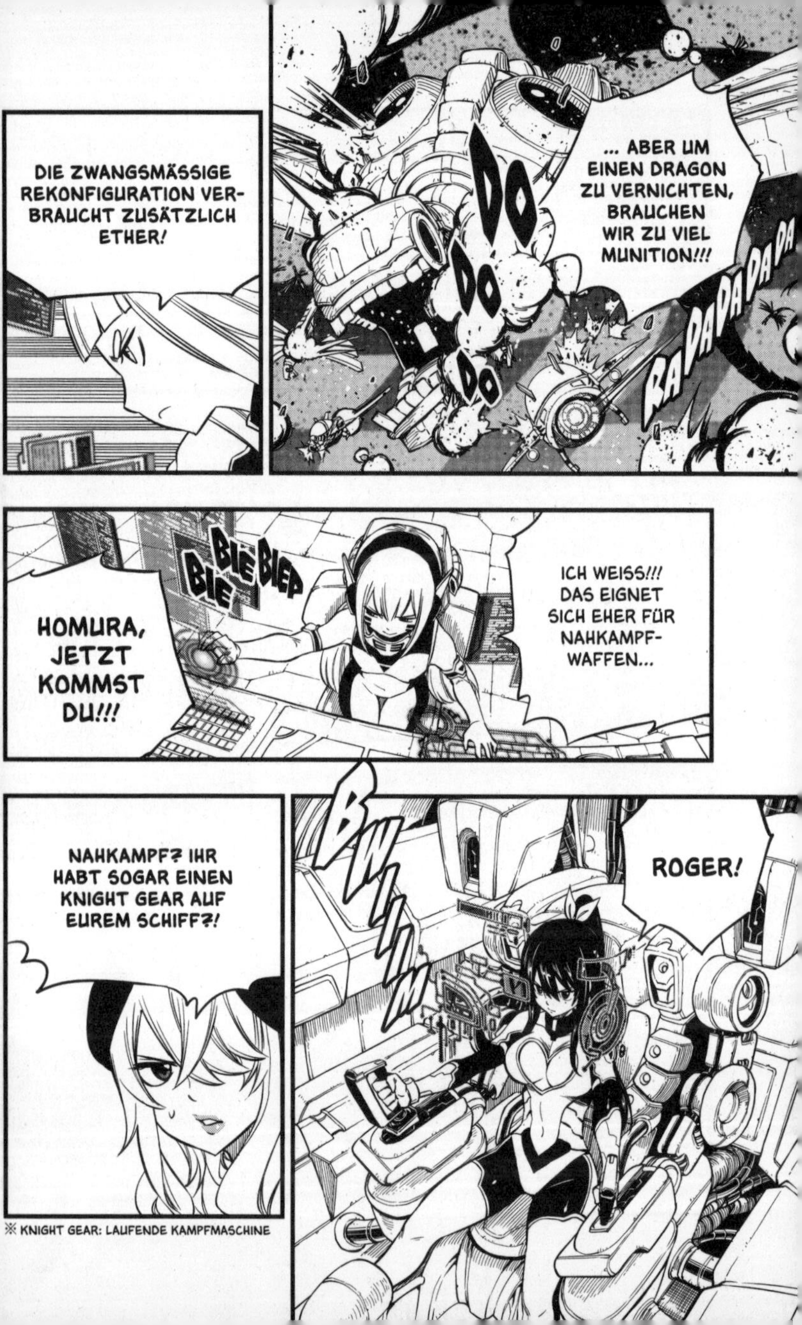

※ KNIGHT GEAR: LAUFENDE KAMPFMASCHINE

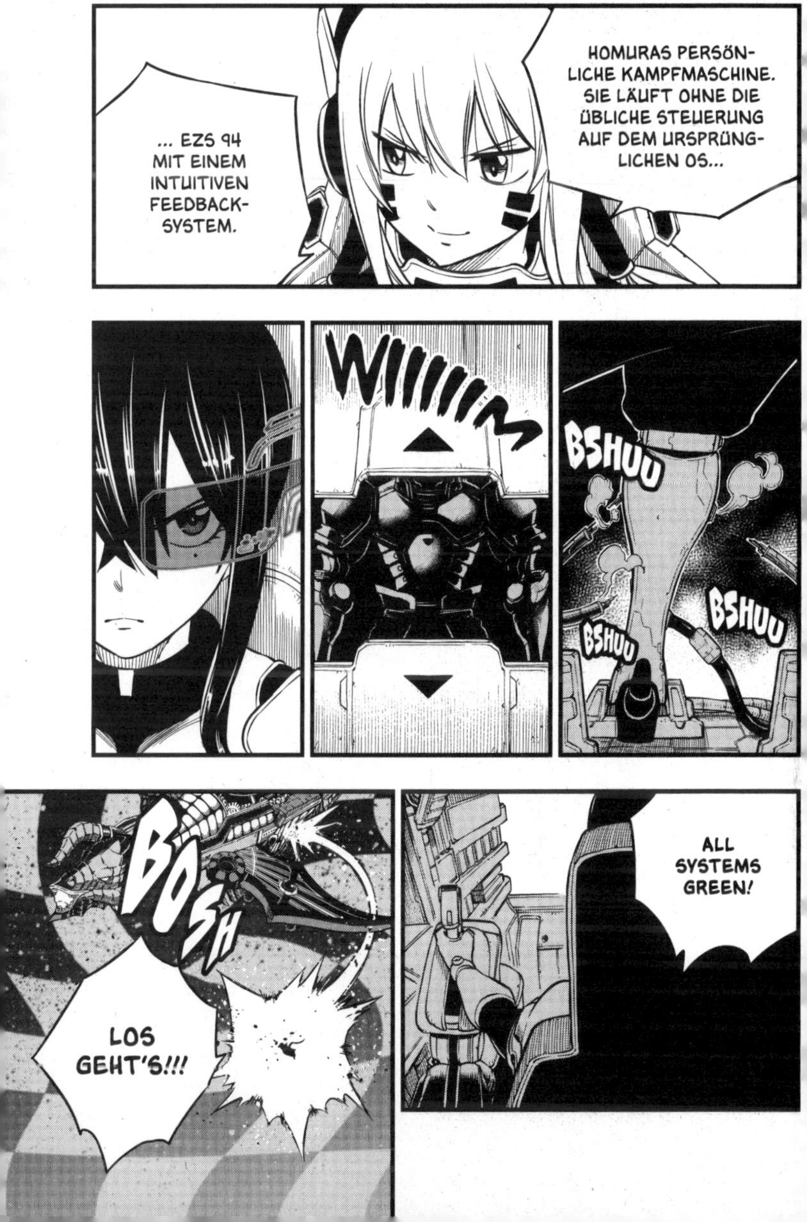
HOMURAS PERSÖN-
LICHE KAMPFMASCHINE.
SIE LÄUFT OHNE DIE
ÜBLICHE STEUERUNG
AUF DEM URSPRÜNG-
LICHEN OS...
... EZS 94
MIT EINEM
INTUITIVEN
FEEDBACK-
SYSTEM.
BSHUU
BSHUU
BSHUU
WIIIIIM
ALL
SYSTEMS
GREEN!
BOSH
LOS
GEHT'S!!!

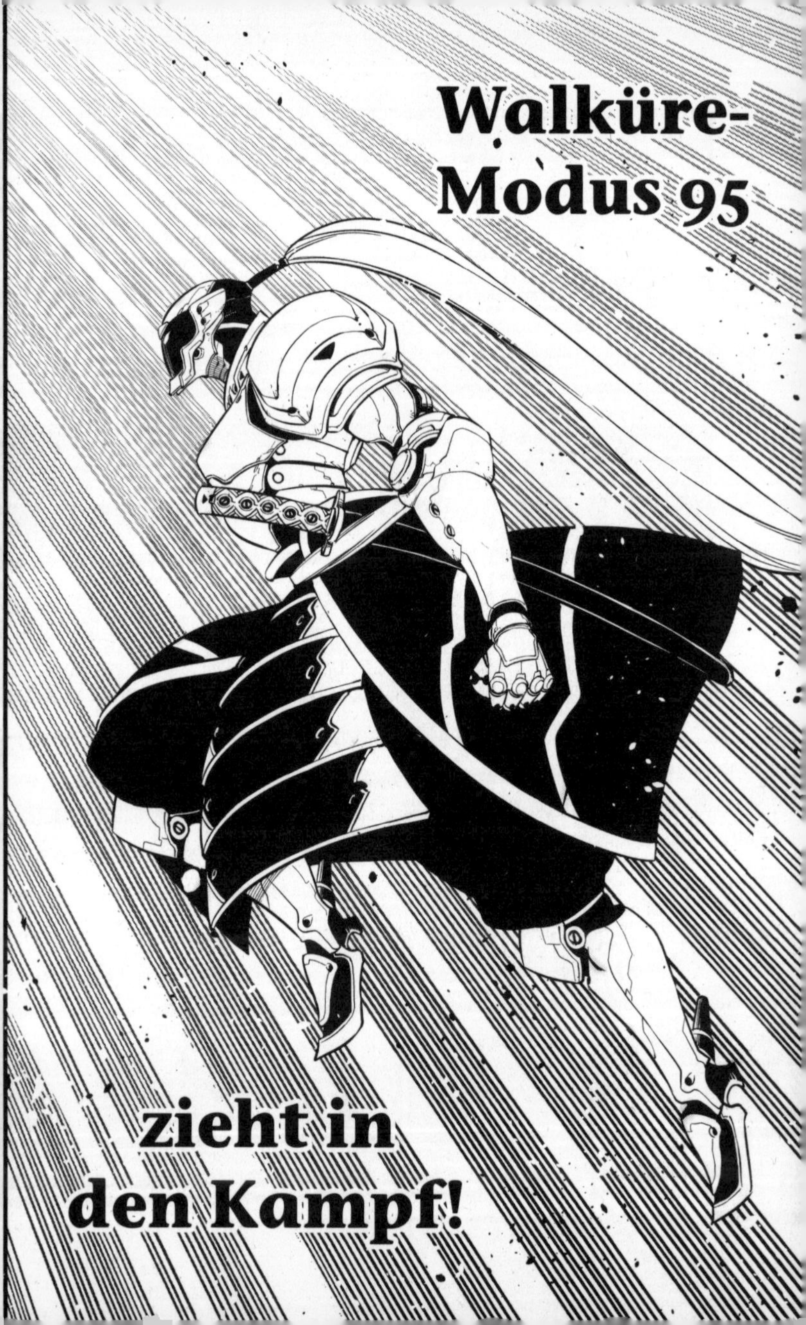
Walküre-
Modus 95
zieht in
den Kampf!

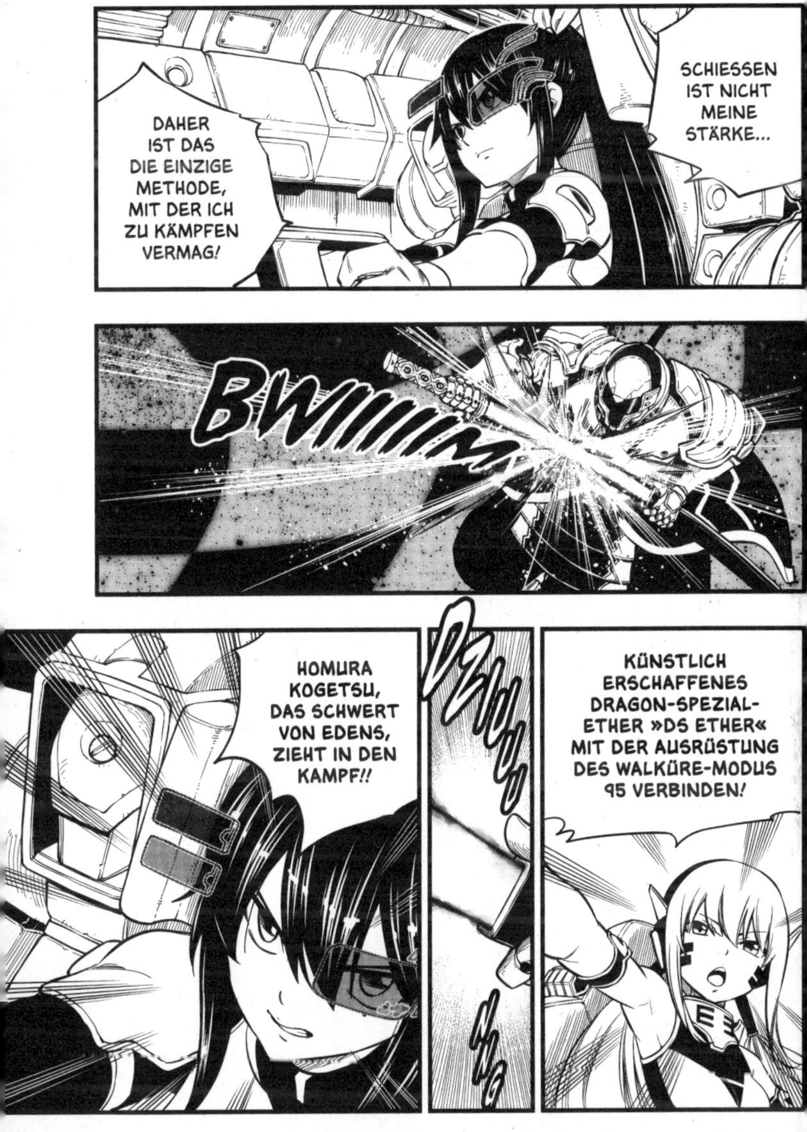
SCHIESSEN IST NICHT MEINE STÄRKE...
DAHER IST DAS DIE EINZIGE METHODE, MIT DER ICH ZU KÄMPFEN VERMAG!
BWIIIIIM
KÜNSTLICH ERSCHAFFENES DRAGON-SPEZIAL-ETHER »DS ETHER« MIT DER AUSRÜSTUNG DES WALKÜRE-MODUS 95 VERBINDEN!
HOMURA KOGETSU, DAS SCHWERT VON EDENS, ZIEHT IN DEN KAMPF!!

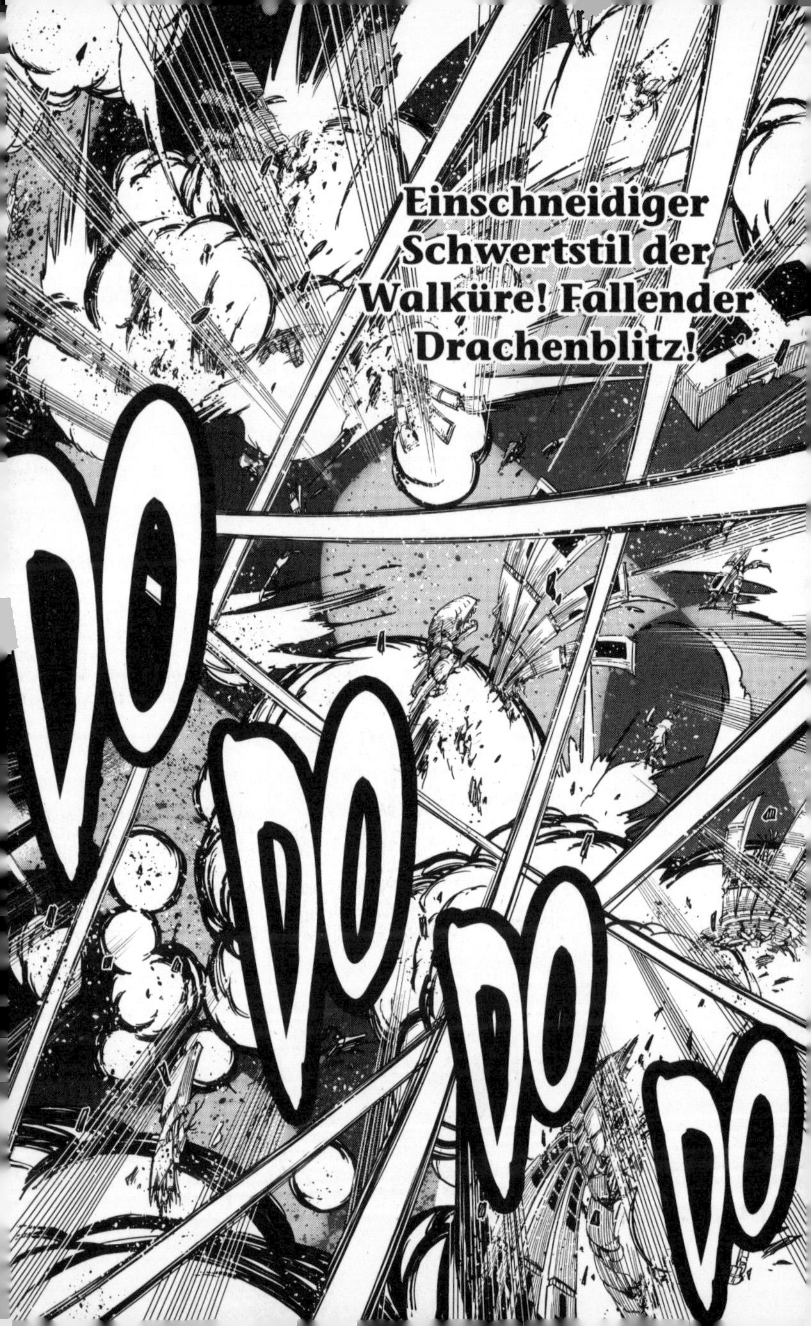
Einschneidiger Schwertstil der Walküre! Fallender Drachenblitz!
DO
DO
DO
DO
DO

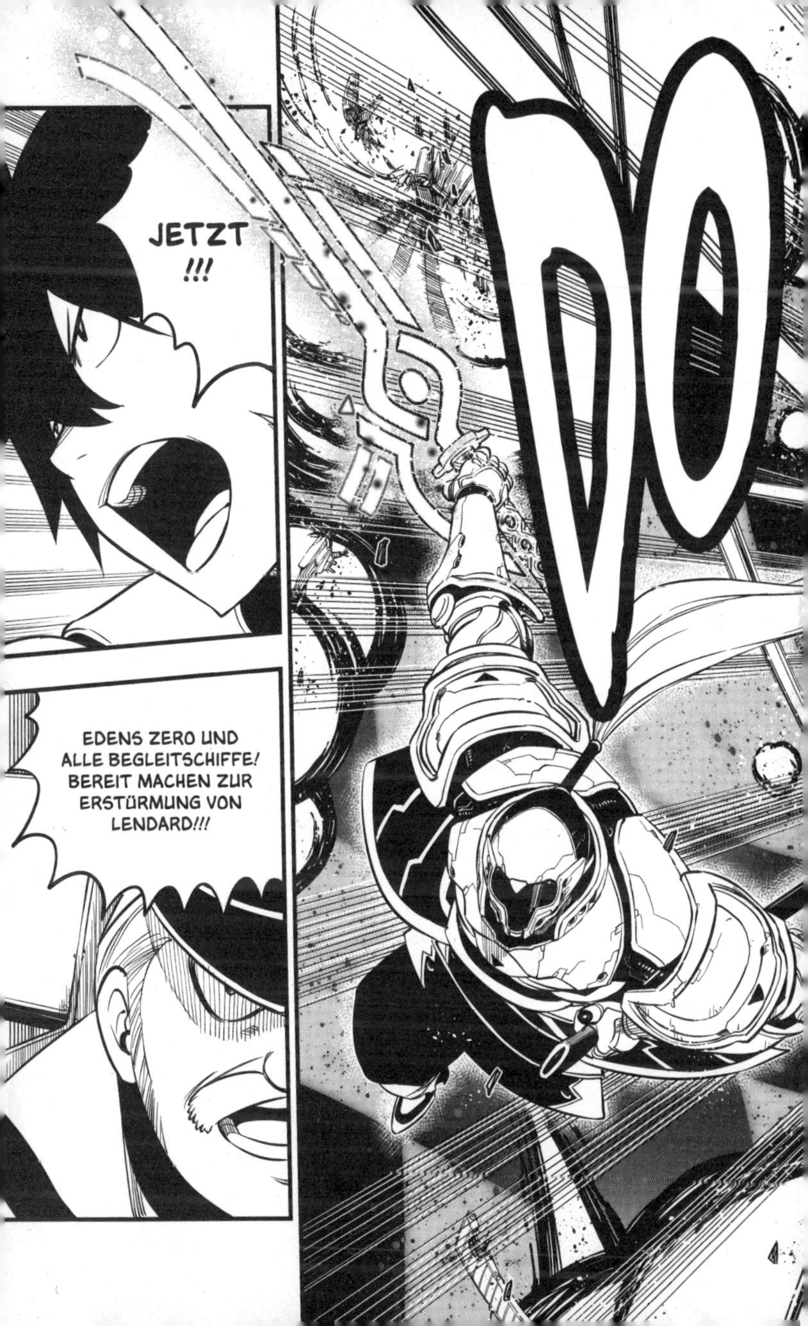

DO
JETZT !!!
EDENS ZERO UND ALLE BEGLEITSCHIFFE! BEREIT MACHEN ZUR ERSTÜRMUNG VON LENDARD!!!

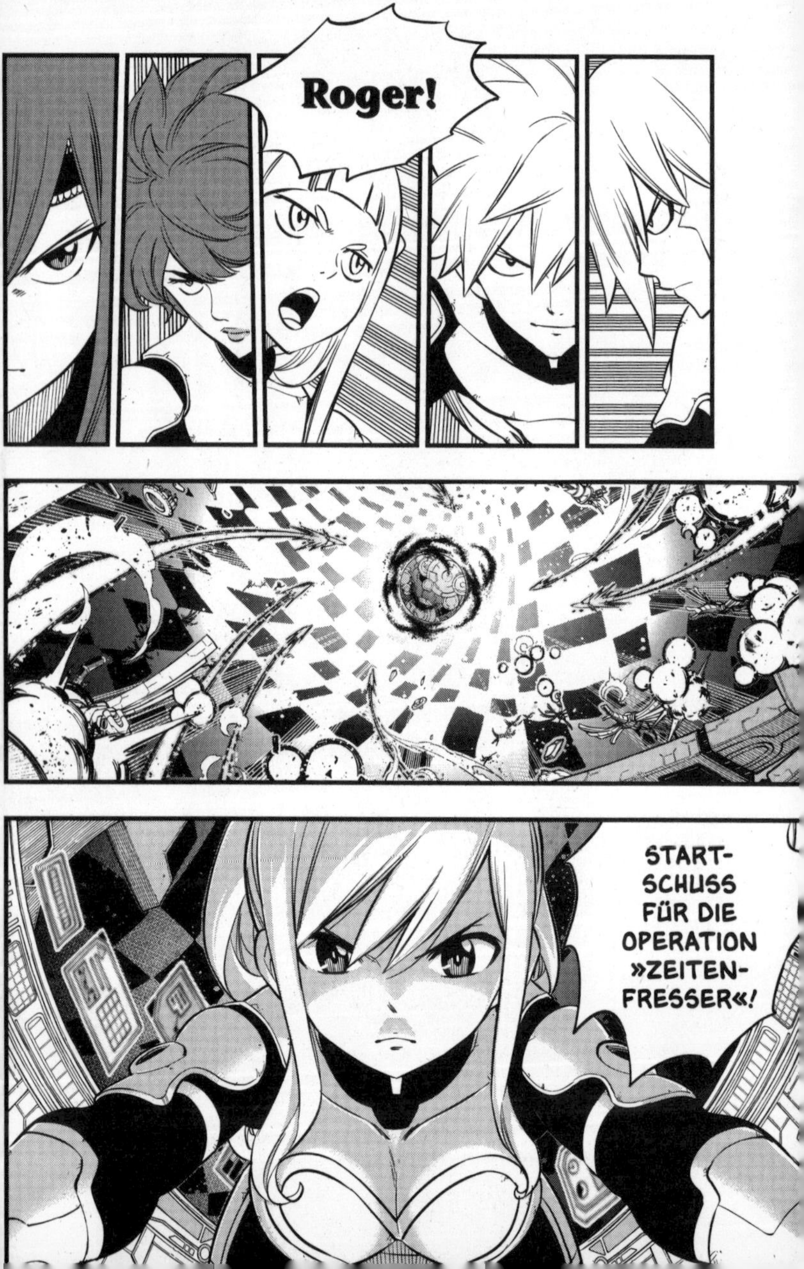
Roger!
START-SCHUSS FÜR DIE OPERATION »ZEITEN-FRESSER«!

EDENS ZERO

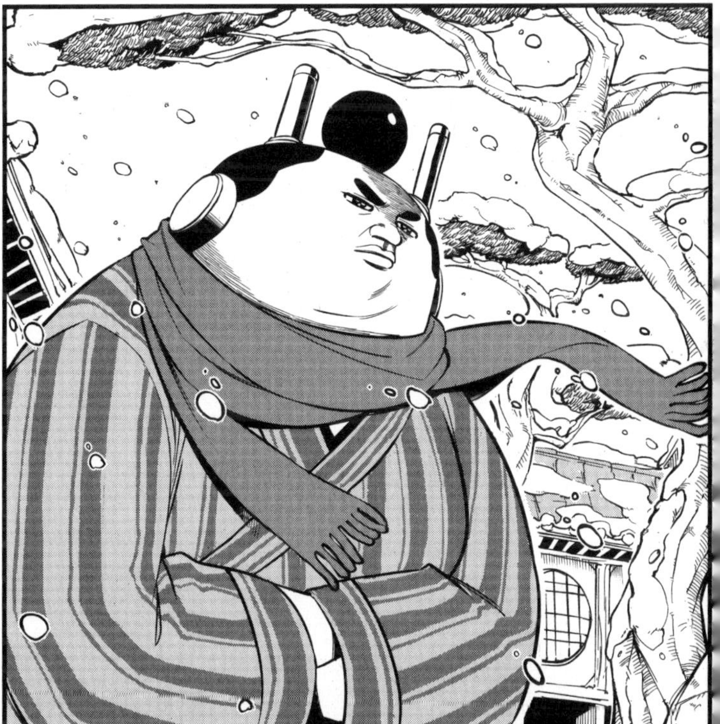

KAPITEL 183: LE LENDARD

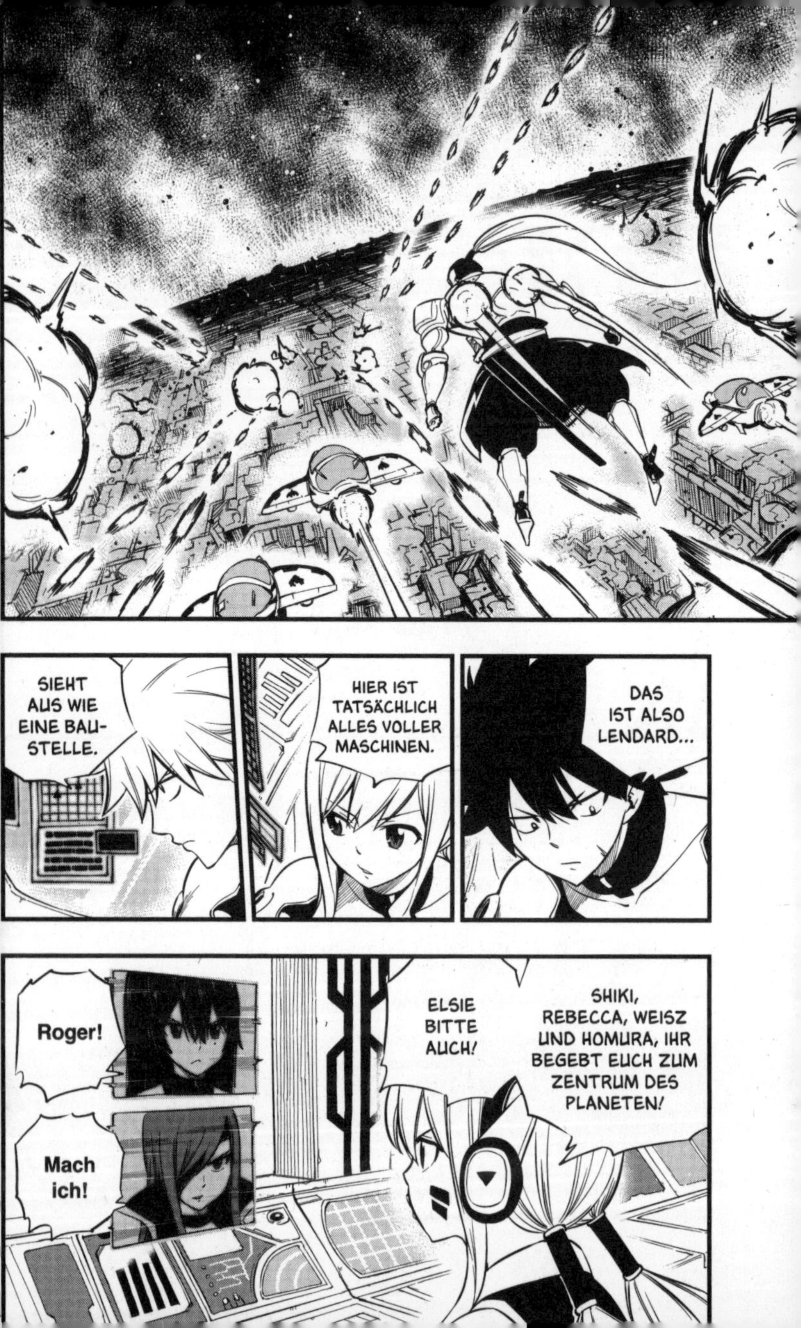

DAS IST ALSO LENDARD...
HIER IST TATSÄCHLICH ALLES VOLLER MASCHINEN.
SIEHT AUS WIE EINE BAU-STELLE.
SHIKI, REBECCA, WEISZ UND HOMURA, IHR BEGEBT EUCH ZUM ZENTRUM DES PLANETEN!
ELSIE BITTE AUCH!
Roger!
Mach ich!

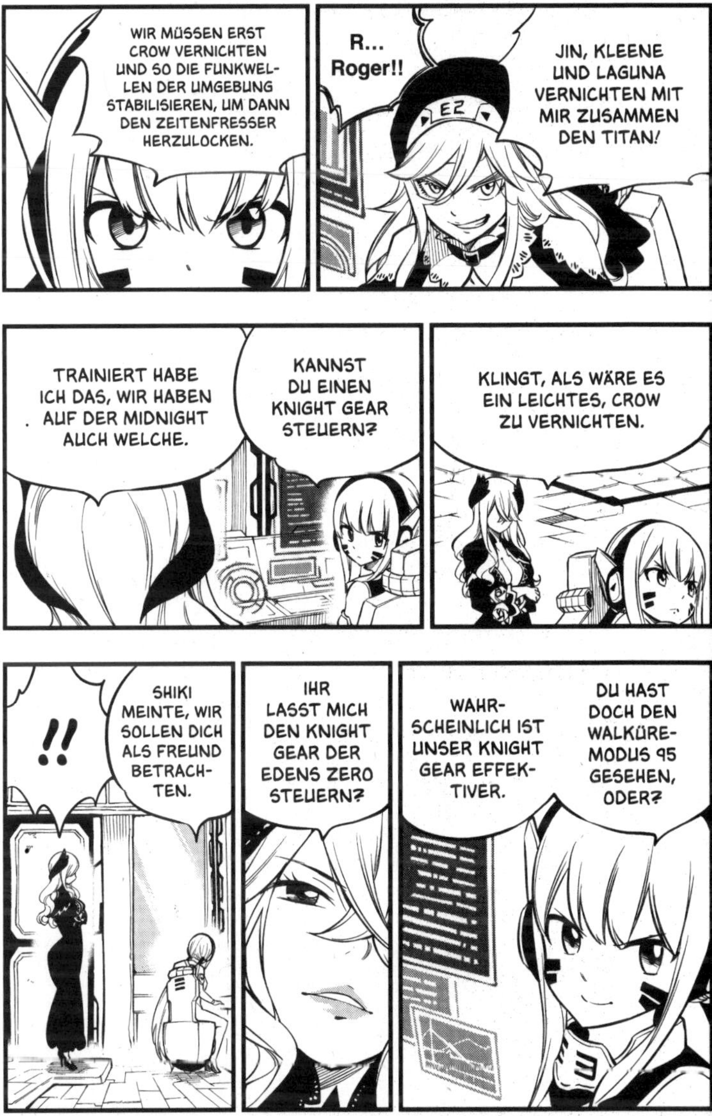
JIN, KLEENE UND LAGUNA VERNICHTEN MIT MIR ZUSAMMEN DEN TITAN!
R... Roger!!
WIR MÜSSEN ERST CROW VERNICHTEN UND SO DIE FUNKWELLEN DER UMGEBUNG STABILISIEREN, UM DANN DEN ZEITENFRESSER HERZULOCKEN.
KLINGT, ALS WÄRE ES EIN LEICHTES, CROW ZU VERNICHTEN.
KANNST DU EINEN KNIGHT GEAR STEUERN?
TRAINIERT HABE ICH DAS, WIR HABEN AUF DER MIDNIGHT AUCH WELCHE.
DU HAST DOCH DEN WALKÜRE-MODUS 95 GESEHEN, ODER?
WAHRSCHEINLICH IST UNSER KNIGHT GEAR EFFEKTIVER.
IHR LASST MICH DEN KNIGHT GEAR DER EDENS ZERO STEUERN?
SHIKI MEINTE, WIR SOLLEN DICH ALS FREUND BETRACHTEN.
!!

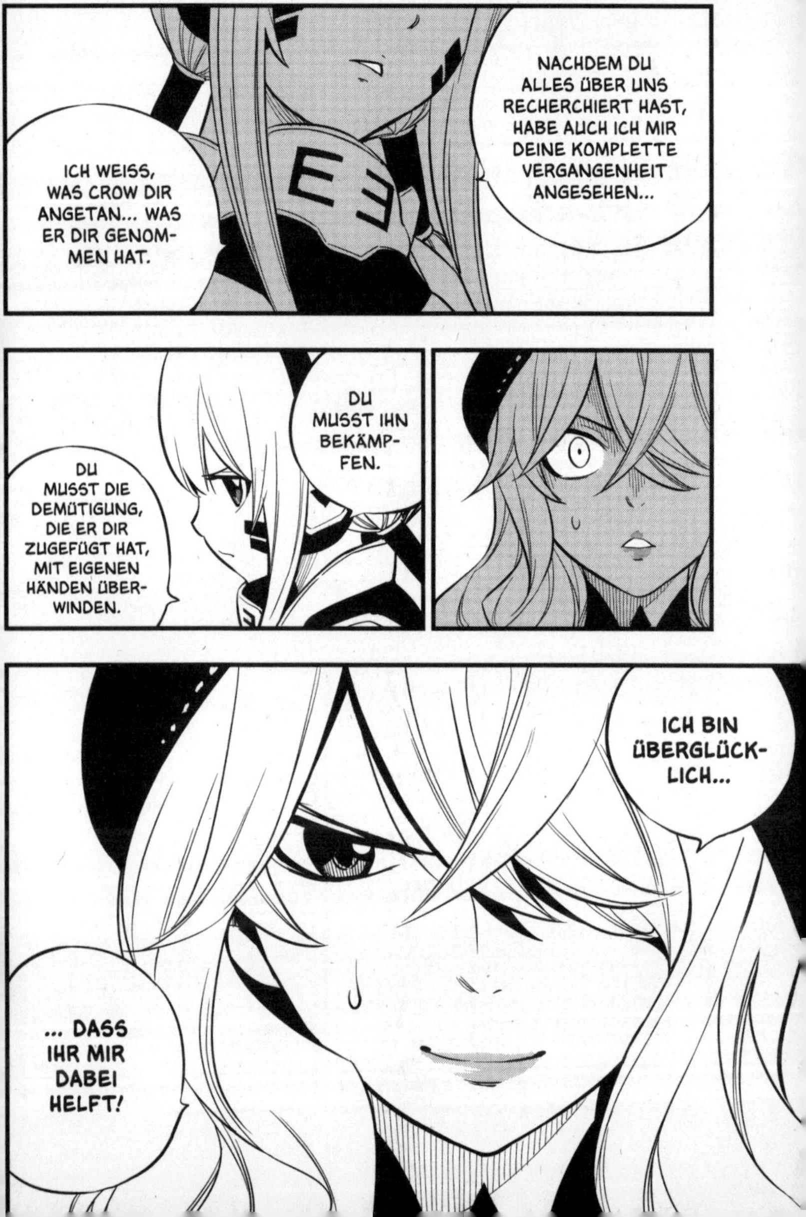
NACHDEM DU ALLES ÜBER UNS RECHERCHIERT HAST, HABE AUCH ICH MIR DEINE KOMPLETTE VERGANGENHEIT ANGESEHEN...
ICH WEISS, WAS CROW DIR ANGETAN... WAS ER DIR GENOMMEN HAT.
DU MUSST IHN BEKÄMPFEN.
DU MUSST DIE DEMÜTIGUNG, DIE ER DIR ZUGEFÜGT HAT, MIT EIGENEN HÄNDEN ÜBERWINDEN.
ICH BIN ÜBERGLÜCKLICH...
... DASS IHR MIR DABEI HELFT!

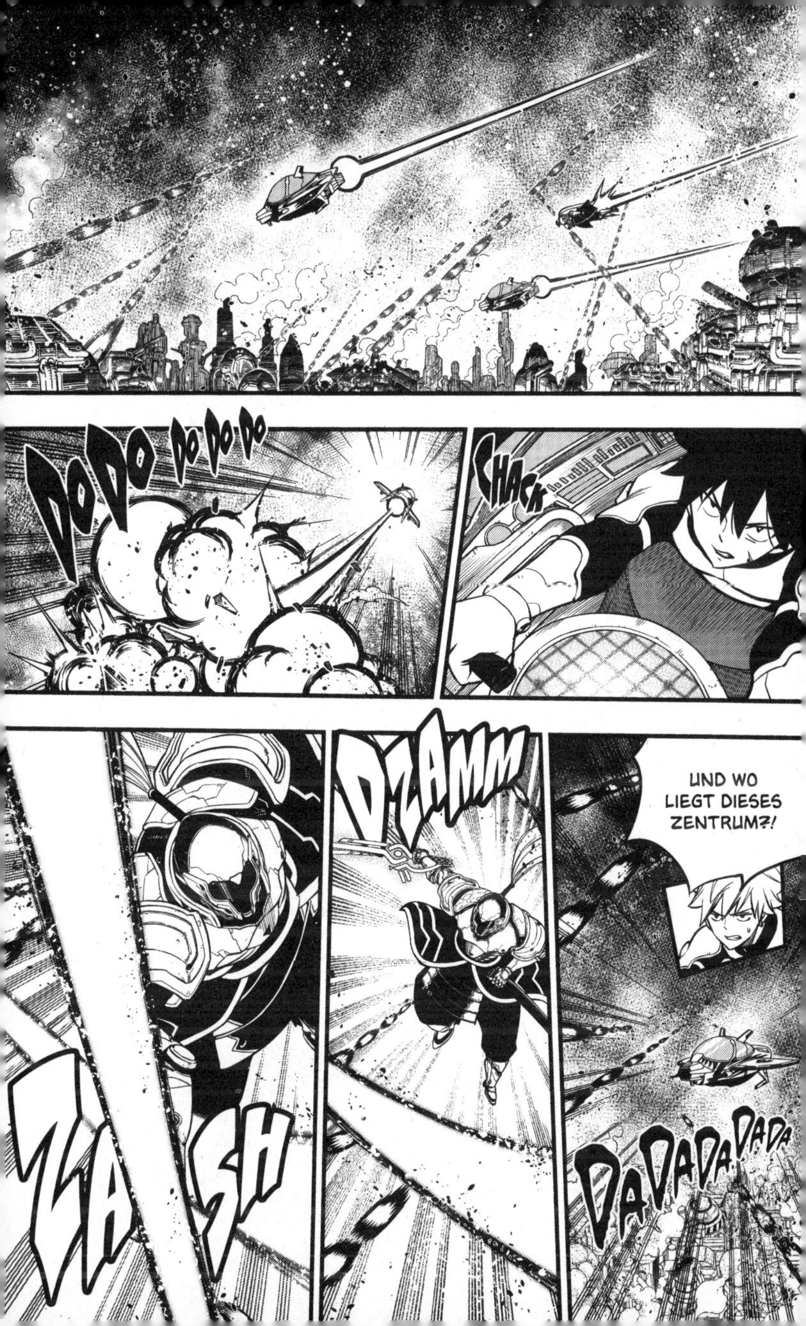
DODO DO DO DO
CHACK
ZLASH
DZAMM
UND WO LIEGT DIESES ZENTRUM?!
DADADADADA

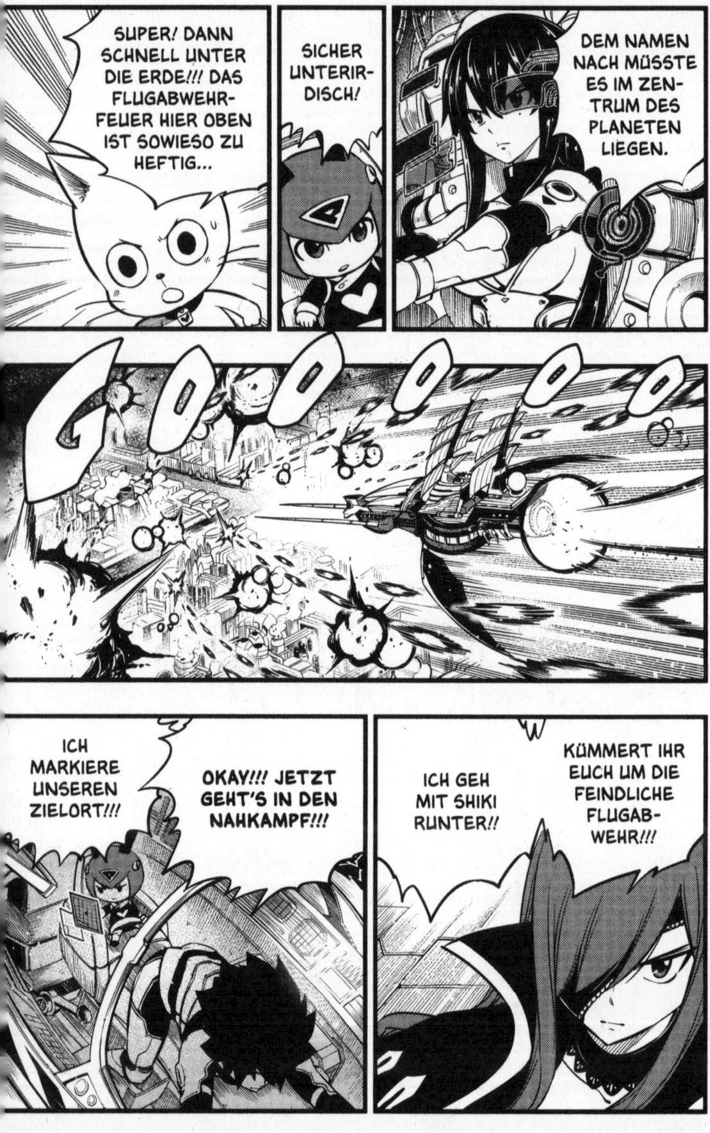
DEM NAMEN NACH MÜSSTE ES IM ZEN-TRUM DES PLANETEN LIEGEN.
SICHER UNTERIR-DISCH!
SUPER! DANN SCHNELL UNTER DIE ERDE!!! DAS FLUGABWEHR-FEUER HIER OBEN IST SOWIESO ZU HEFTIG...
GOOOOOOO
KÜMMERT IHR EUCH UM DIE FEINDLICHE FLUGAB-WEHR!!!
ICH GEH MIT SHIKI RUNTER!!
OKAY!!! JETZT GEHT'S IN DEN NAHKAMPF!!!
ICH MARKIERE UNSEREN ZIELORT!!!

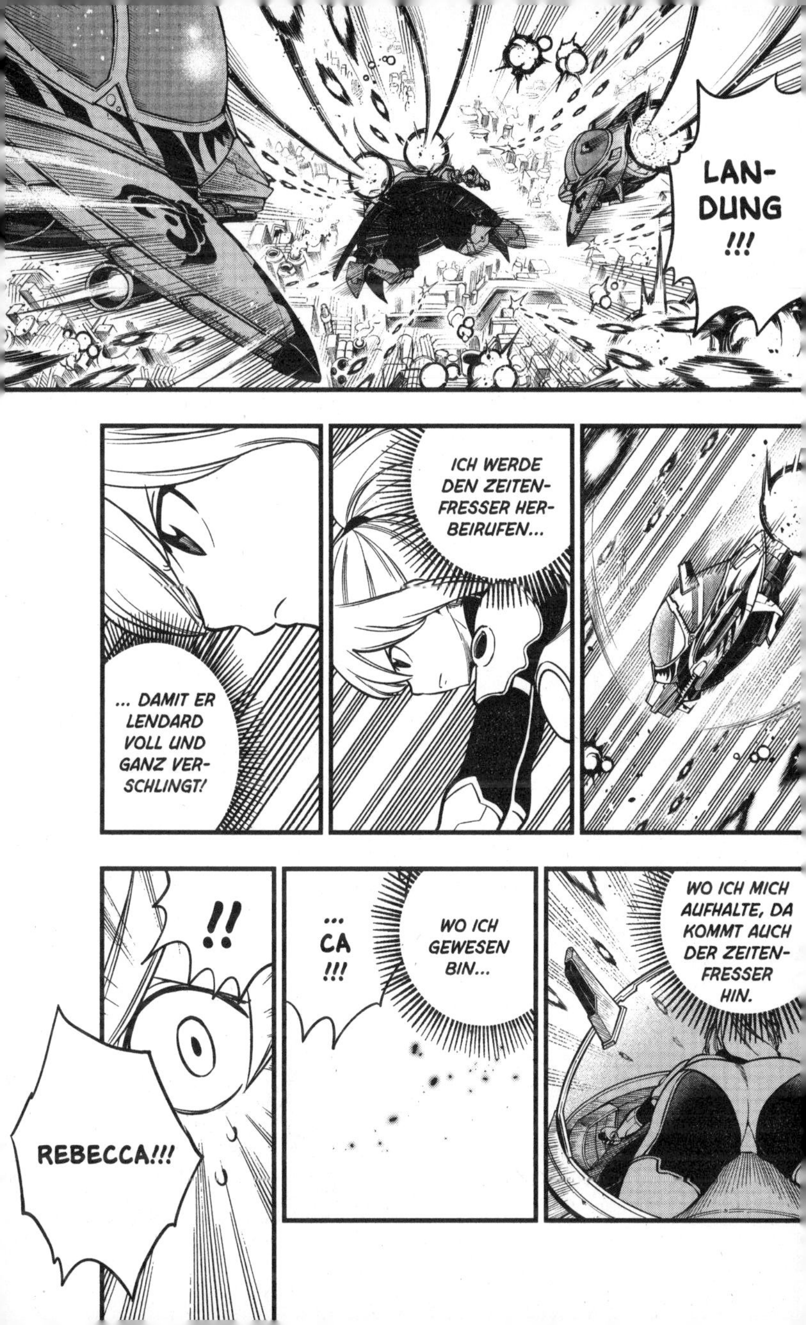
LAN-
DUNG
!!!
ICH WERDE DEN ZEITEN-FRESSER HER-BEIRUFEN...
... DAMIT ER LENDARD VOLL UND GANZ VER-SCHLINGT!
WO ICH MICH AUFHALTE, DA KOMMT AUCH DER ZEITEN-FRESSER HIN.
WO ICH GEWESEN BIN...
... CA !!!
!!
REBECCA!!!

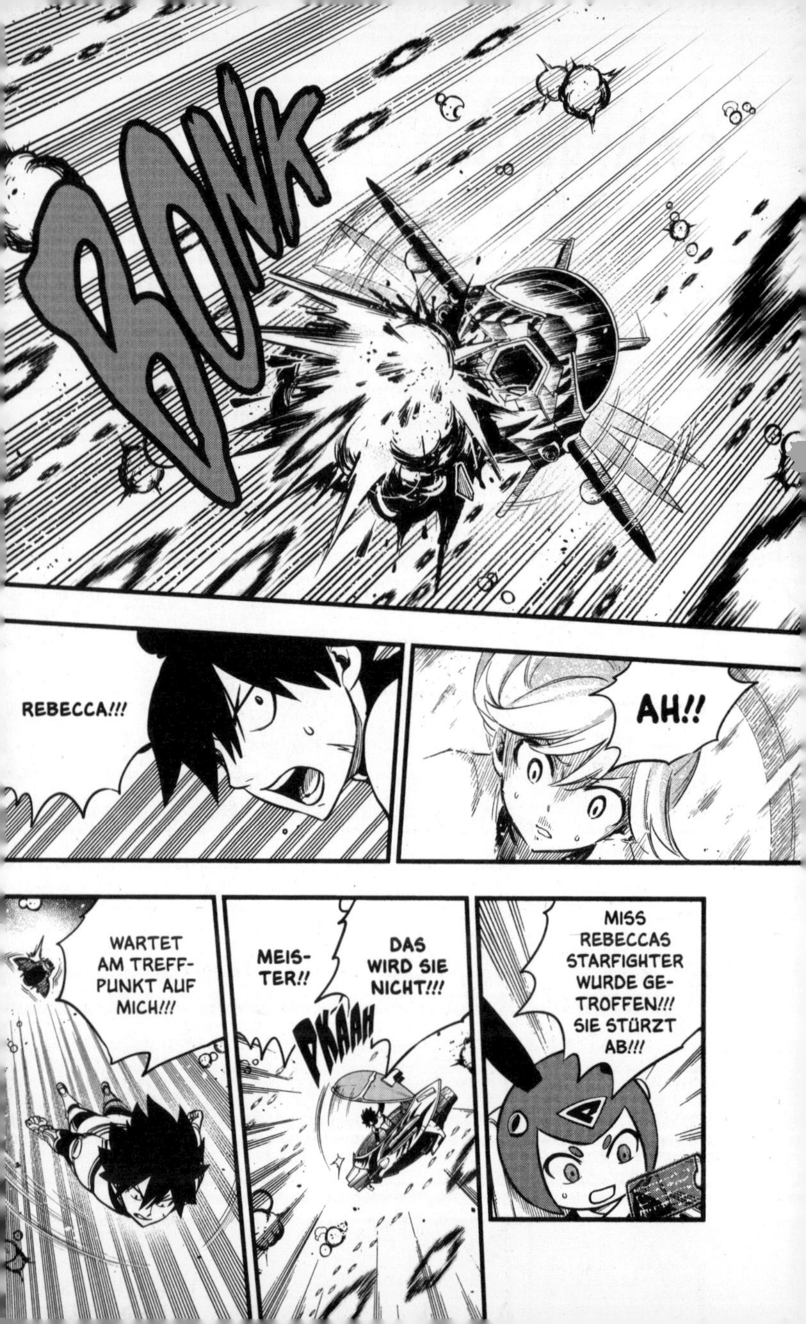
BONK
REBECCA!!!
AH!!
MISS REBECCAS STARFIGHTER WURDE GETROFFEN!!! SIE STÜRZT AB!!!
MEISTER!!
DAS WIRD SIE NICHT!!!
PKAAH
WARTET AM TREFFPUNKT AUF MICH!!!

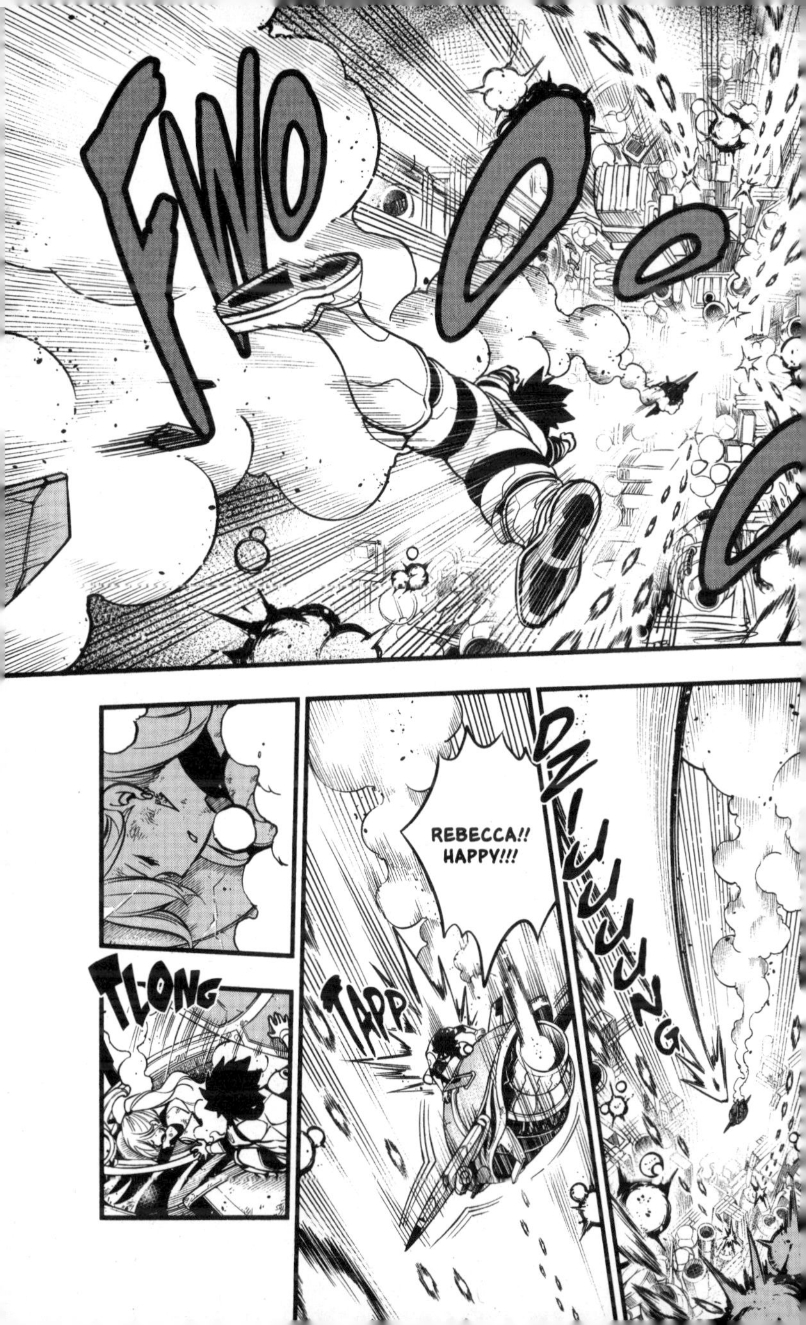
FWOOOO
DMUUUUUNG
REBECCA!!
HAPPY!!!
TAPP
TLONG

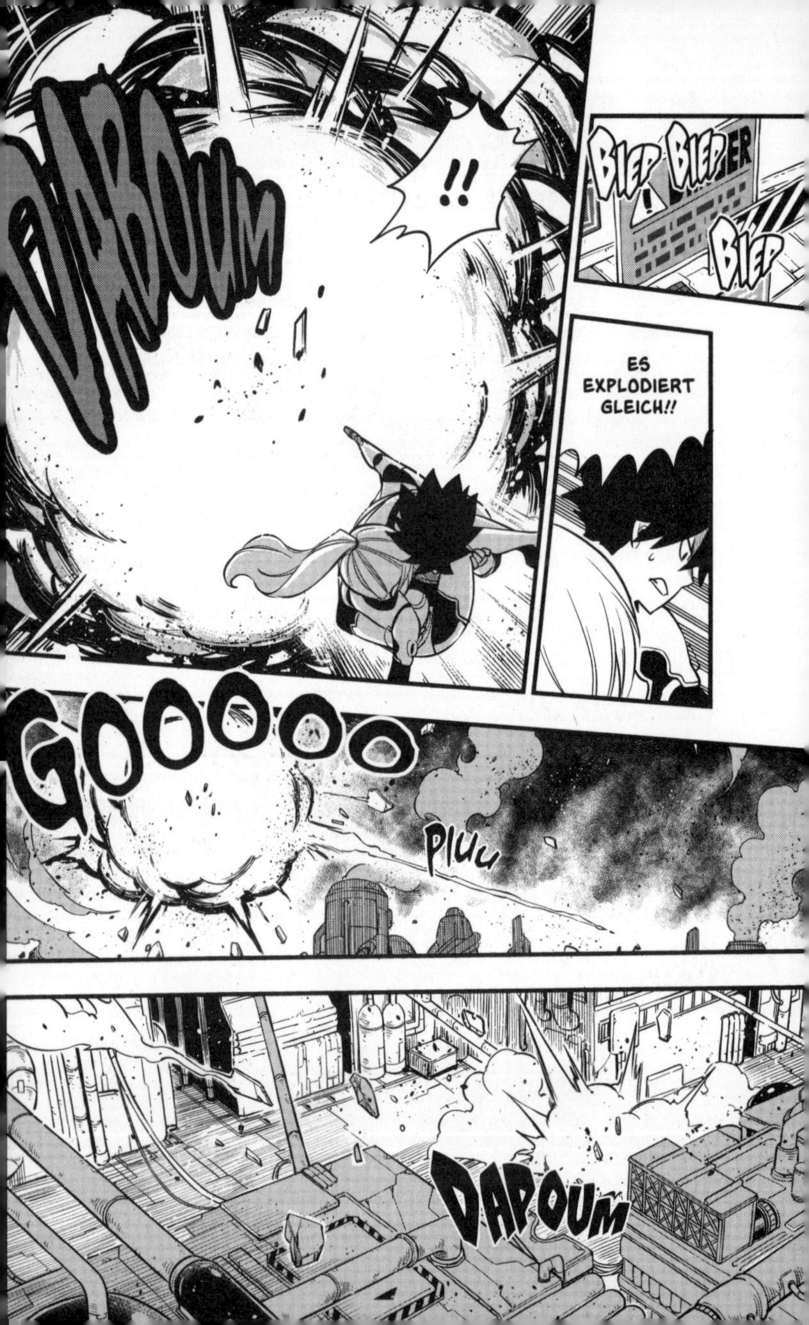
BIEP BIEP
BIEP
ES EXPLODIERT GLEICH!!
!!
DABOUM
GOOOOO
PIUU
DAPOUM

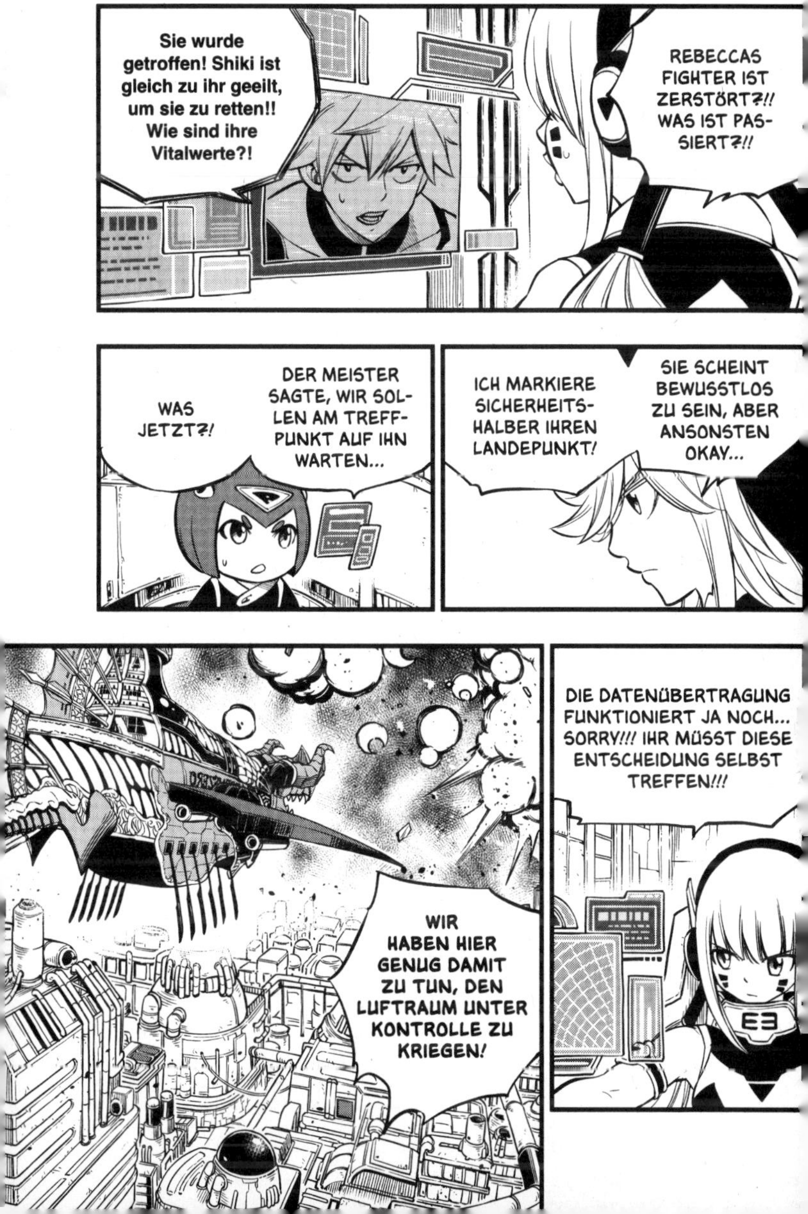
REBECCAS FIGHTER IST ZERSTÖRT?!! WAS IST PASSIERT?!!
Sie wurde getroffen! Shiki ist gleich zu ihr geeilt, um sie zu retten!! Wie sind ihre Vitalwerte?!
SIE SCHEINT BEWUSSTLOS ZU SEIN, ABER ANSONSTEN OKAY...
ICH MARKIERE SICHERHEITSHALBER IHREN LANDEPUNKT!
DER MEISTER SAGTE, WIR SOLLEN AM TREFFPUNKT AUF IHN WARTEN...
WAS JETZT?!
DIE DATENÜBERTRAGUNG FUNKTIONIERT JA NOCH... SORRY!!! IHR MÜSST DIESE ENTSCHEIDUNG SELBST TREFFEN!!!
WIR HABEN HIER GENUG DAMIT ZU TUN, DEN LUFTRAUM UNTER KONTROLLE ZU KRIEGEN!

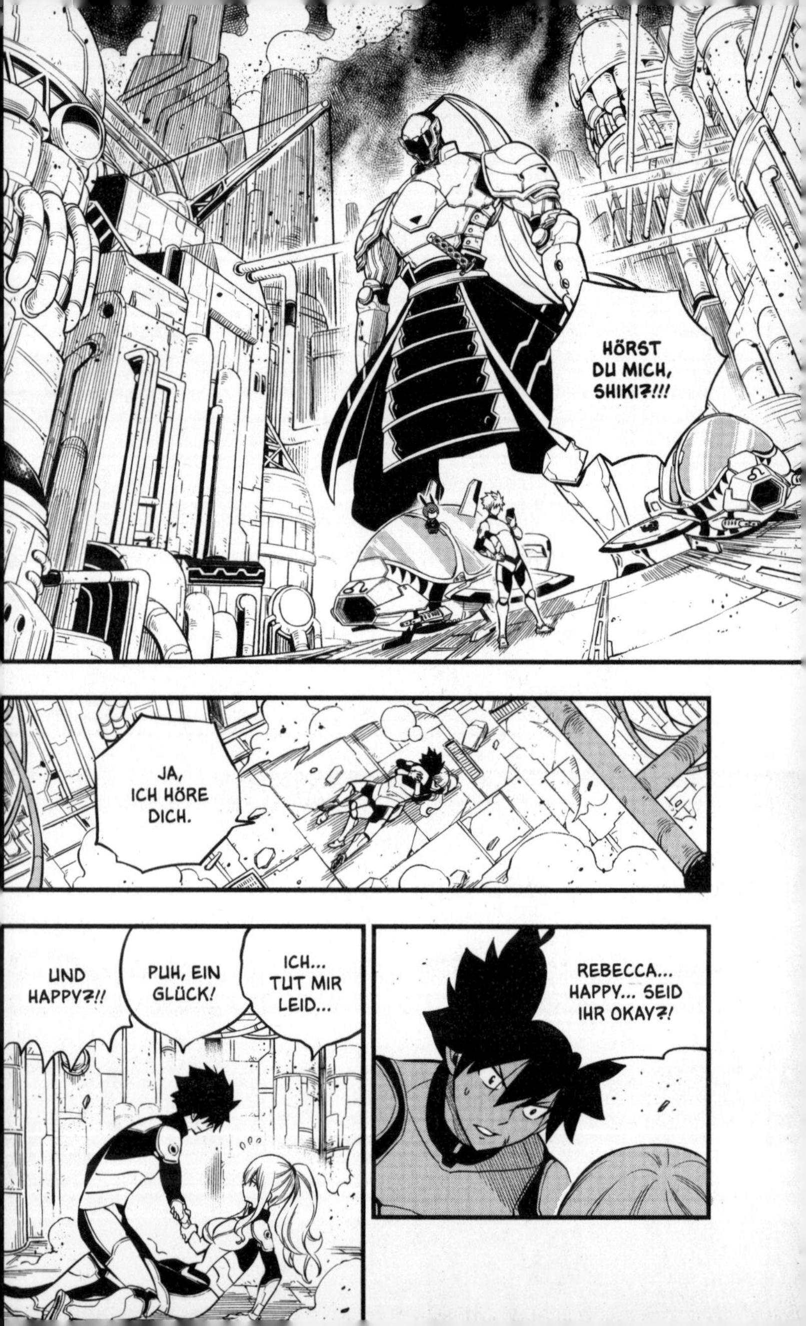
HÖRST DU MICH, SHIKI?!!!
JA, ICH HÖRE DICH.
REBECCA... HAPPY... SEID IHR OKAY?!
ICH... TUT MIR LEID...
PUH, EIN GLÜCK!
UND HAPPY?!!

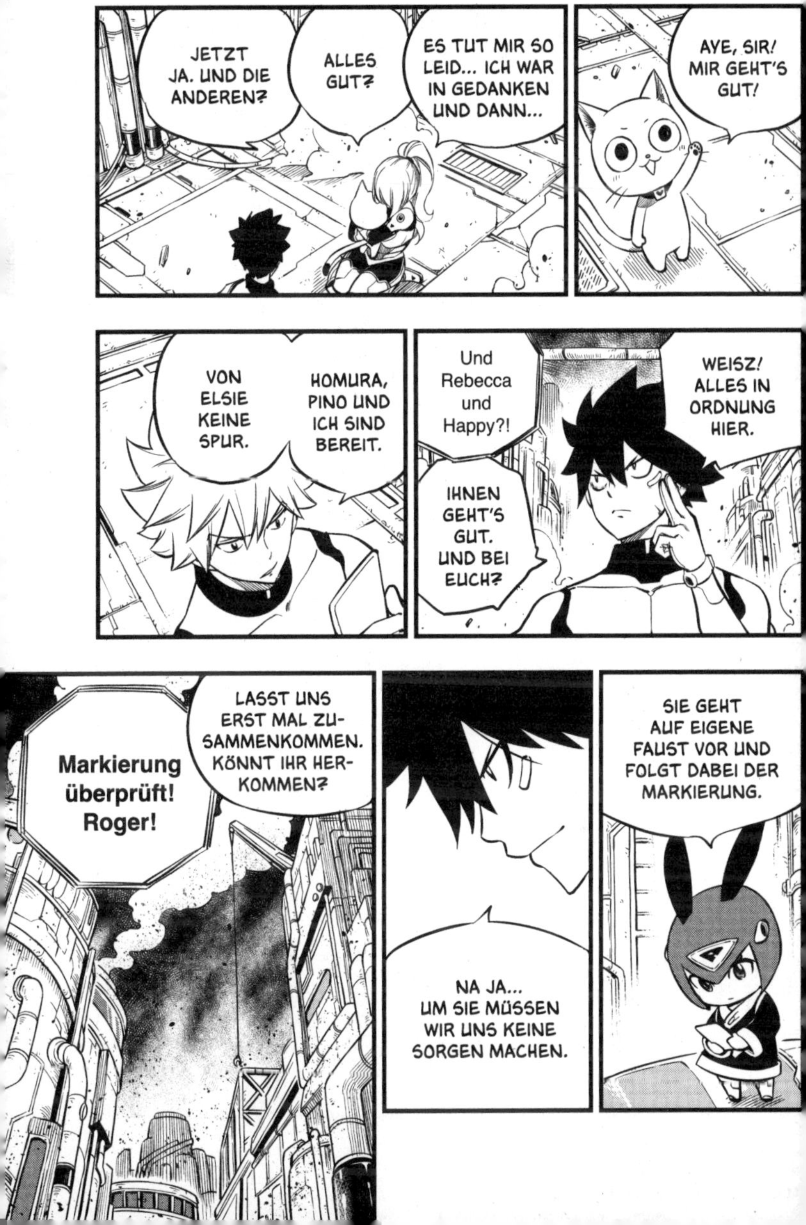
AYE, SIR! MIR GEHT'S GUT!
ES TUT MIR SO LEID... ICH WAR IN GEDANKEN UND DANN...
ALLES GUT?
JETZT JA. UND DIE ANDEREN?
WEISZ! ALLES IN ORDNUNG HIER.
Und Rebecca und Happy?!
IHNEN GEHT'S GUT. UND BEI EUCH?
HOMURA, PINO UND ICH SIND BEREIT.
VON ELSIE KEINE SPUR.
SIE GEHT AUF EIGENE FAUST VOR UND FOLGT DABEI DER MARKIERUNG.
NA JA... UM SIE MÜSSEN WIR UNS KEINE SORGEN MACHEN.
LASST UNS ERST MAL ZUSAMMENKOMMEN. KÖNNT IHR HERKOMMEN?
Markierung überprüft! Roger!

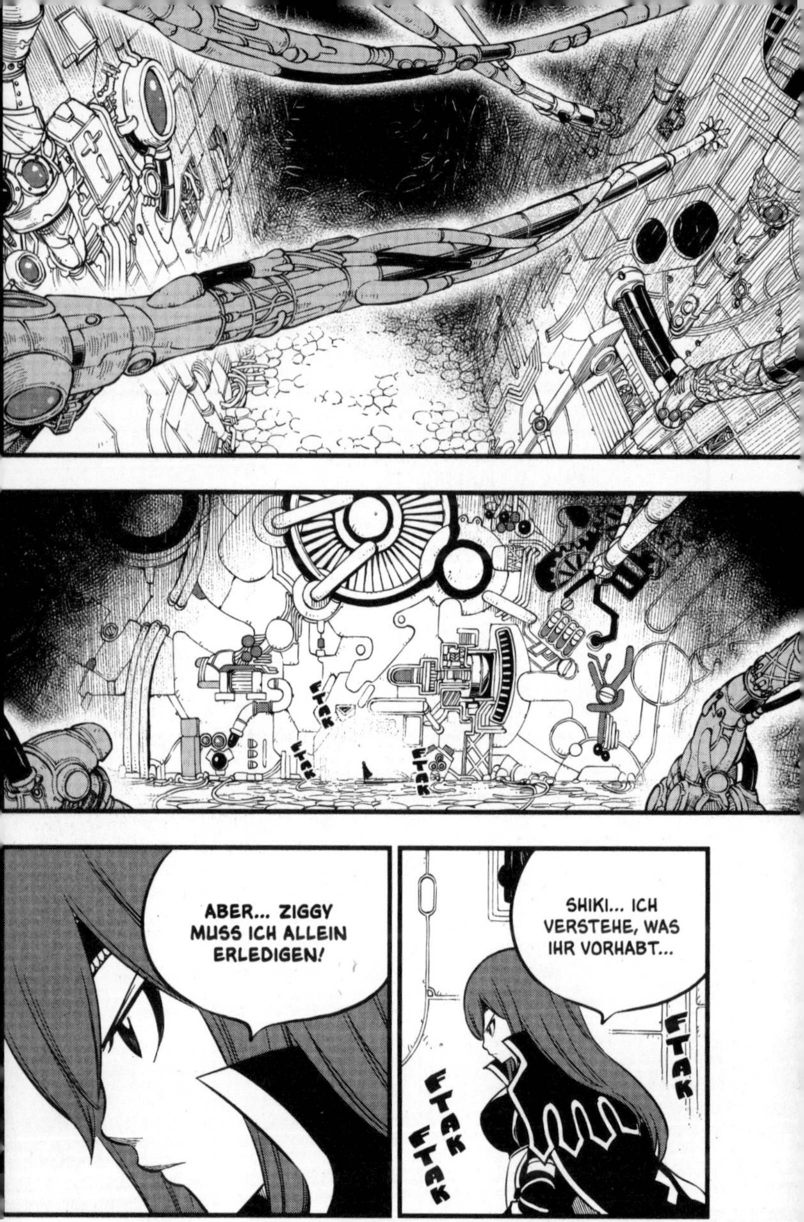
FTAK
FTAK
FTAK
SHIKI... ICH VERSTEHE, WAS IHR VORHABT...
FTAK
FTAK
FTAK
ABER... ZIGGY MUSS ICH ALLEIN ERLEDIGEN!

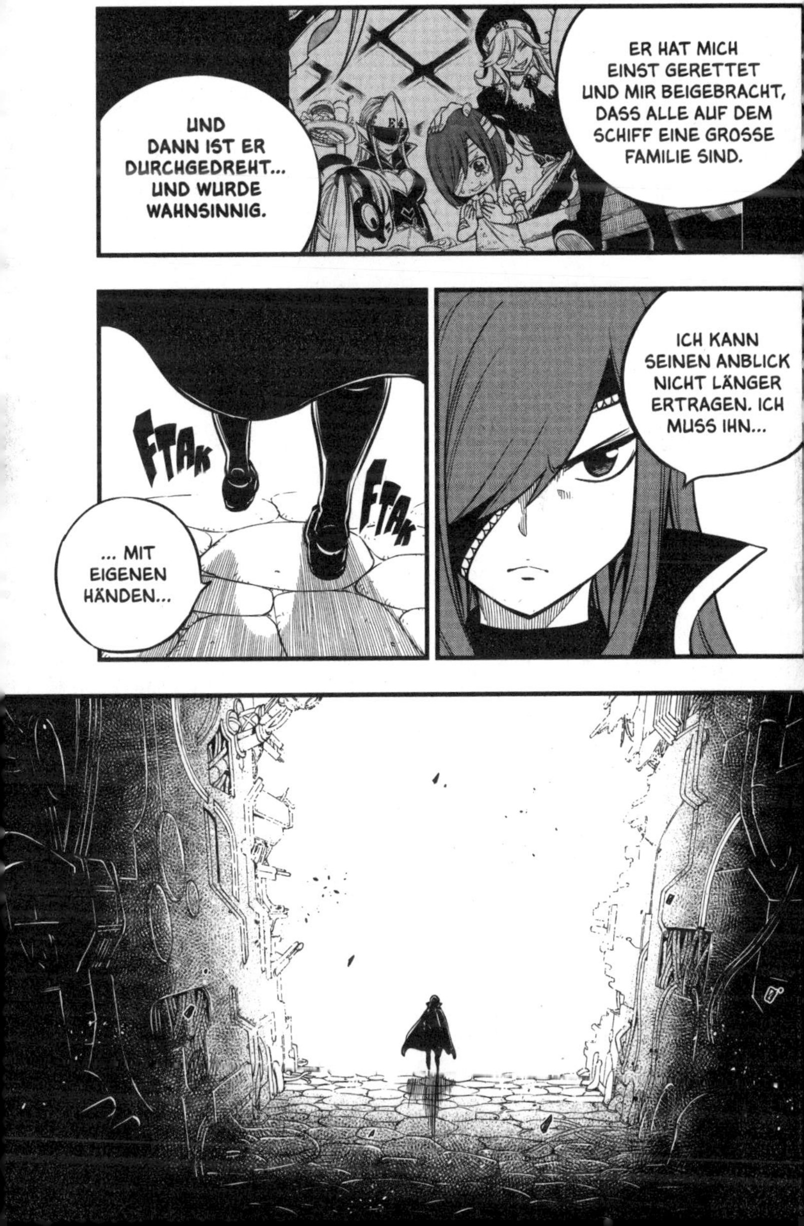
ER HAT MICH EINST GERETTET UND MIR BEIGEBRACHT, DASS ALLE AUF DEM SCHIFF EINE GROSSE FAMILIE SIND.
UND DANN IST ER DURCHGEDREHT... UND WURDE WAHNSINNIG.
ICH KANN SEINEN ANBLICK NICHT LÄNGER ERTRAGEN. ICH MUSS IHN...
FTAK
FTAK
... MIT EIGENEN HÄNDEN...

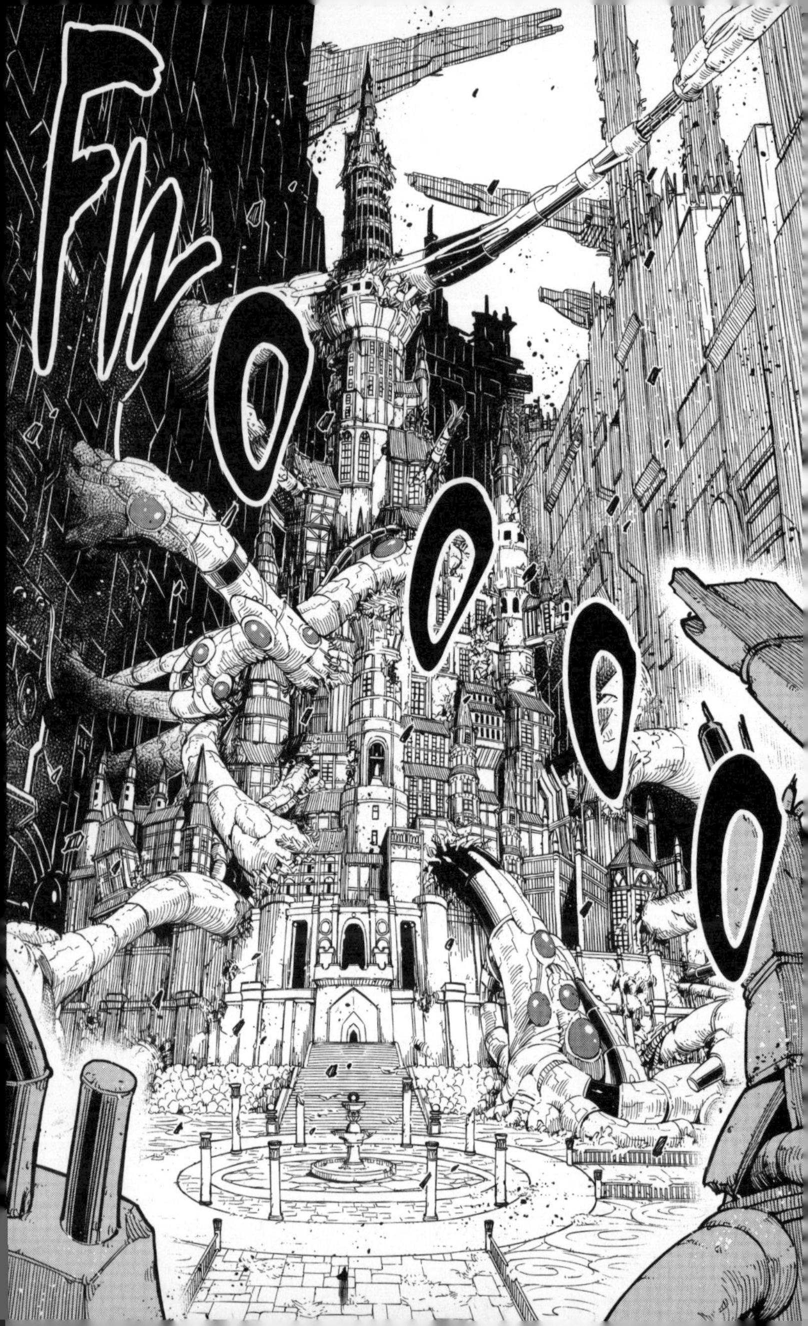
Fhoooo

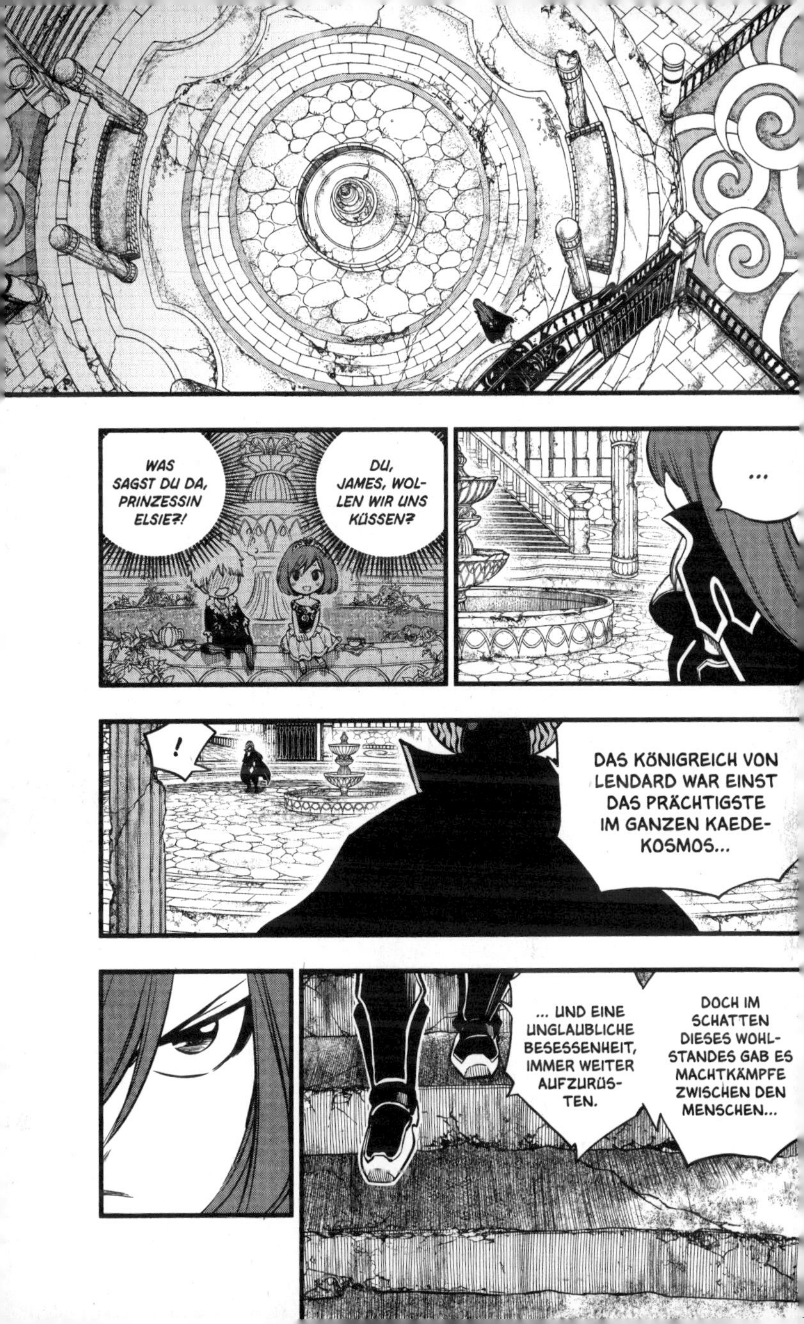
...
DU, JAMES, WOLLEN WIR UNS KÜSSEN?
WAS SAGST DU DA, PRINZESSIN ELSIE?!
DAS KÖNIGREICH VON LENDARD WAR EINST DAS PRÄCHTIGSTE IM GANZEN KAEDE-KOSMOS...
!
DOCH IM SCHATTEN DIESES WOHLSTANDES GAB ES MACHTKÄMPFE ZWISCHEN DEN MENSCHEN...
... UND EINE UNGLAUBLICHE BESESSENHEIT, IMMER WEITER AUFZURÜSTEN.

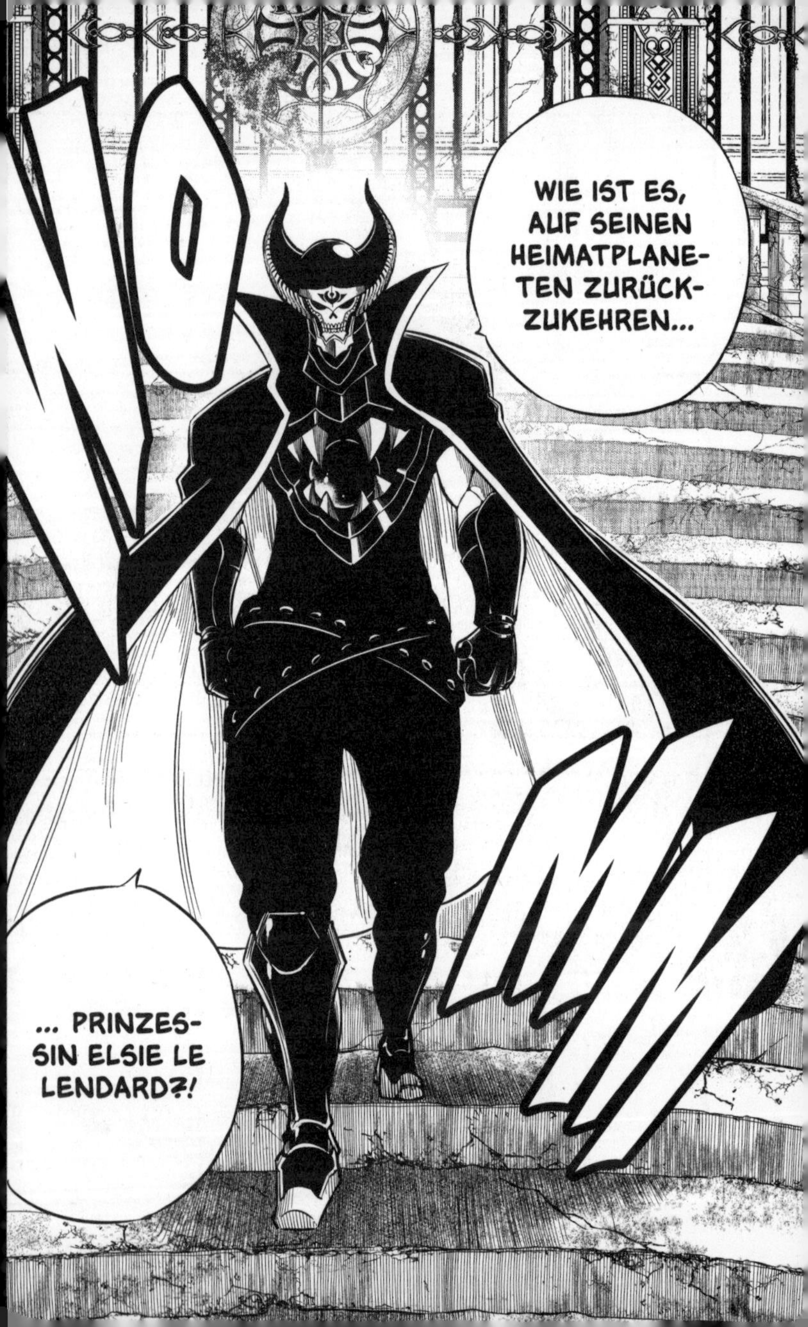
WIE IST ES, AUF SEINEN HEIMATPLANETEN ZURÜCKZUKEHREN...
... PRINZESSIN ELSIE LE LENDARD?!
WOMM

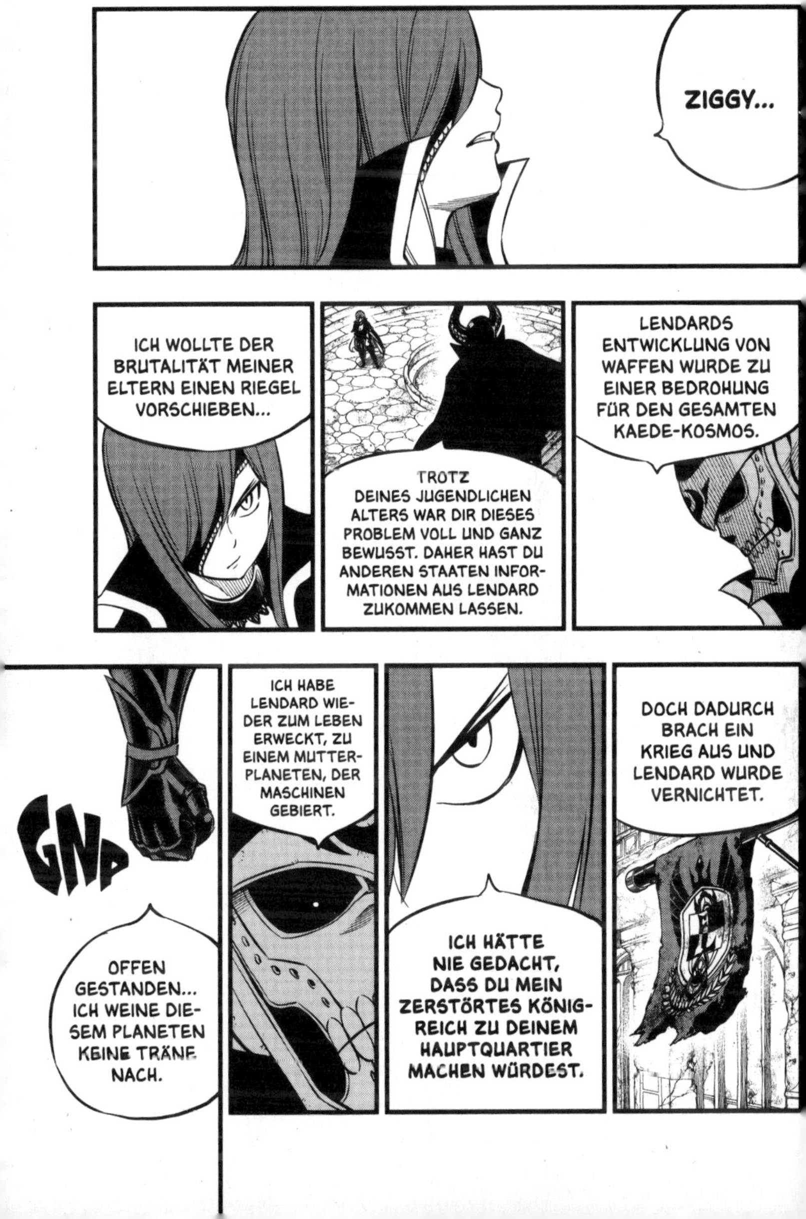

ZIGGY...
LENDARDS ENTWICKLUNG VON WAFFEN WURDE ZU EINER BEDROHUNG FÜR DEN GESAMTEN KAEDE-KOSMOS.
TROTZ DEINES JUGENDLICHEN ALTERS WAR DIR DIESES PROBLEM VOLL UND GANZ BEWUSST. DAHER HAST DU ANDEREN STAATEN INFORMATIONEN AUS LENDARD ZUKOMMEN LASSEN.
ICH WOLLTE DER BRUTALITÄT MEINER ELTERN EINEN RIEGEL VORSCHIEBEN...
DOCH DADURCH BRACH EIN KRIEG AUS UND LENDARD WURDE VERNICHTET.
ICH HÄTTE NIE GEDACHT, DASS DU MEIN ZERSTÖRTES KÖNIGREICH ZU DEINEM HAUPTQUARTIER MACHEN WÜRDEST.
ICH HABE LENDARD WIEDER ZUM LEBEN ERWECKT, ZU EINEM MUTTERPLANETEN, DER MASCHINEN GEBIERT.
GNP
OFFEN GESTANDEN... ICH WEINE DIESEM PLANETEN KEINE TRÄNE NACH.

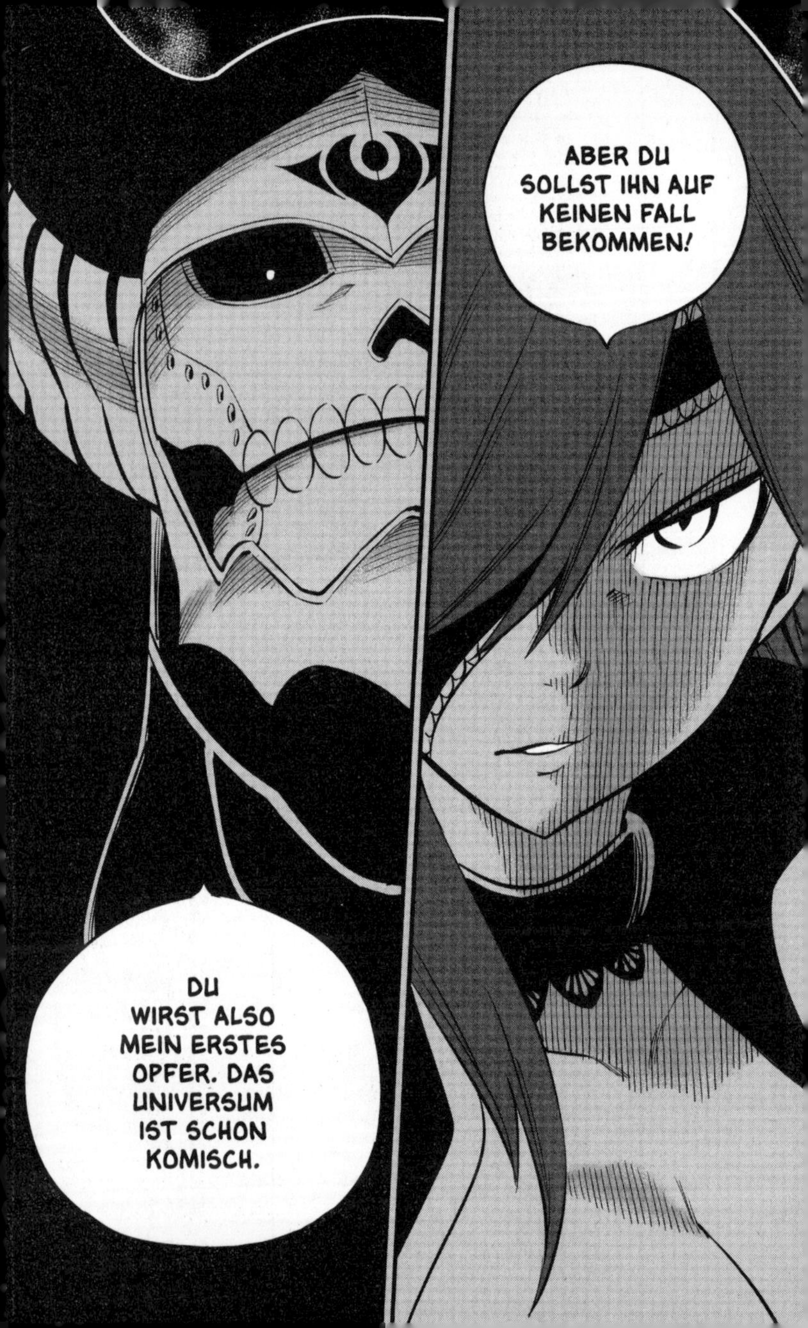
ABER DU SOLLST IHN AUF KEINEN FALL BEKOMMEN!
DU WIRST ALSO MEIN ERSTES OPFER. DAS UNIVERSUM IST SCHON KOMISCH.

EDENS ZERO

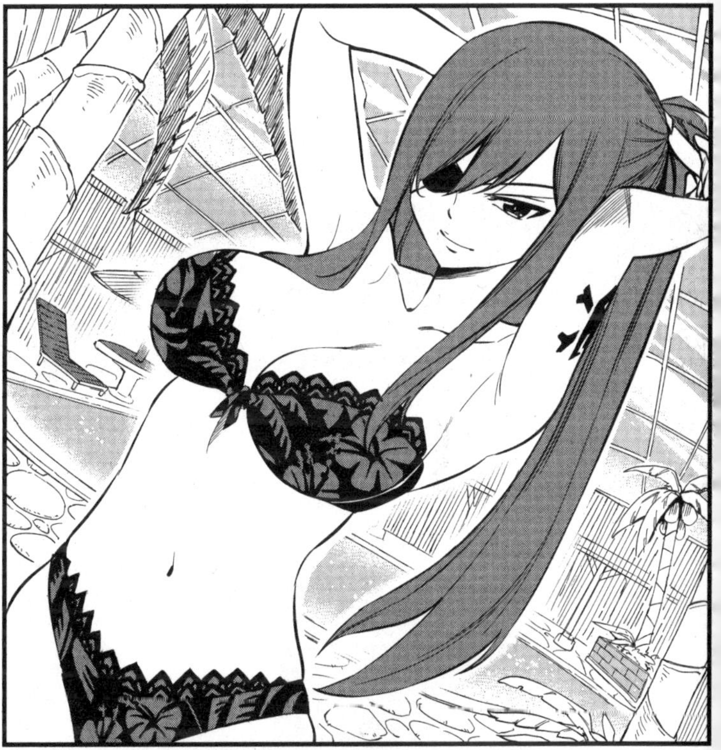

KAPITEL 184: ELSIE VS. ZIGGY

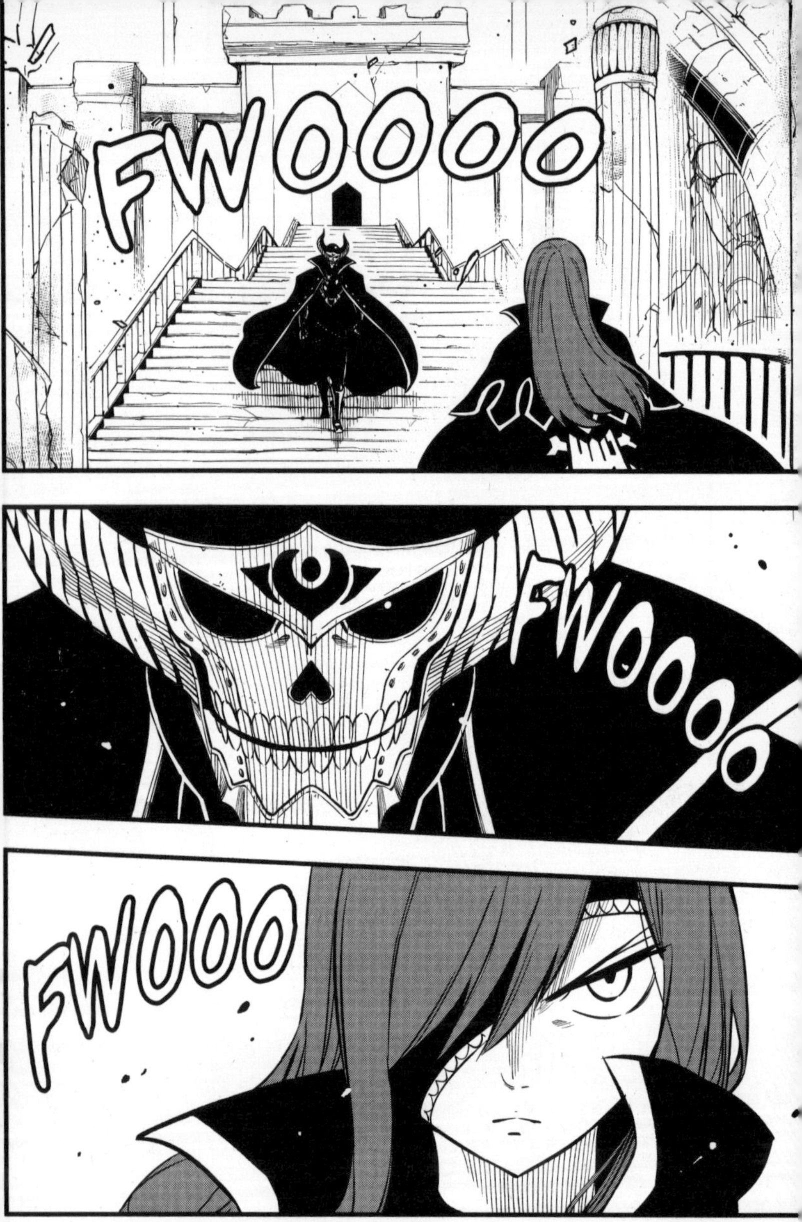
FWOOOO
FWOOOO
FWOOO

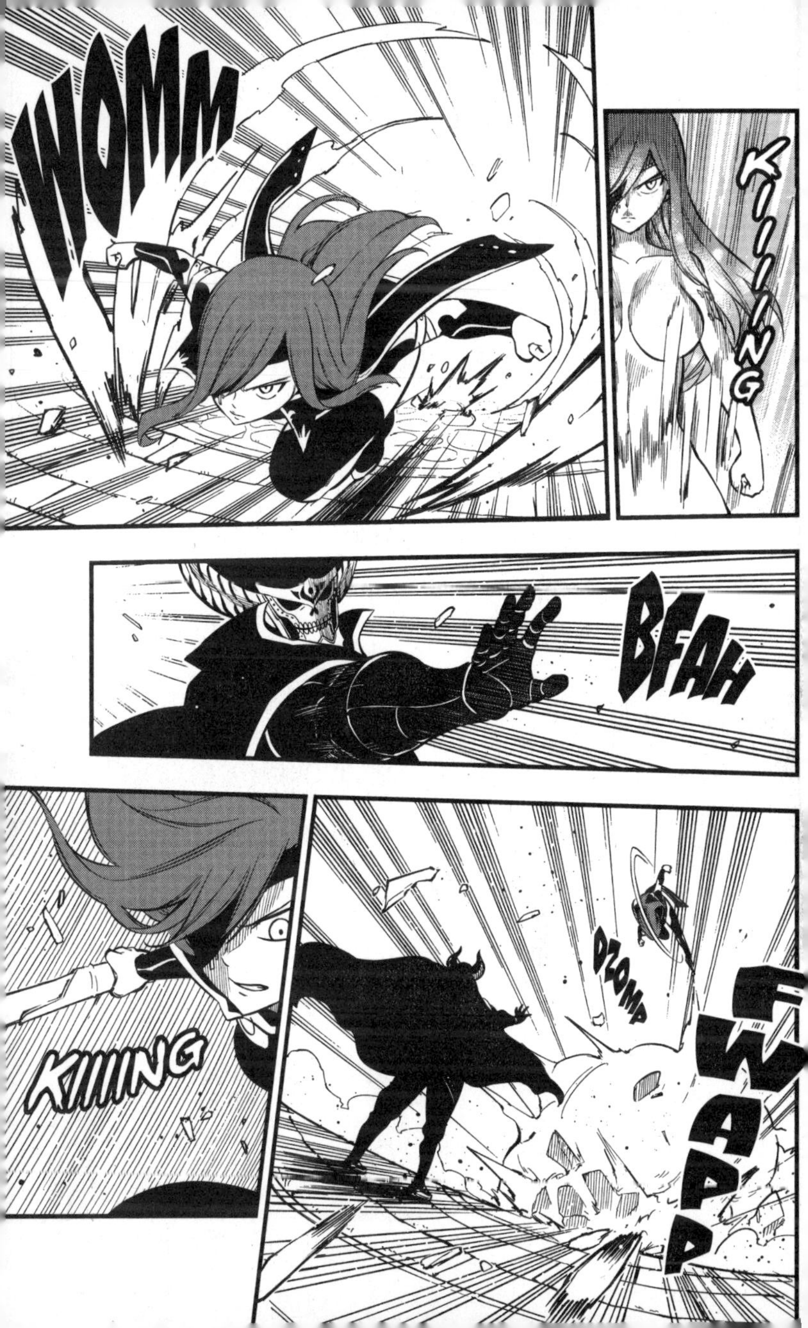
WOMM
KIIIIING
BFAH
KIIING
DZOMP
FWAPP

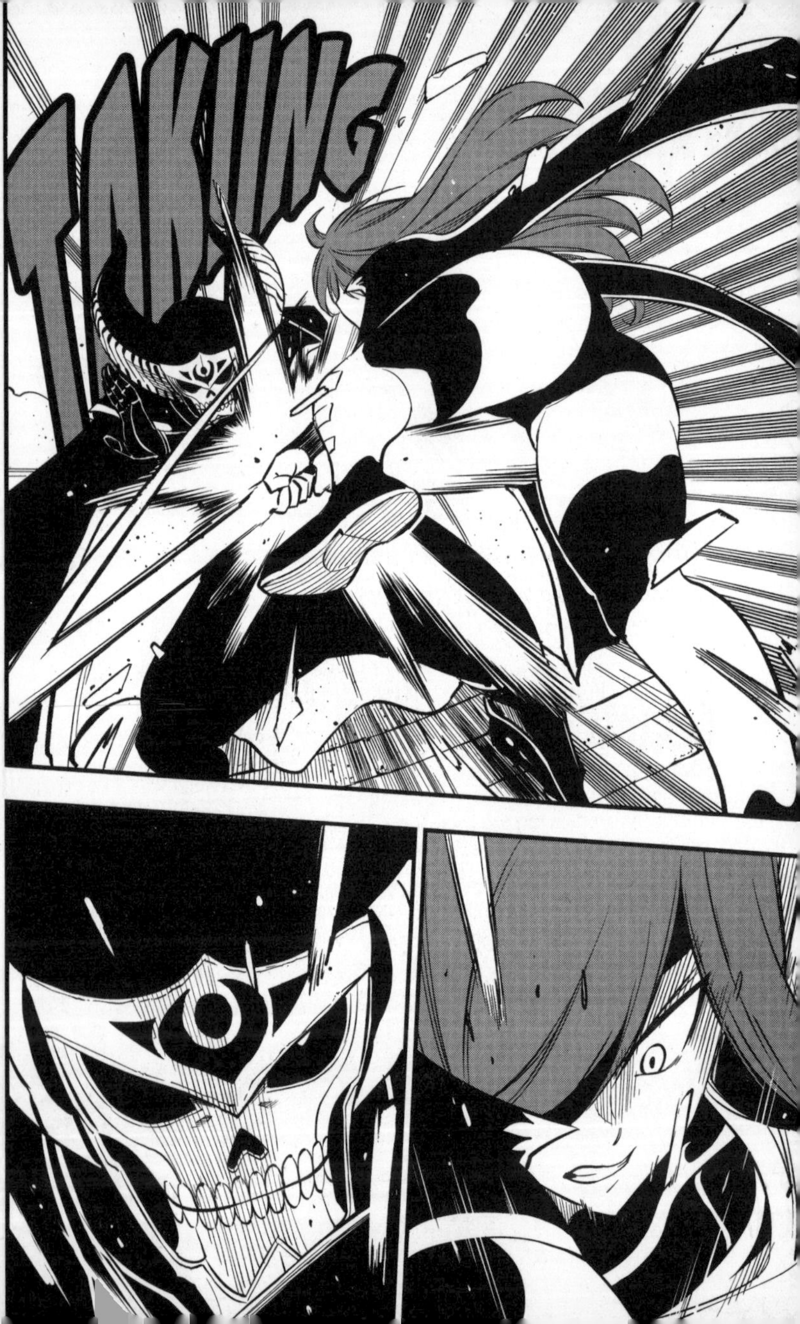

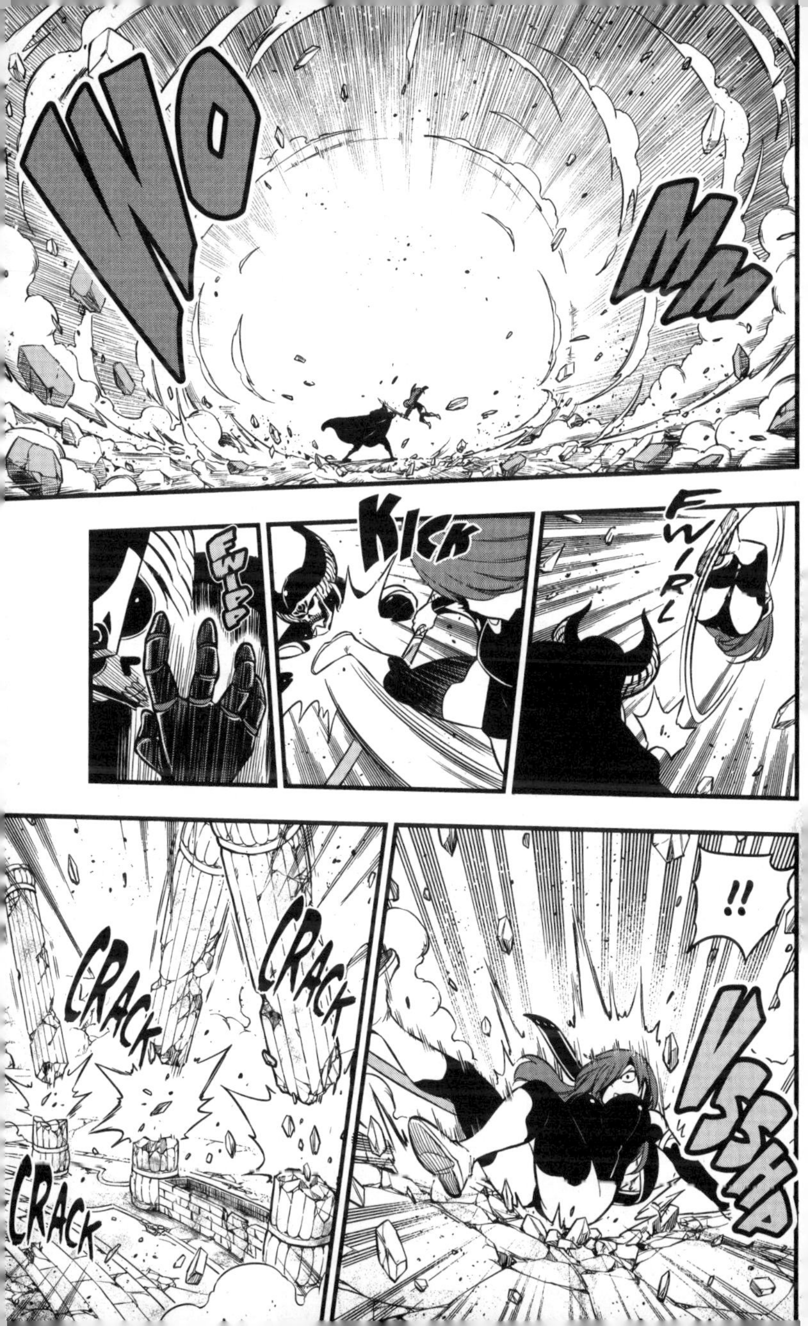
WOMM
FWIRL
KICK
FWIP
!!
VSHP
CRACK
CRACK
CRACK

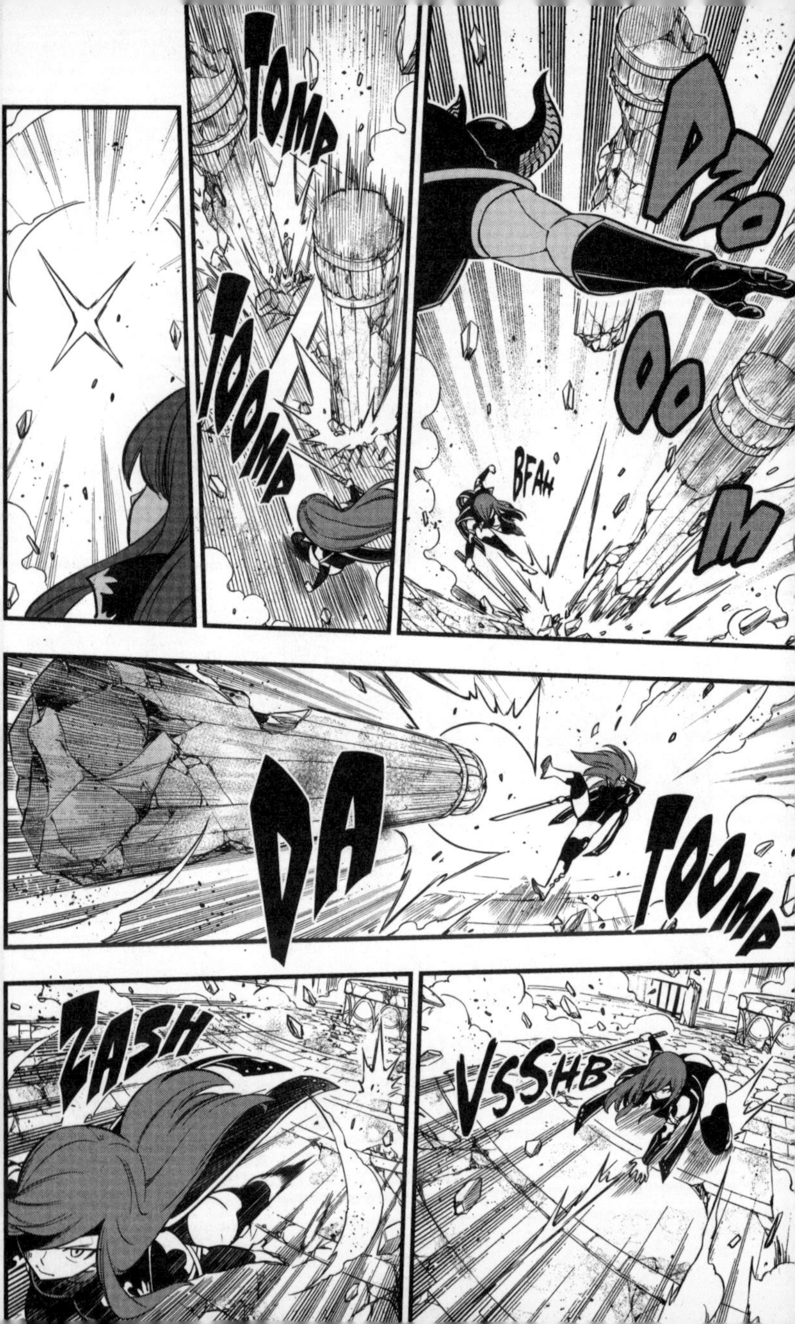
DZOOOM
BFAH
TOMP
TOOMP
TOOMP
DA
VSSHB
ZASH

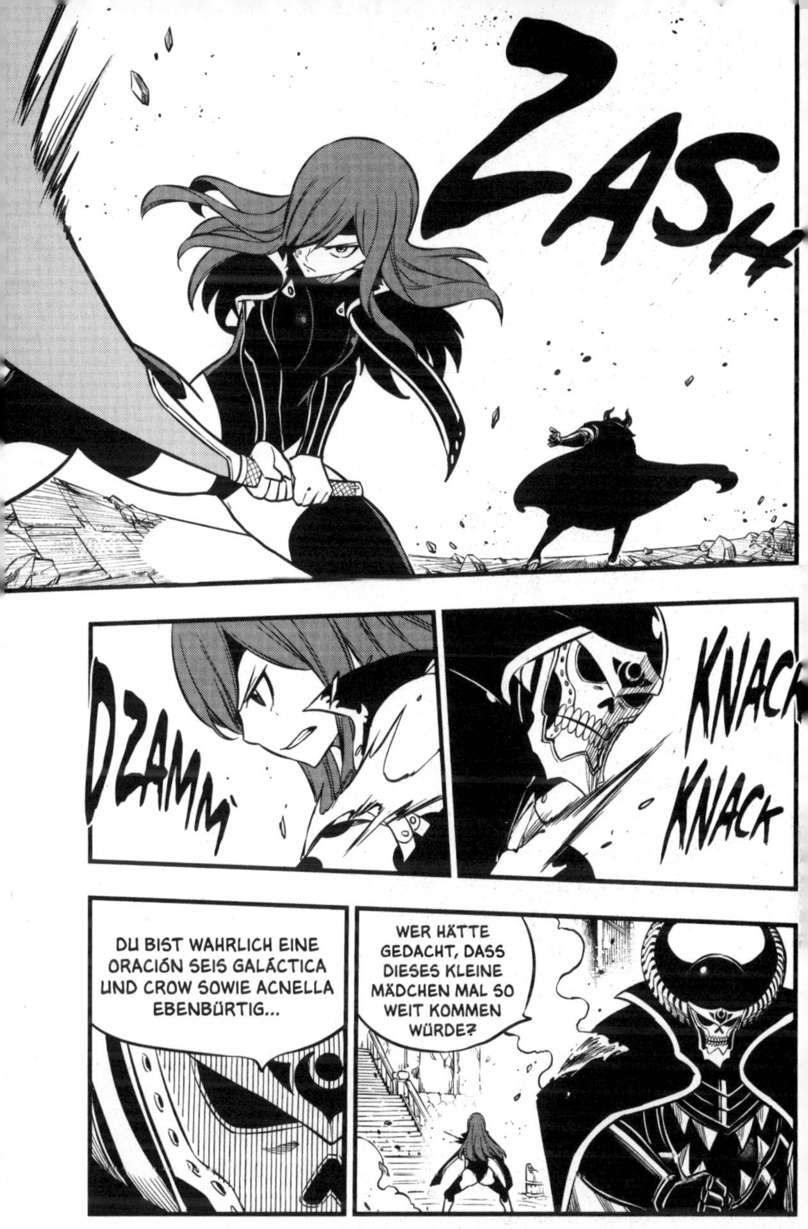
ZASH
DZAMM
KNACK
KNACK
DU BIST WAHRLICH EINE ORACIÓN SEIS GALÁCTICA UND CROW SOWIE ACNELLA EBENBÜRTIG...
WER HÄTTE GEDACHT, DASS DIESES KLEINE MÄDCHEN MAL SO WEIT KOMMEN WÜRDE?

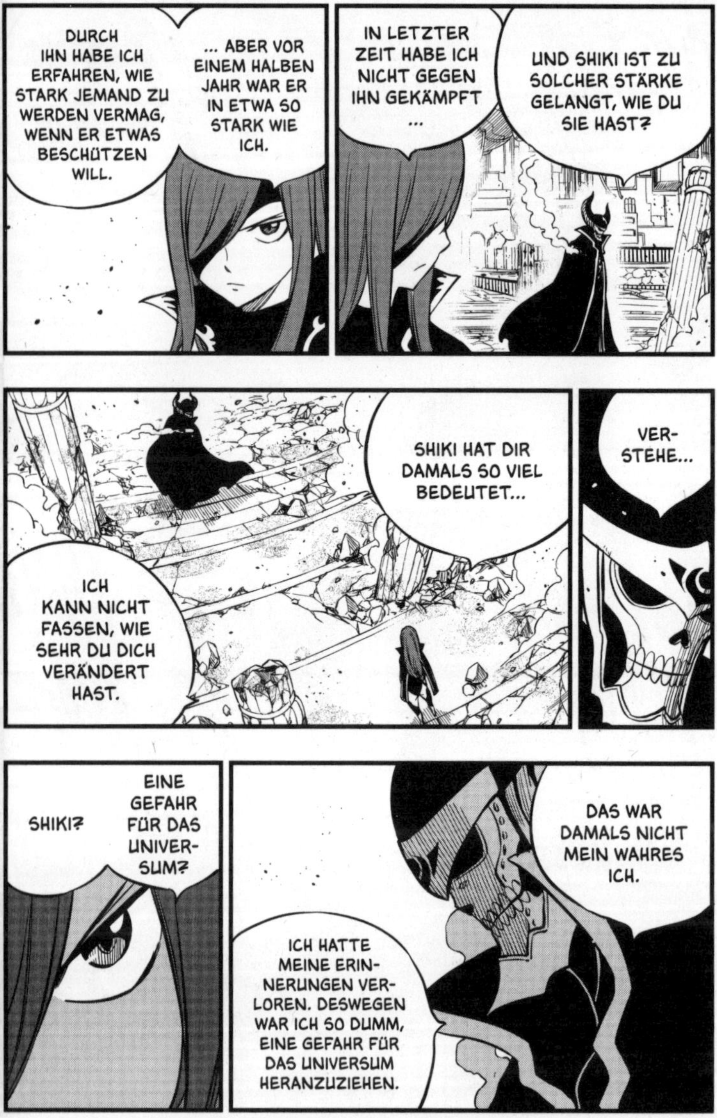
UND SHIKI IST ZU SOLCHER STÄRKE GELANGT, WIE DU SIE HAST?
IN LETZTER ZEIT HABE ICH NICHT GEGEN IHN GEKÄMPFT ...
... ABER VOR EINEM HALBEN JAHR WAR ER IN ETWA SO STARK WIE ICH.
DURCH IHN HABE ICH ERFAHREN, WIE STARK JEMAND ZU WERDEN VERMAG, WENN ER ETWAS BESCHÜTZEN WILL.
VER-STEHE...
SHIKI HAT DIR DAMALS SO VIEL BEDEUTET...
ICH KANN NICHT FASSEN, WIE SEHR DU DICH VERÄNDERT HAST.
DAS WAR DAMALS NICHT MEIN WAHRES ICH.
ICH HATTE MEINE ERIN-NERUNGEN VER-LOREN. DESWEGEN WAR ICH SO DUMM, EINE GEFAHR FÜR DAS UNIVERSUM HERANZUZIEHEN.
EINE GEFAHR FÜR DAS UNIVER-SUM?
SHIKI?

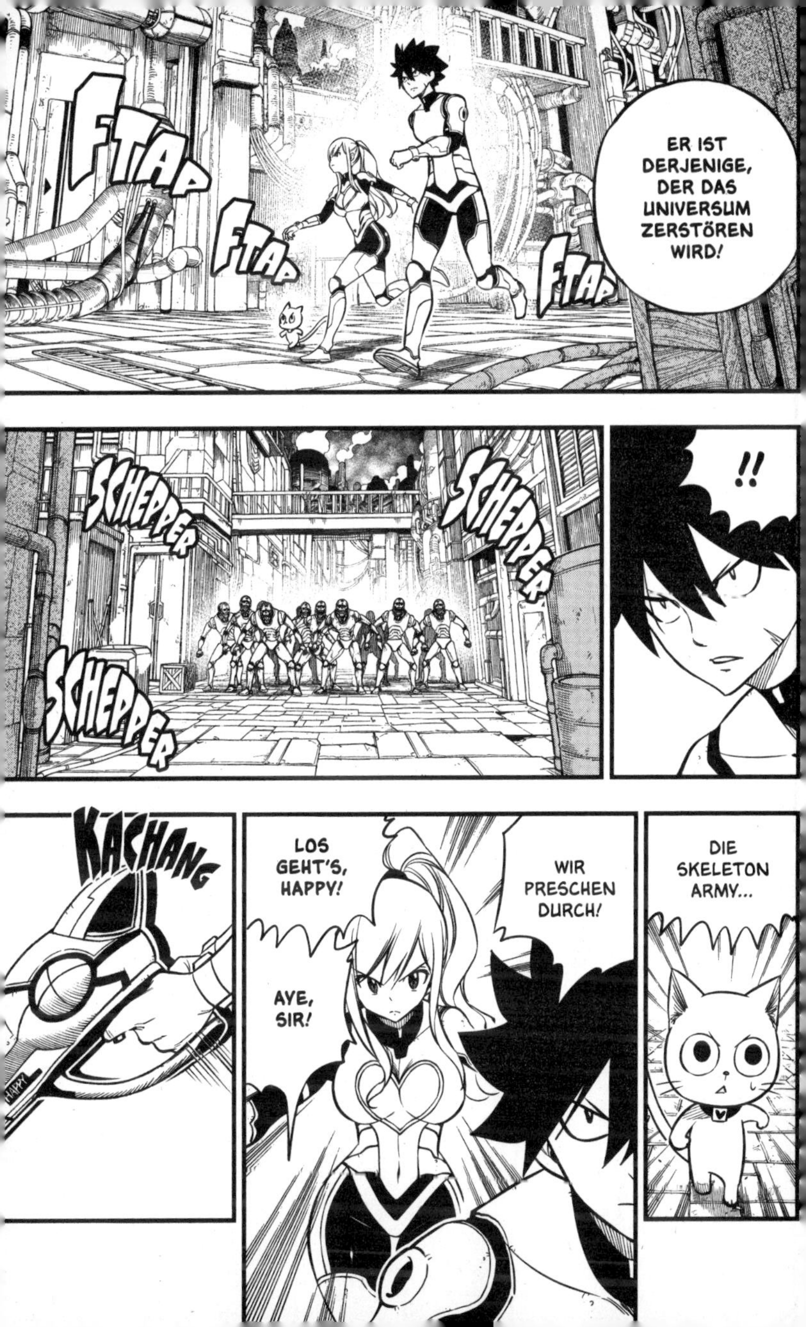
ER IST DERJENIGE, DER DAS UNIVERSUM ZERSTÖREN WIRD!
FTAP
FTAP
FTAP
!!
SCHEPPER
SCHEPPER
SCHEPPER
DIE SKELETON ARMY...
WIR PRESCHEN DURCH!
LOS GEHT'S, HAPPY!
AYE, SIR!
KACHANG
HAPPY

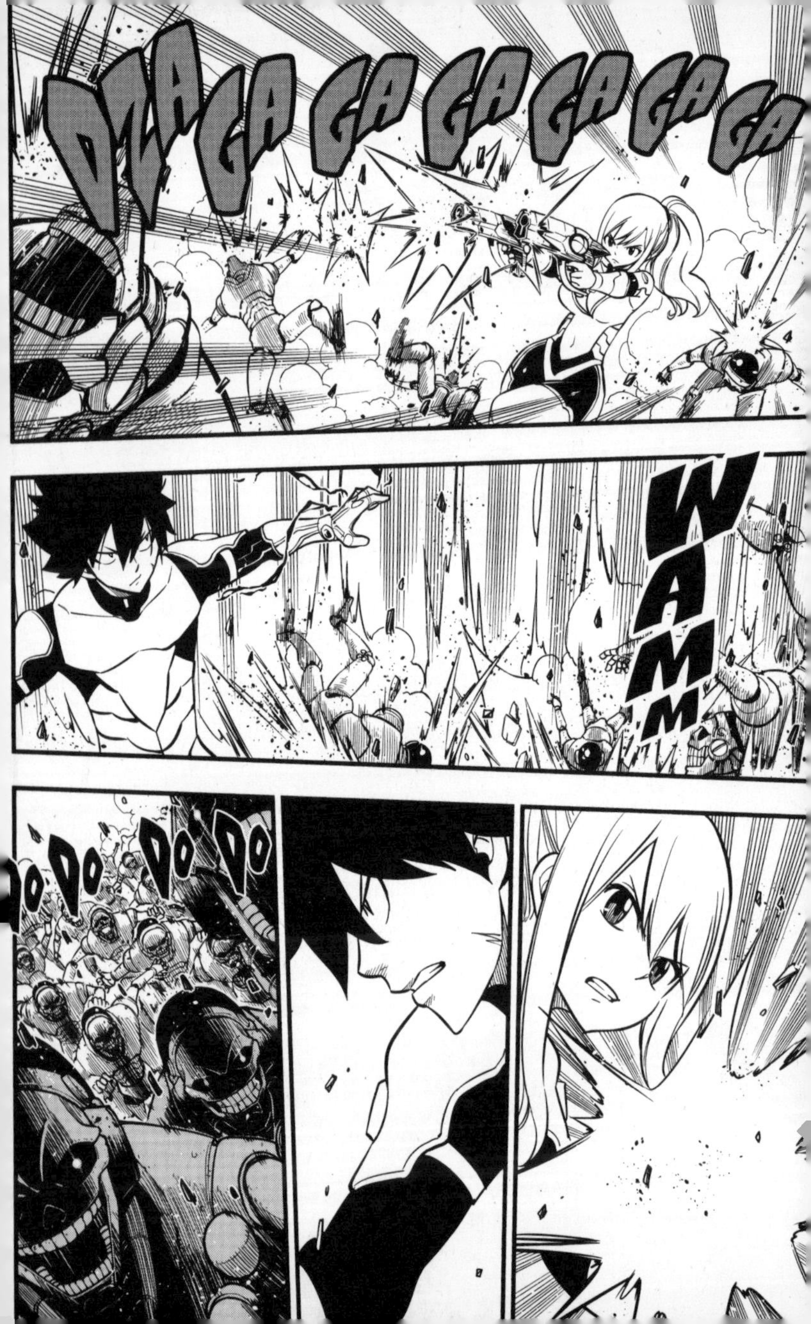
DZA GA GA GA GA GA GA
WAMM
DO DO DO DO

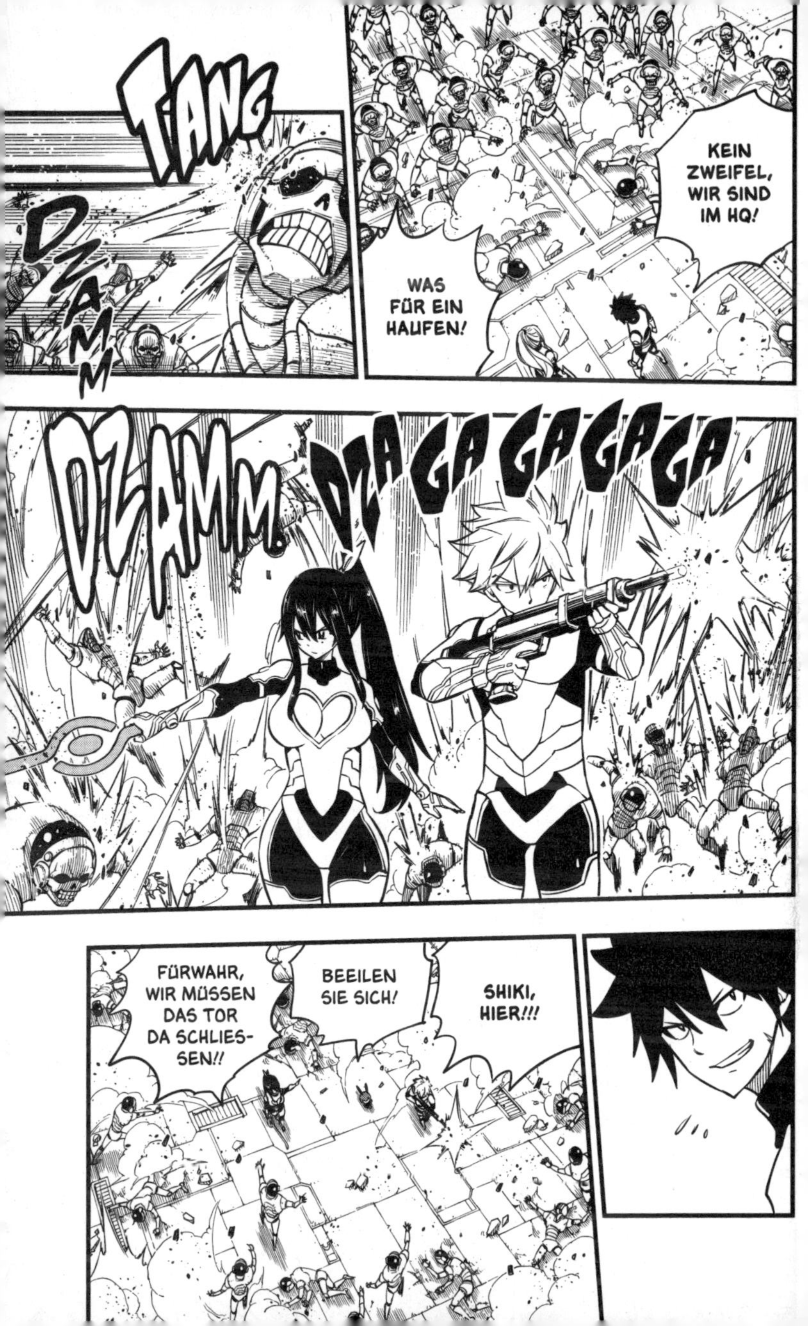
KEIN ZWEIFEL, WIR SIND IM HQ!
WAS FÜR EIN HAUFEN!
TANG
DZAMM
DZAGAGAGAGA
DZAMM
SHIKI, HIER!!!
BEEILEN SIE SICH!
FÜRWAHR, WIR MÜSSEN DAS TOR DA SCHLIES-SEN!!

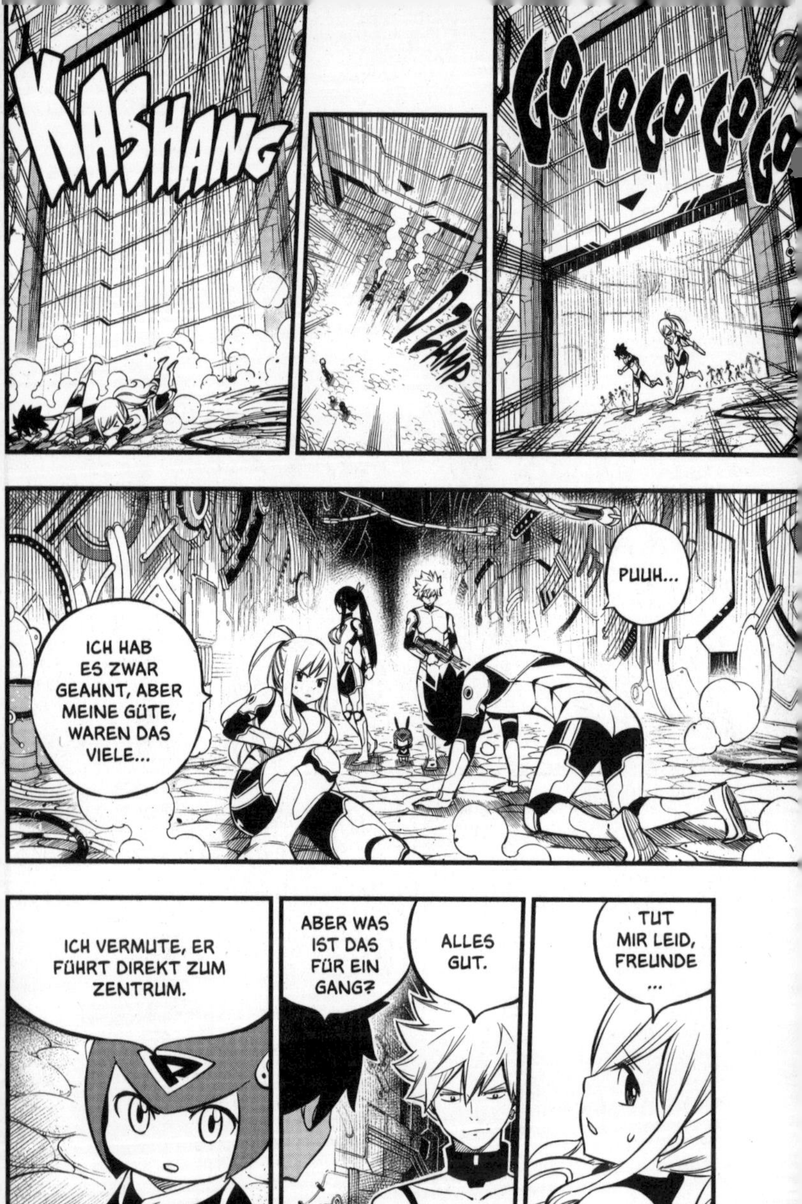
GOGOGOGOGO
DZAMP
KASHANG
PUUH...
ICH HAB ES ZWAR GEAHNT, ABER MEINE GÜTE, WAREN DAS VIELE...
TUT MIR LEID, FREUNDE ...
ALLES GUT.
ABER WAS IST DAS FÜR EIN GANG?
ICH VERMUTE, ER FÜHRT DIREKT ZUM ZENTRUM.

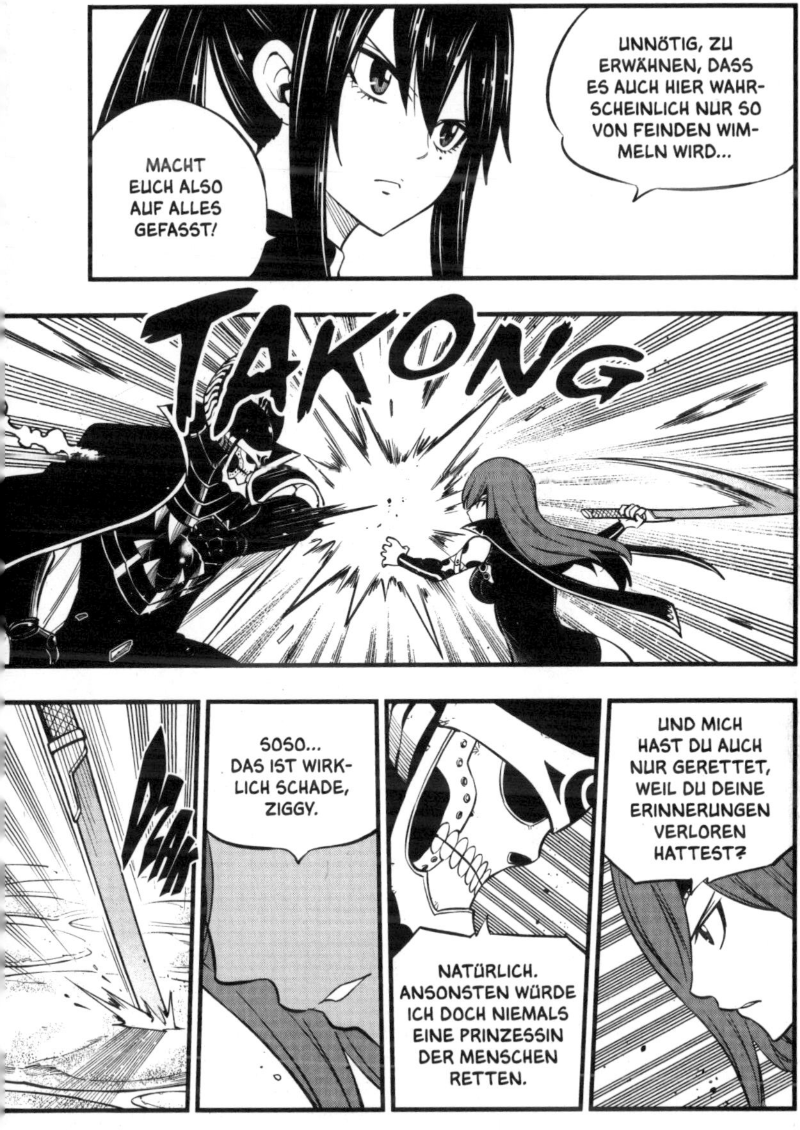
UNNÖTIG, ZU ERWÄHNEN, DASS ES AUCH HIER WAHRSCHEINLICH NUR SO VON FEINDEN WIMMELN WIRD...
MACHT EUCH ALSO AUF ALLES GEFASST!
TAKONG
UND MICH HAST DU AUCH NUR GERETTET, WEIL DU DEINE ERINNERUNGEN VERLOREN HATTEST?
NATÜRLICH. ANSONSTEN WÜRDE ICH DOCH NIEMALS EINE PRINZESSIN DER MENSCHEN RETTEN.
SOSO... DAS IST WIRKLICH SCHADE, ZIGGY.

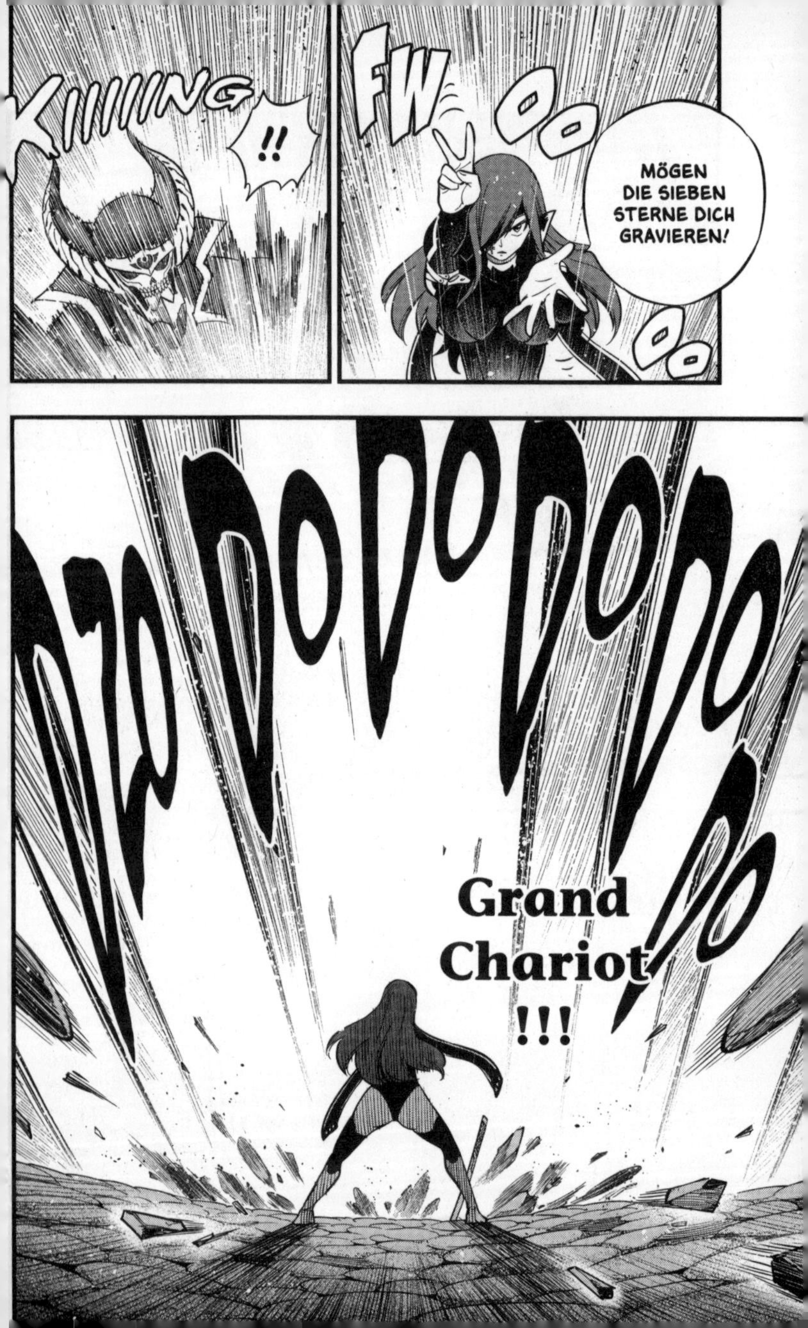
KIIIIING
!!
FW
MÖGEN DIE SIEBEN STERNE DICH GRAVIEREN!
Grand Chariot !!!

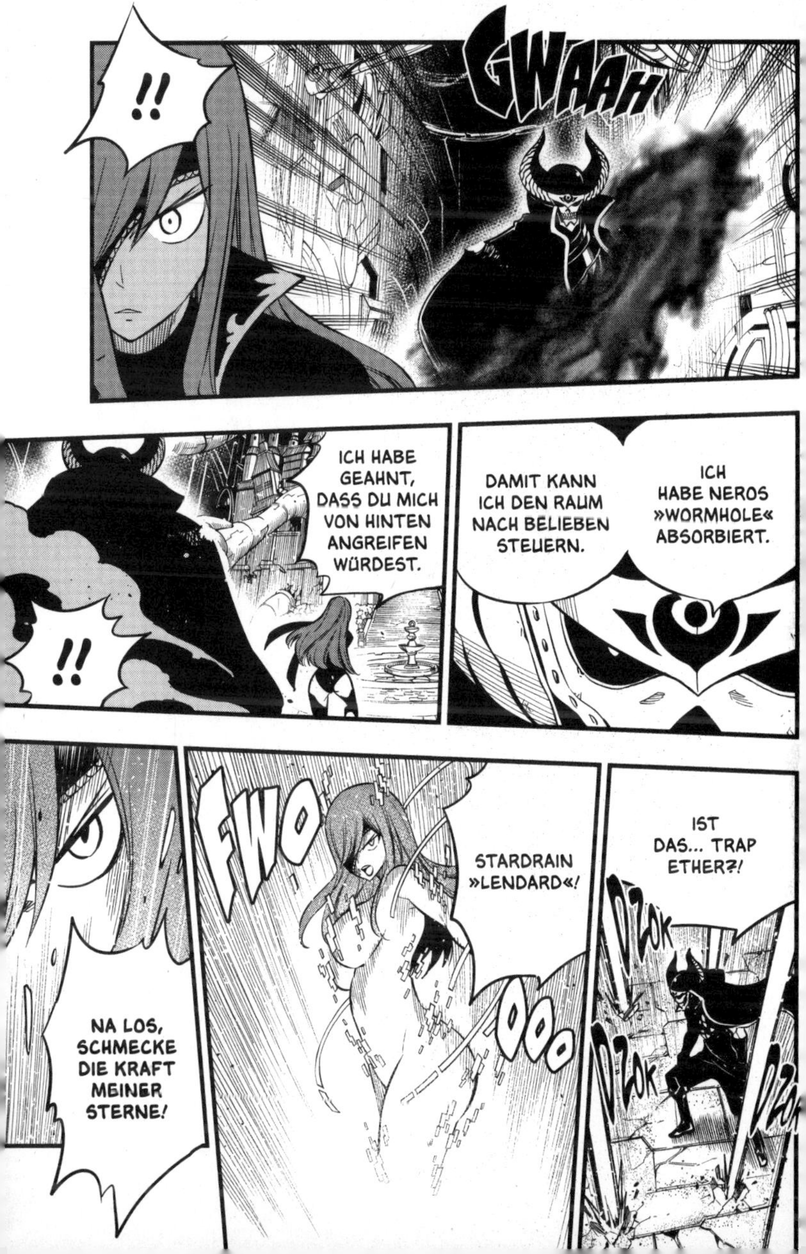
GWAAH
!!
ICH HABE NEROS »WORMHOLE« ABSORBIERT.
DAMIT KANN ICH DEN RAUM NACH BELIEBEN STEUERN.
ICH HABE GEAHNT, DASS DU MICH VON HINTEN ANGREIFEN WÜRDEST.
!!
IST DAS... TRAP ETHER?!
DZOK
DZOK
DZOK
STARDRAIN »LENDARD«!
FWO
OOO
NA LOS, SCHMECKE DIE KRAFT MEINER STERNE!

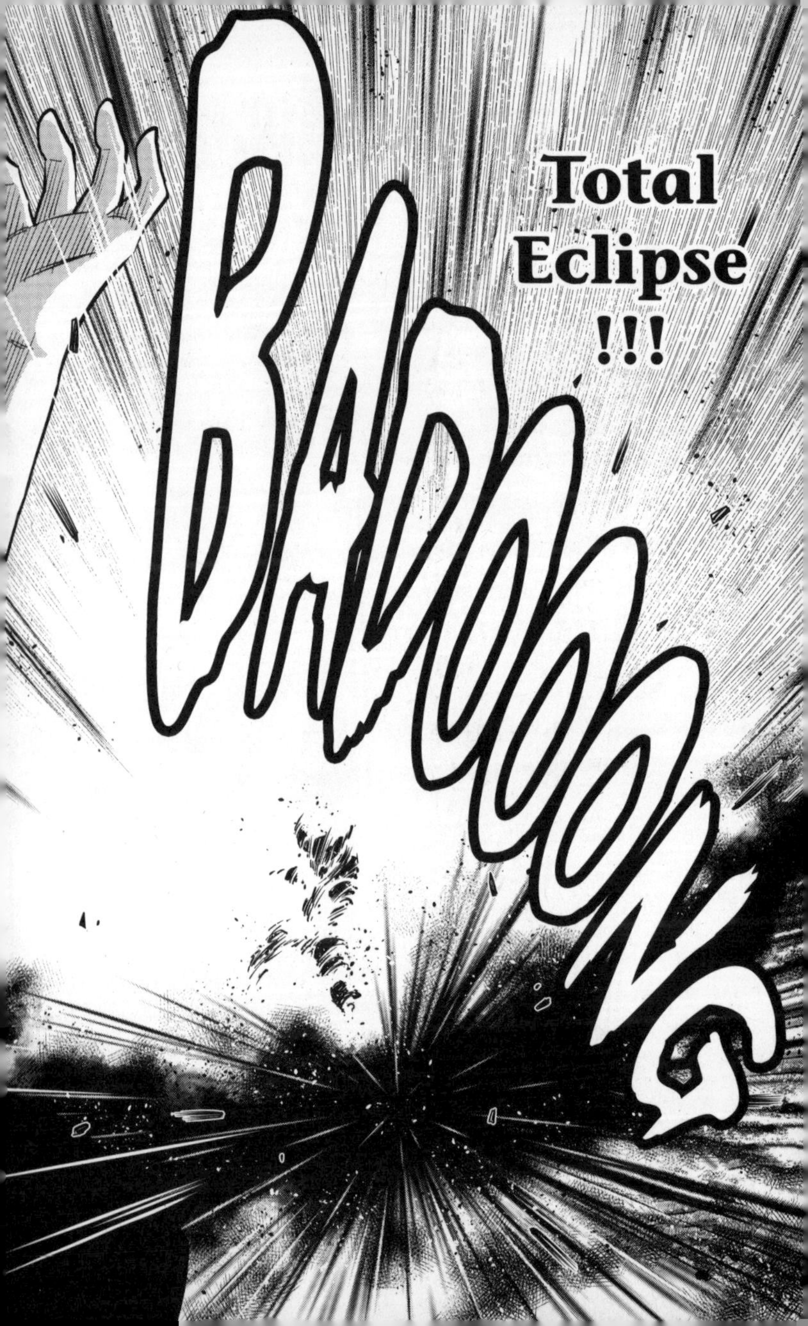
Total Eclipse!!!

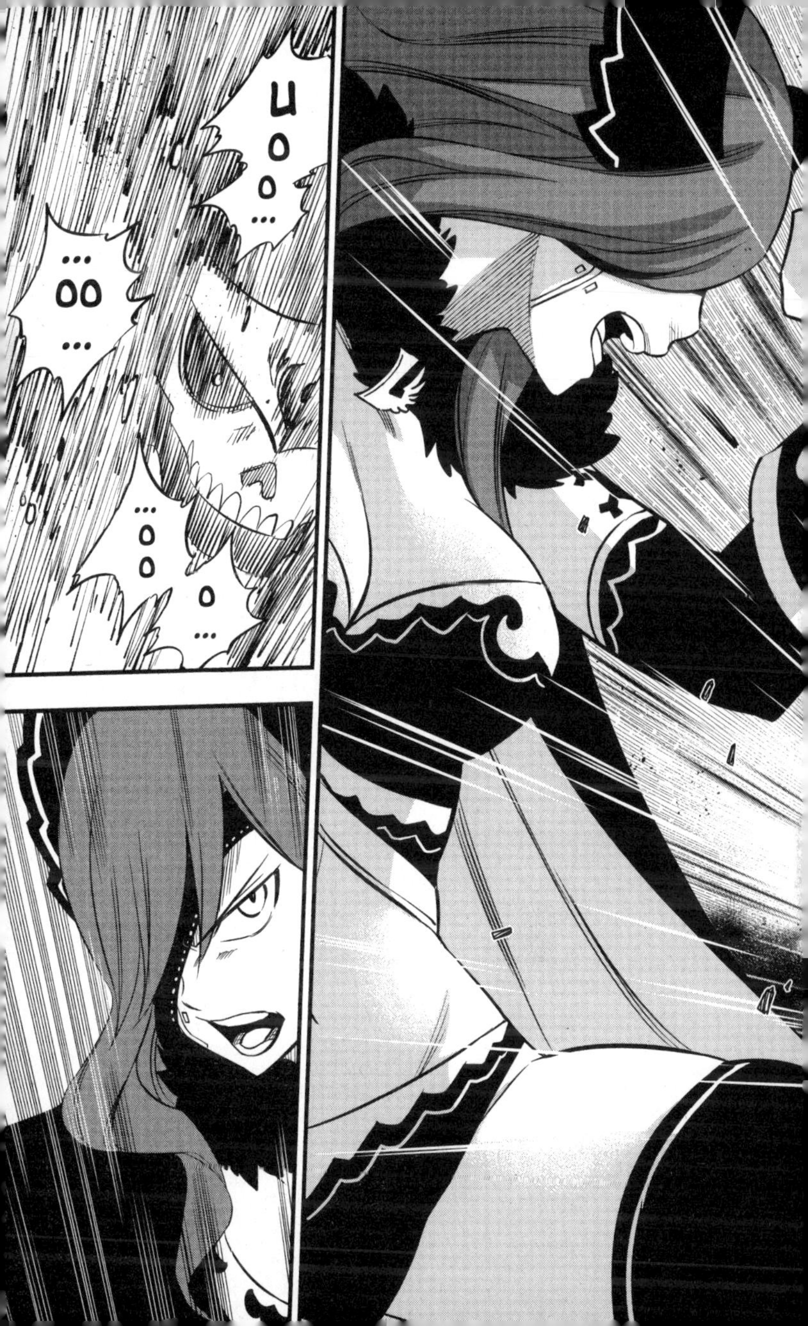
UOO…
…OO…
…OOO…

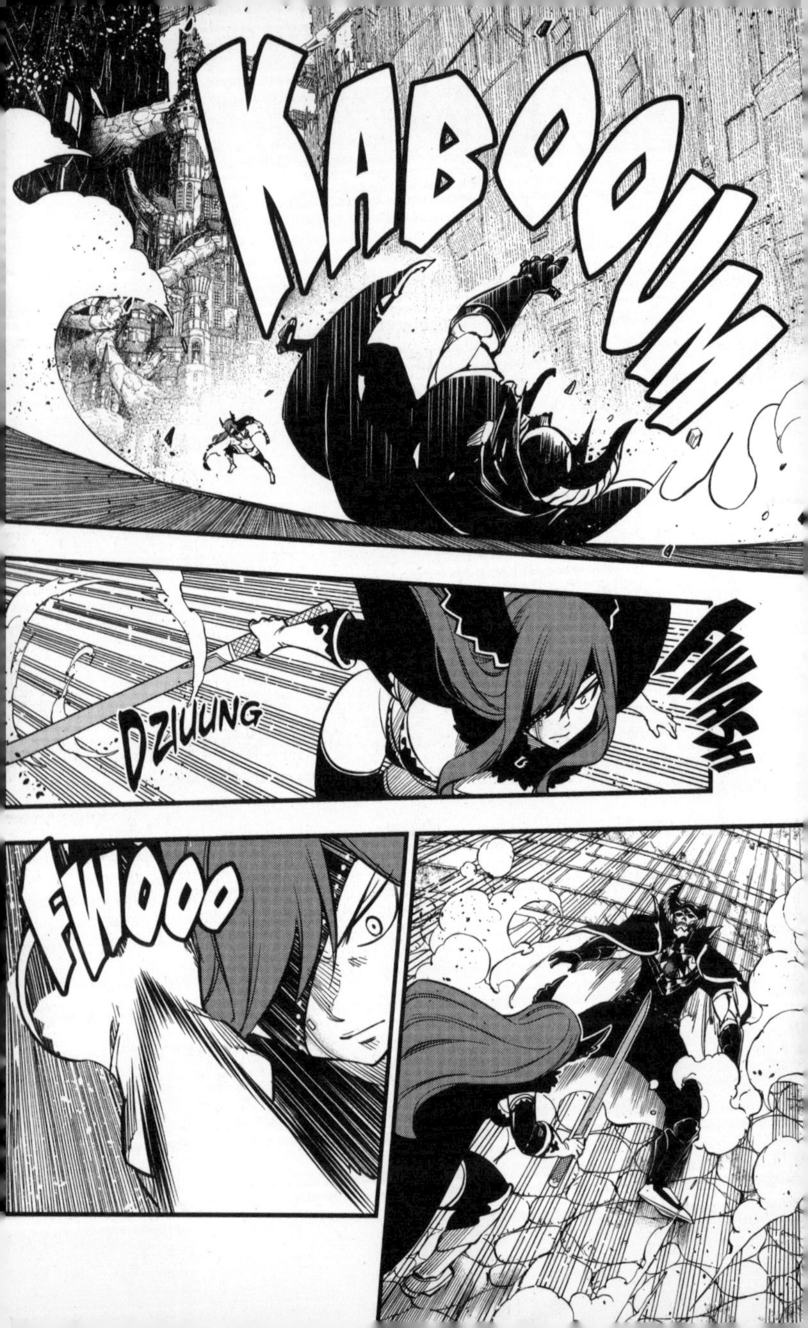

KABOOUM
FWASH
DZIUUNG
FWOOO

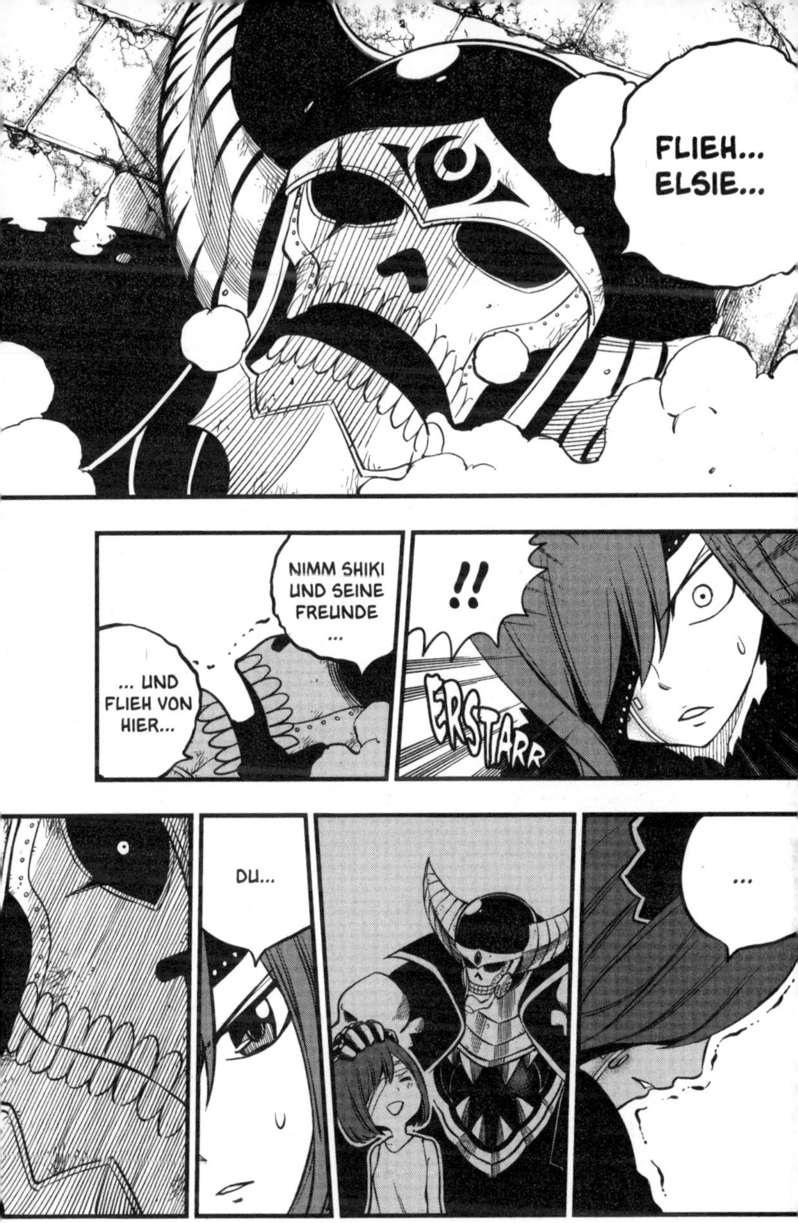
FLIEH... ELSIE...
NIMM SHIKI UND SEINE FREUNDE ...
... UND FLIEH VON HIER...
!!
ERSTARR
DU...
...

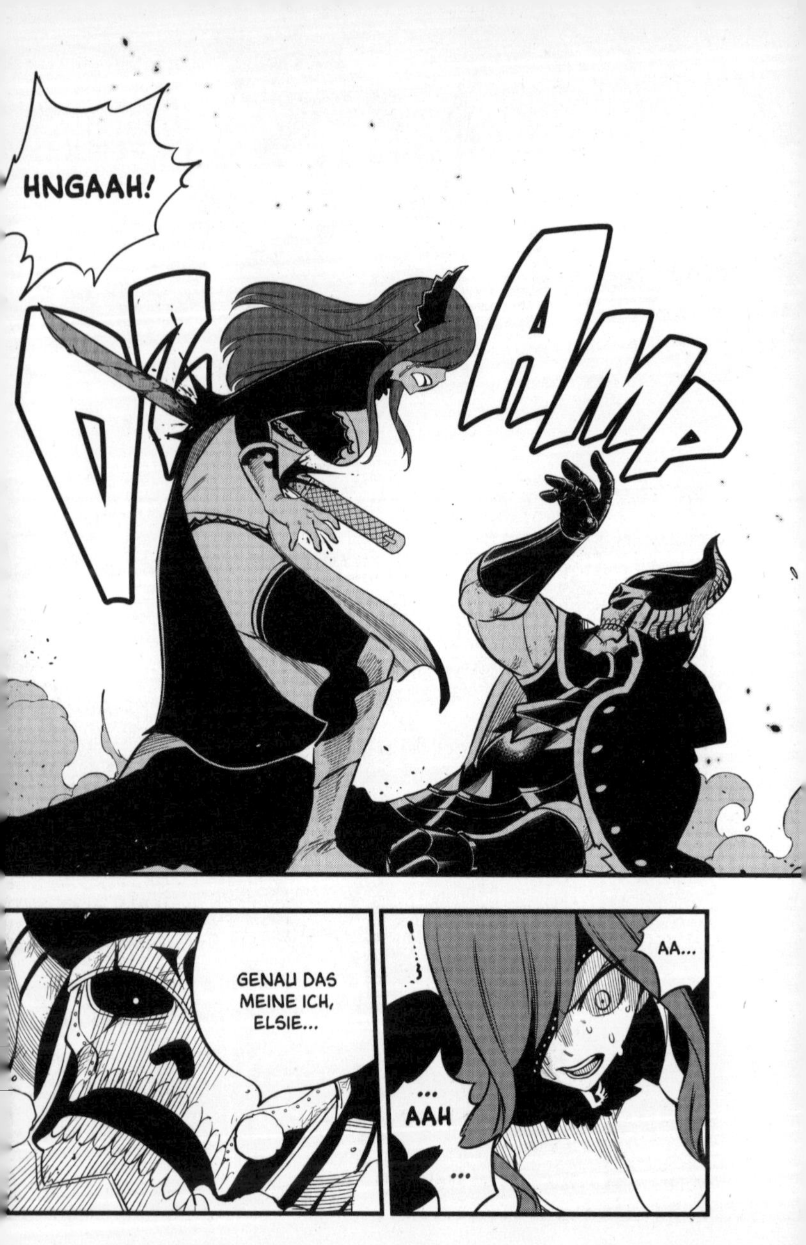
HNGAAH!
AA...
...AAH
...
GENAU DAS MEINE ICH, ELSIE...

EDENS ZERO

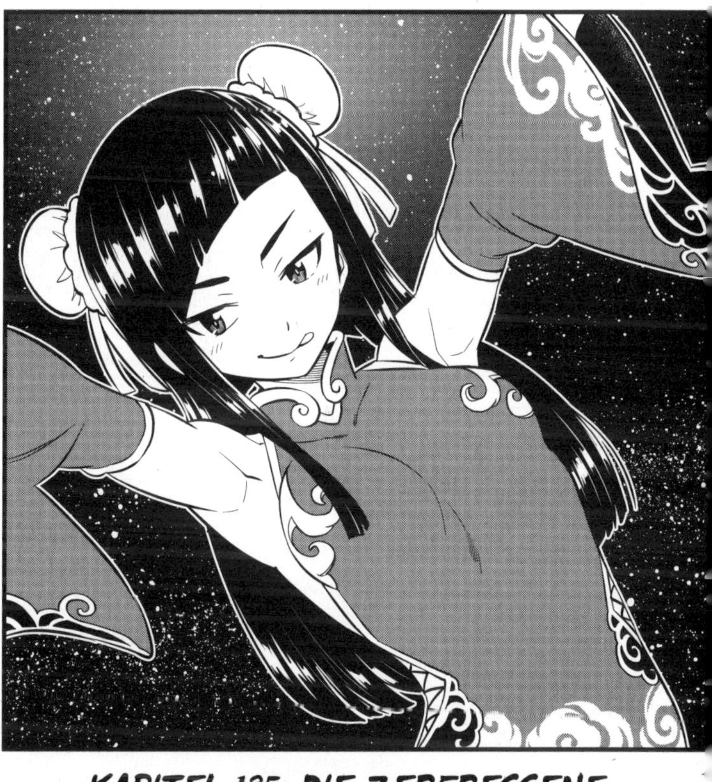

KAPITEL 185: DIE ZERFRESSENE KAMPFARENA

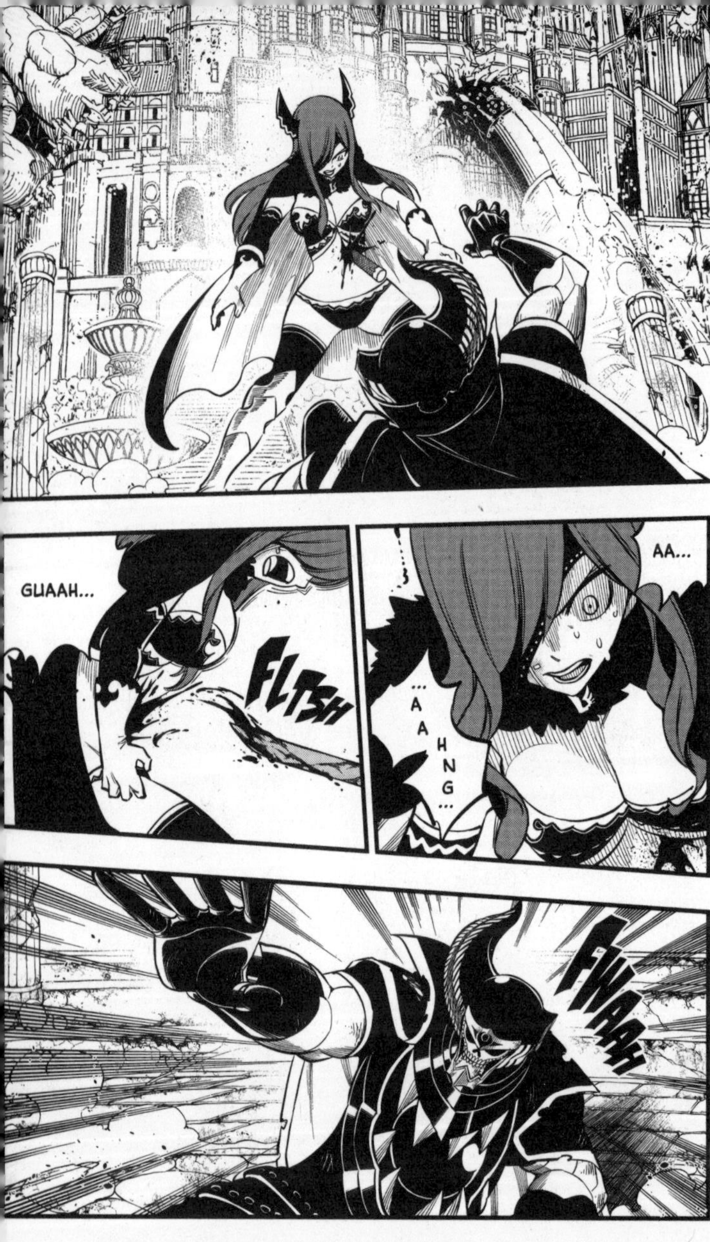
AA...
...AAHNG...
GUAAH...
FLSH
FWAAH

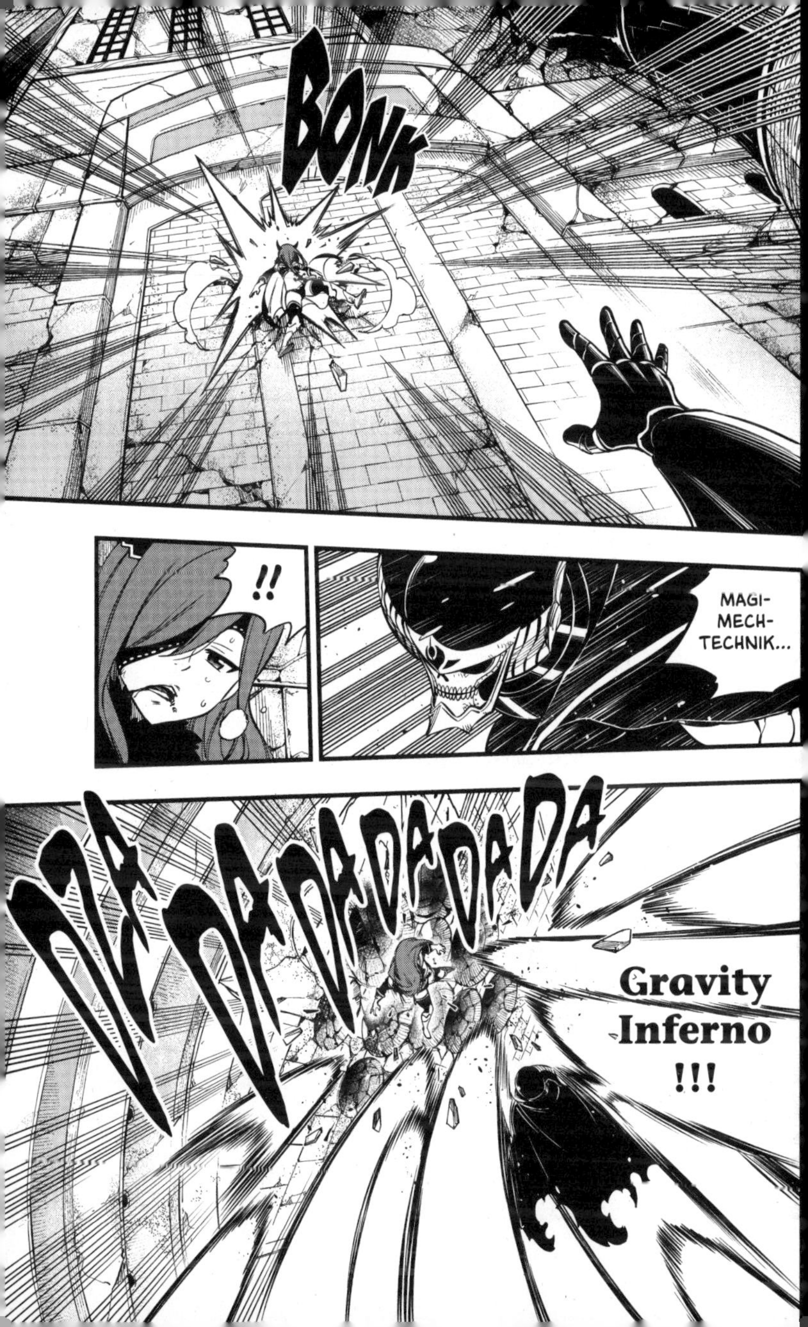
BONK
!!
MAGI-
MECH-
TECHNIK...
DA DA DA DA DA DA DA
Gravity
Inferno
!!!

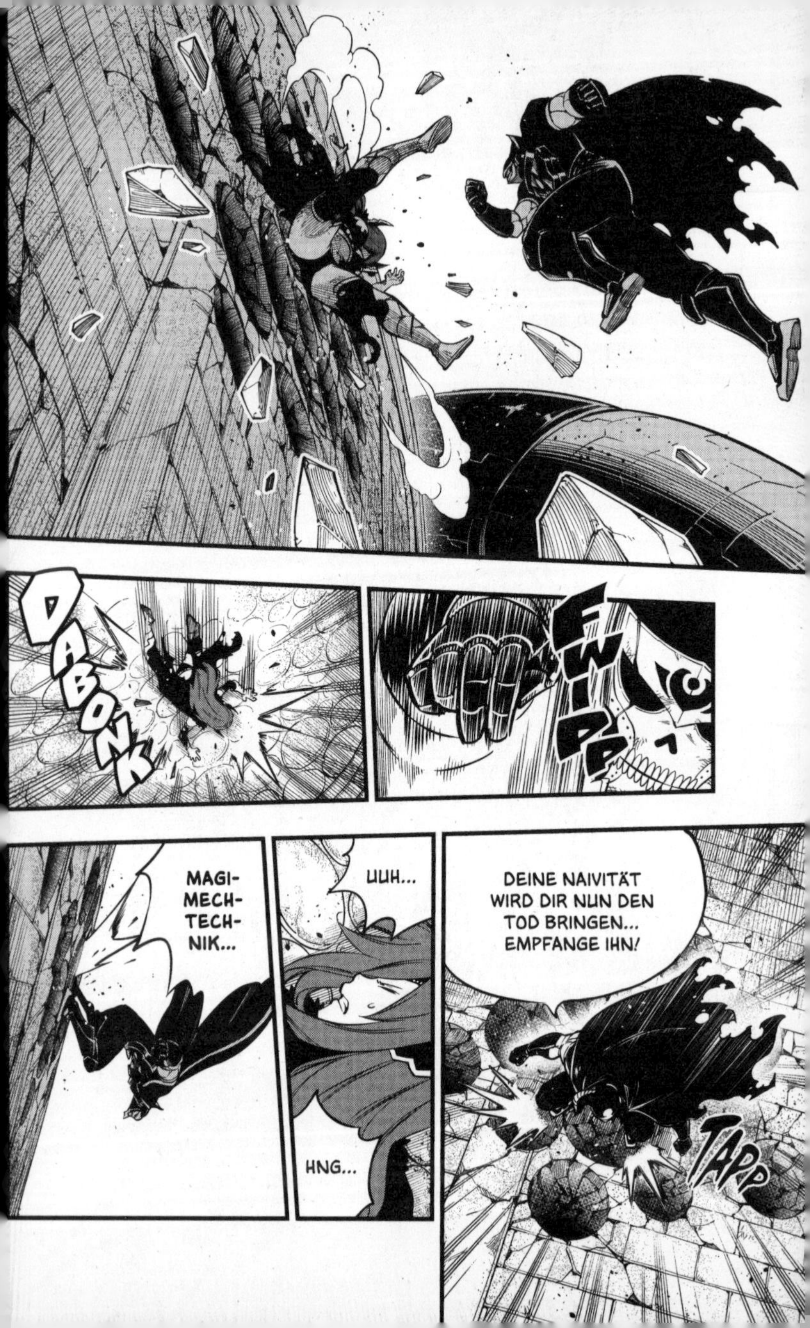
FWIPP
DABONK
DEINE NAIVITÄT WIRD DIR NUN DEN TOD BRINGEN... EMPFANGE IHN!
TAPP
UUH...
HNG...
MAGI-MECH-TECHNIK...

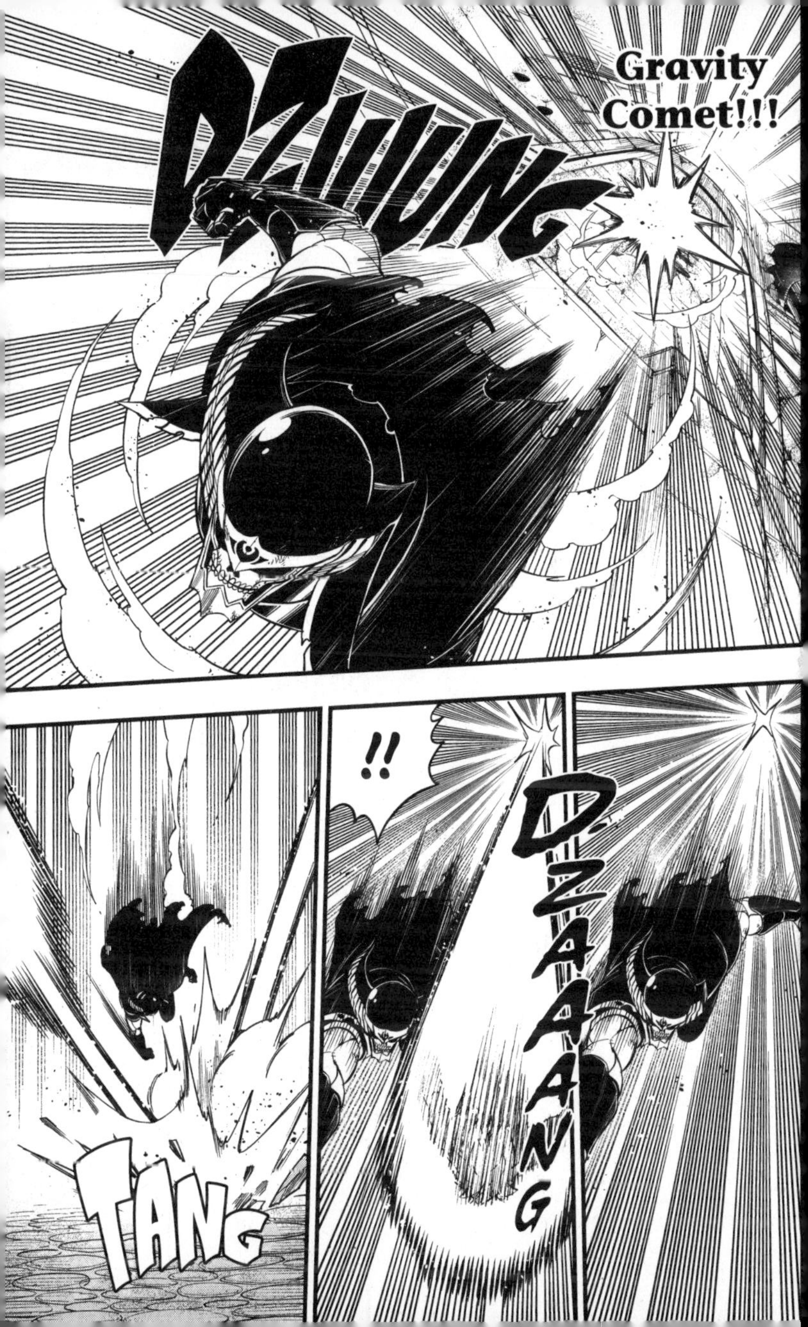
Gravity Comet!!!
DZUUUNG
!!
DZAAANG
TANG

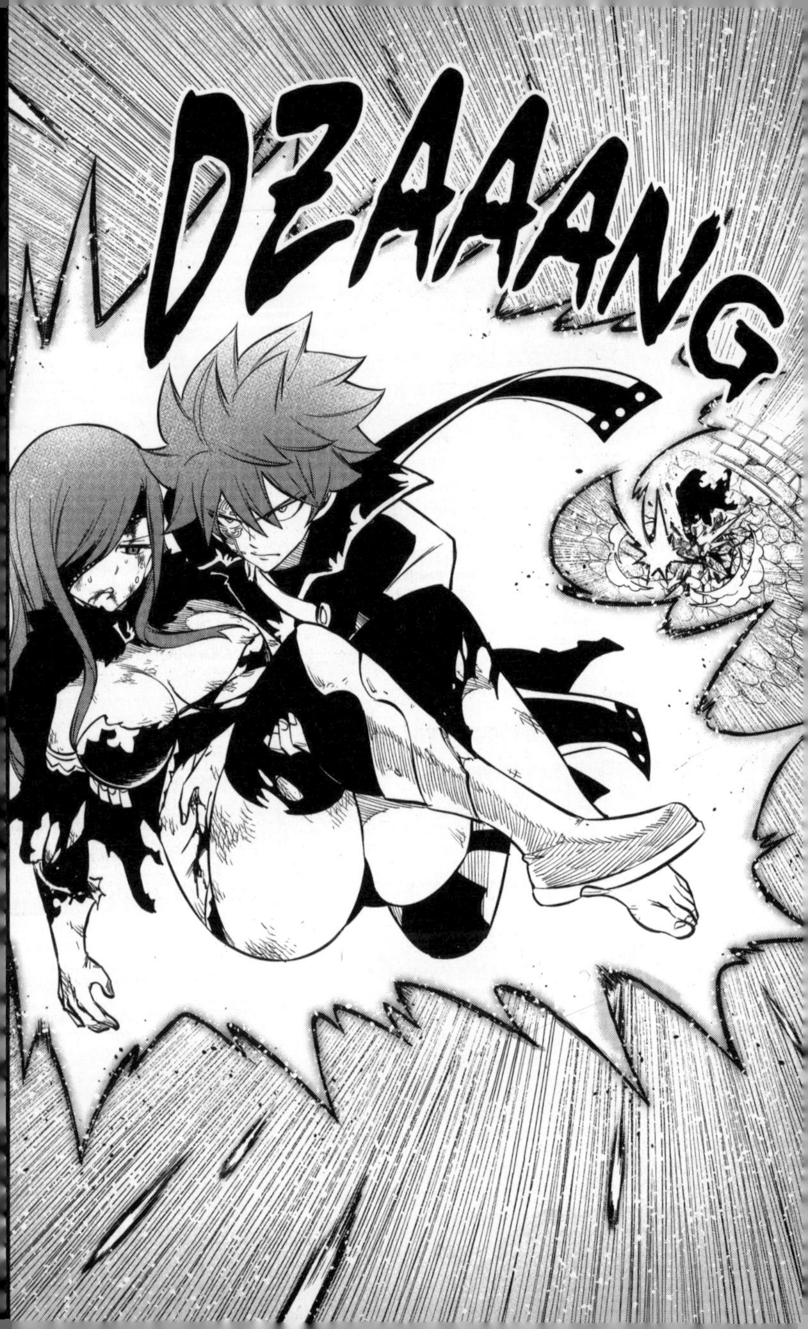
DZAAANG

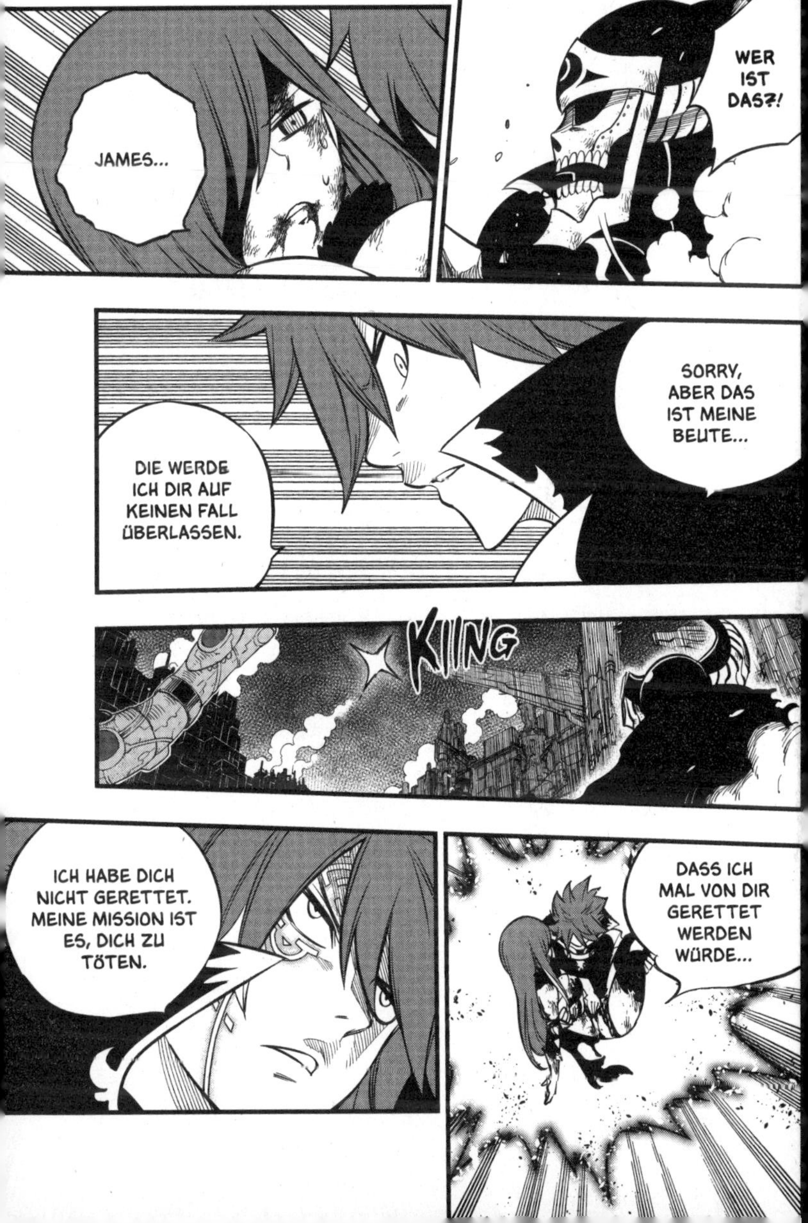
WER IST DAS?!
JAMES...
SORRY, ABER DAS IST MEINE BEUTE...
DIE WERDE ICH DIR AUF KEINEN FALL ÜBERLASSEN.
KIING
DASS ICH MAL VON DIR GERETTET WERDEN WÜRDE...
ICH HABE DICH NICHT GERETTET. MEINE MISSION IST ES, DICH ZU TÖTEN.

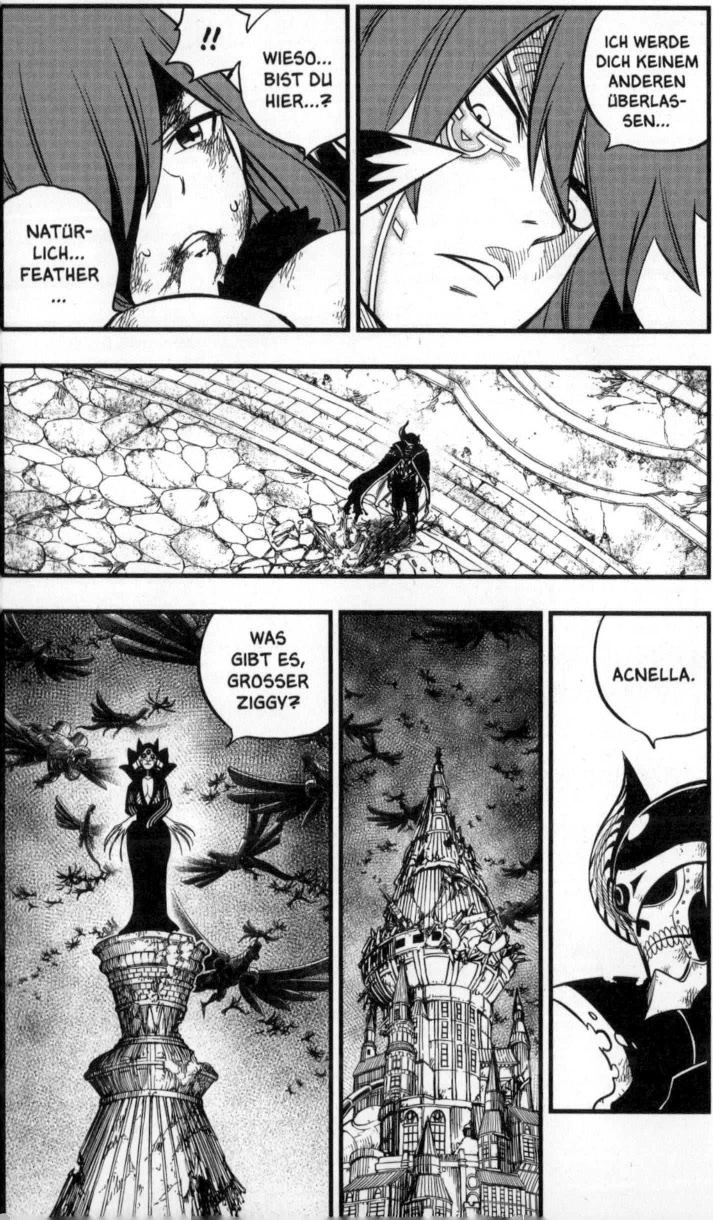
ICH WERDE DICH KEINEM ANDEREN ÜBERLAS-SEN...
!!
WIESO... BIST DU HIER...?
NATÜR-LICH... FEATHER ...
ACNELLA.
WAS GIBT ES, GROSSER ZIGGY?

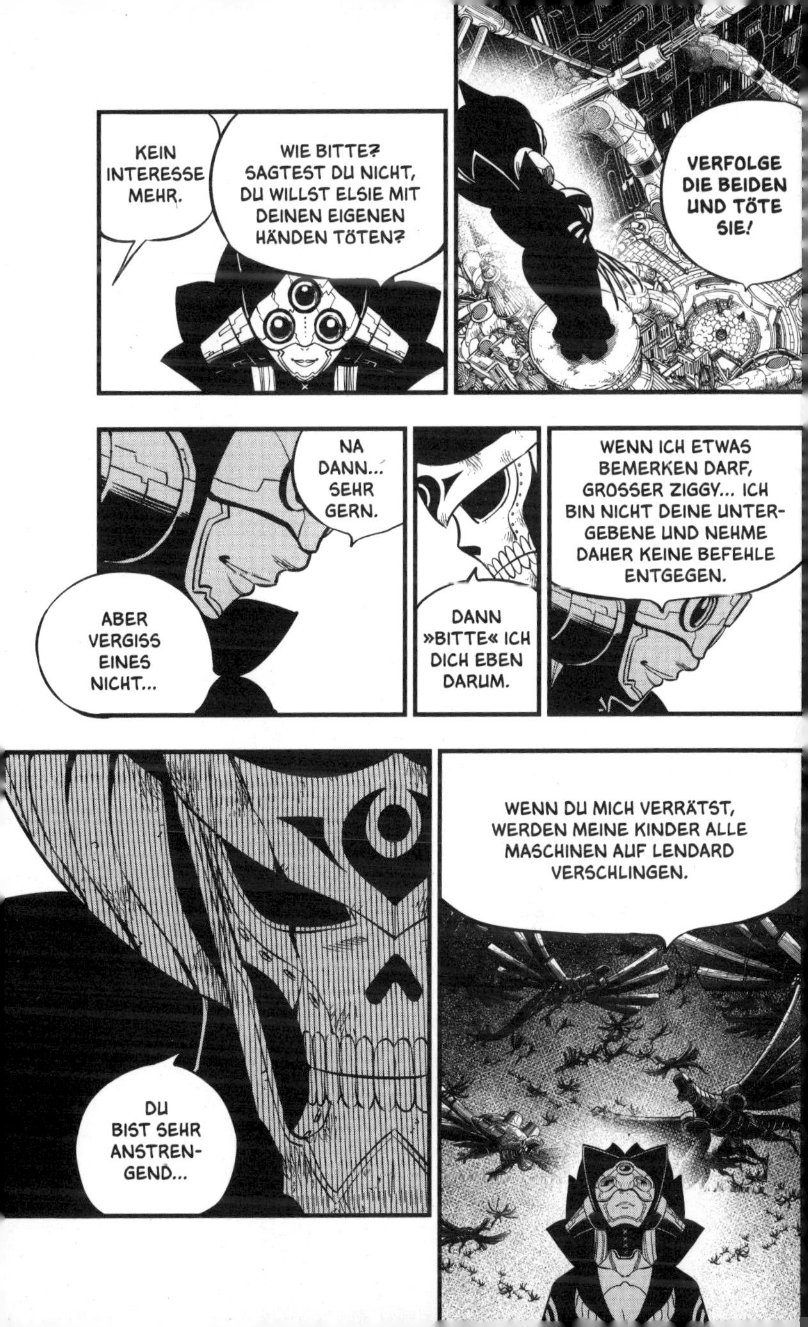
VERFOLGE DIE BEIDEN UND TÖTE SIE!
WIE BITTE? SAGTEST DU NICHT, DU WILLST ELSIE MIT DEINEN EIGENEN HÄNDEN TÖTEN?
KEIN INTERESSE MEHR.
WENN ICH ETWAS BEMERKEN DARF, GROSSER ZIGGY... ICH BIN NICHT DEINE UNTER-GEBENE UND NEHME DAHER KEINE BEFEHLE ENTGEGEN.
DANN »BITTE« ICH DICH EBEN DARUM.
NA DANN... SEHR GERN.
ABER VERGISS EINES NICHT...
WENN DU MICH VERRÄTST, WERDEN MEINE KINDER ALLE MASCHINEN AUF LENDARD VERSCHLINGEN.
DU BIST SEHR ANSTREN-GEND...

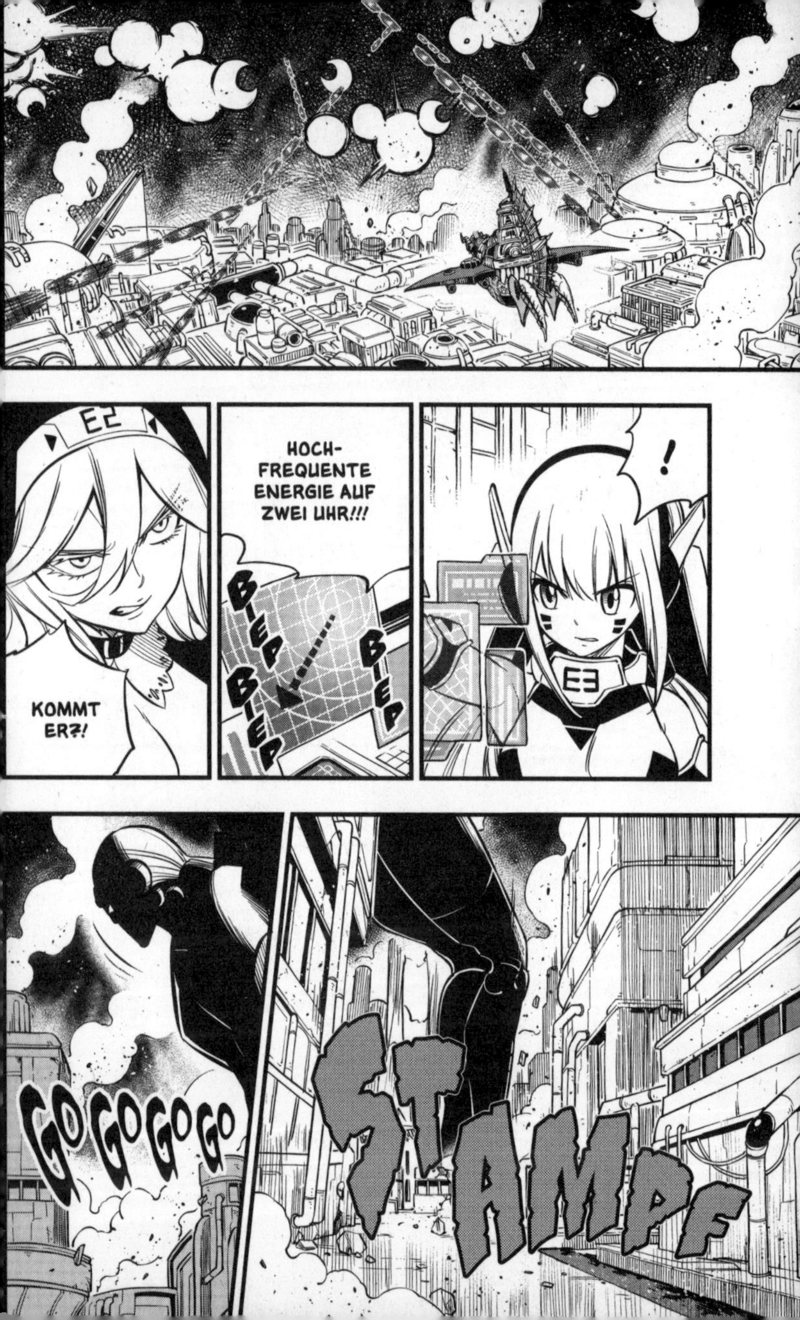
!
HOCH-
FREQUENTE
ENERGIE AUF
ZWEI UHR!!!
BIEP BIEP BIEP BIEP
KOMMT
ER?!
STAMPF
GOGOGOGO

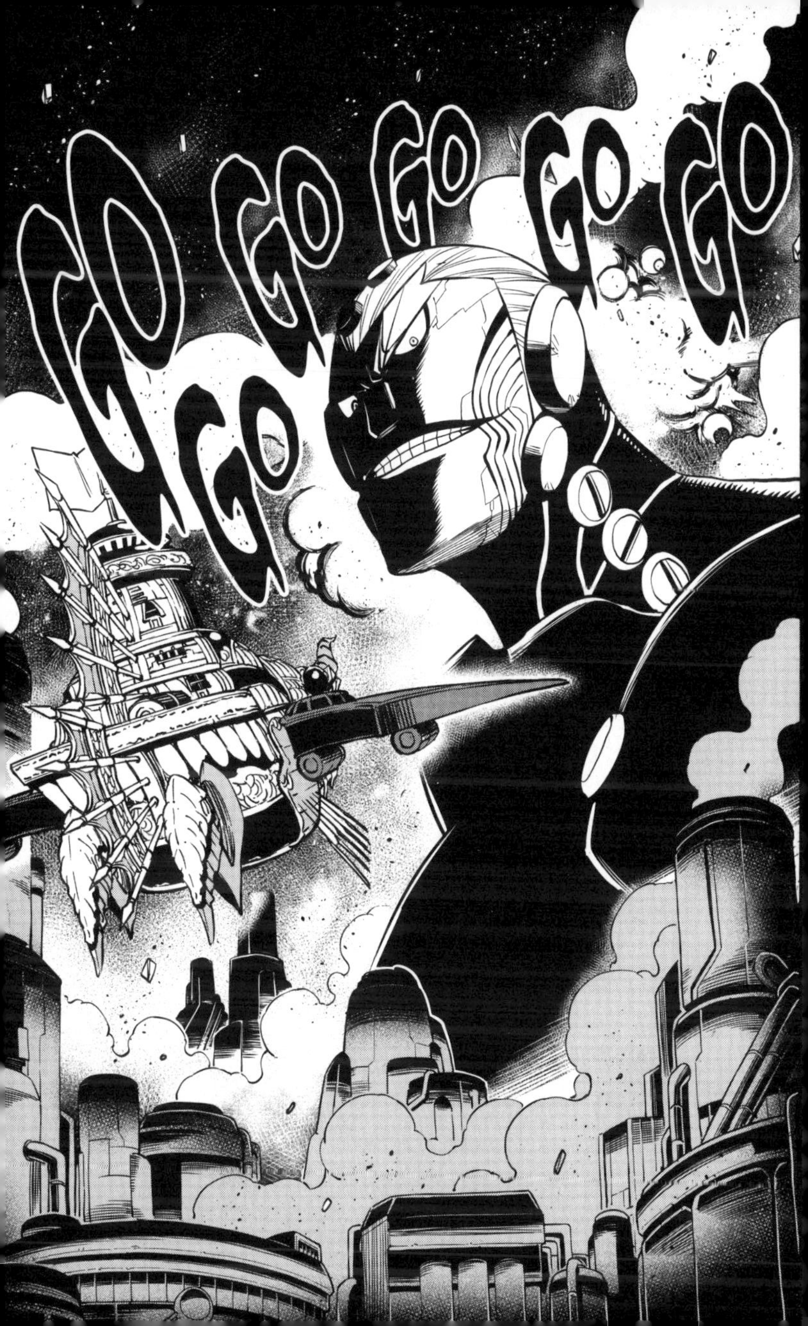
GO GO GO GO GO GO

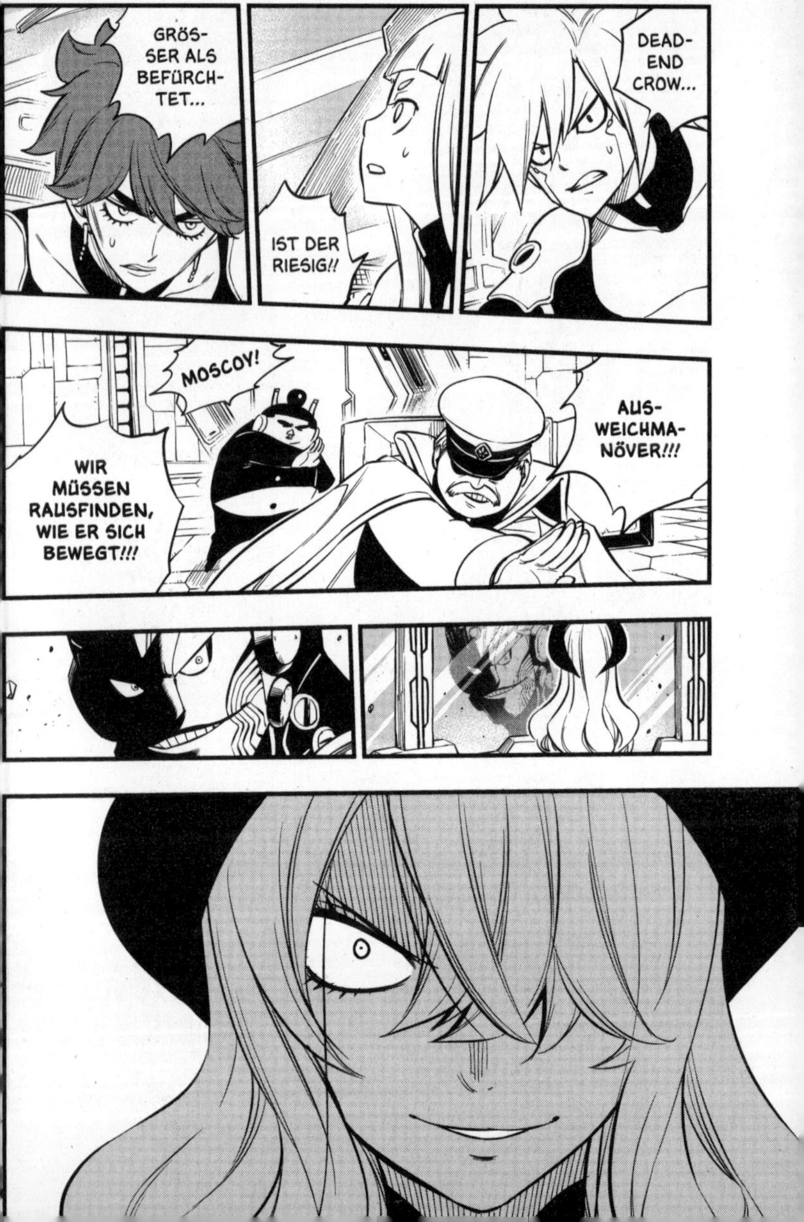
DEAD-
END
CROW...
IST DER
RIESIG!!
GRÖS-
SER ALS
BEFÜRCH-
TET...
AUS-
WEICHMA-
NÖVER!!!
MOSCOY!
WIR
MÜSSEN
RAUSFINDEN,
WIE ER SICH
BEWEGT!!!

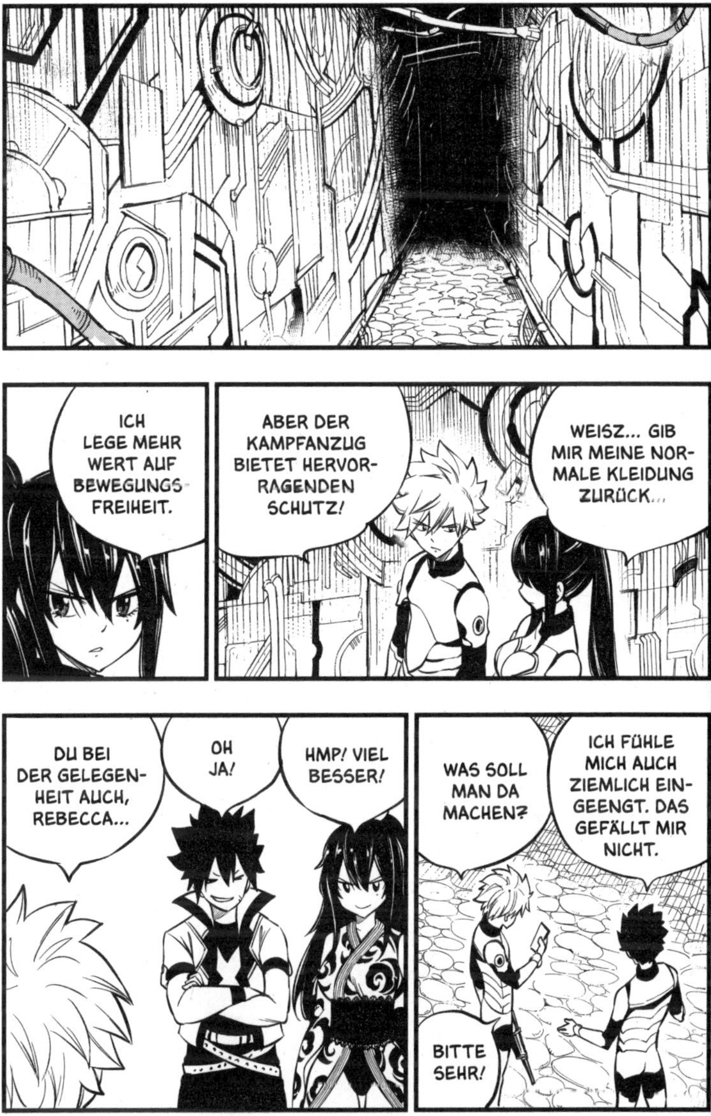
WEISZ... GIB MIR MEINE NORMALE KLEIDUNG ZURÜCK...
ABER DER KAMPFANZUG BIETET HERVORRAGENDEN SCHUTZ!
ICH LEGE MEHR WERT AUF BEWEGUNGSFREIHEIT.
ICH FÜHLE MICH AUCH ZIEMLICH EINGEENGT. DAS GEFÄLLT MIR NICHT.
WAS SOLL MAN DA MACHEN?
BITTE SEHR!
HMP! VIEL BESSER!
OH JA!
DU BEI DER GELEGENHEIT AUCH, REBECCA...

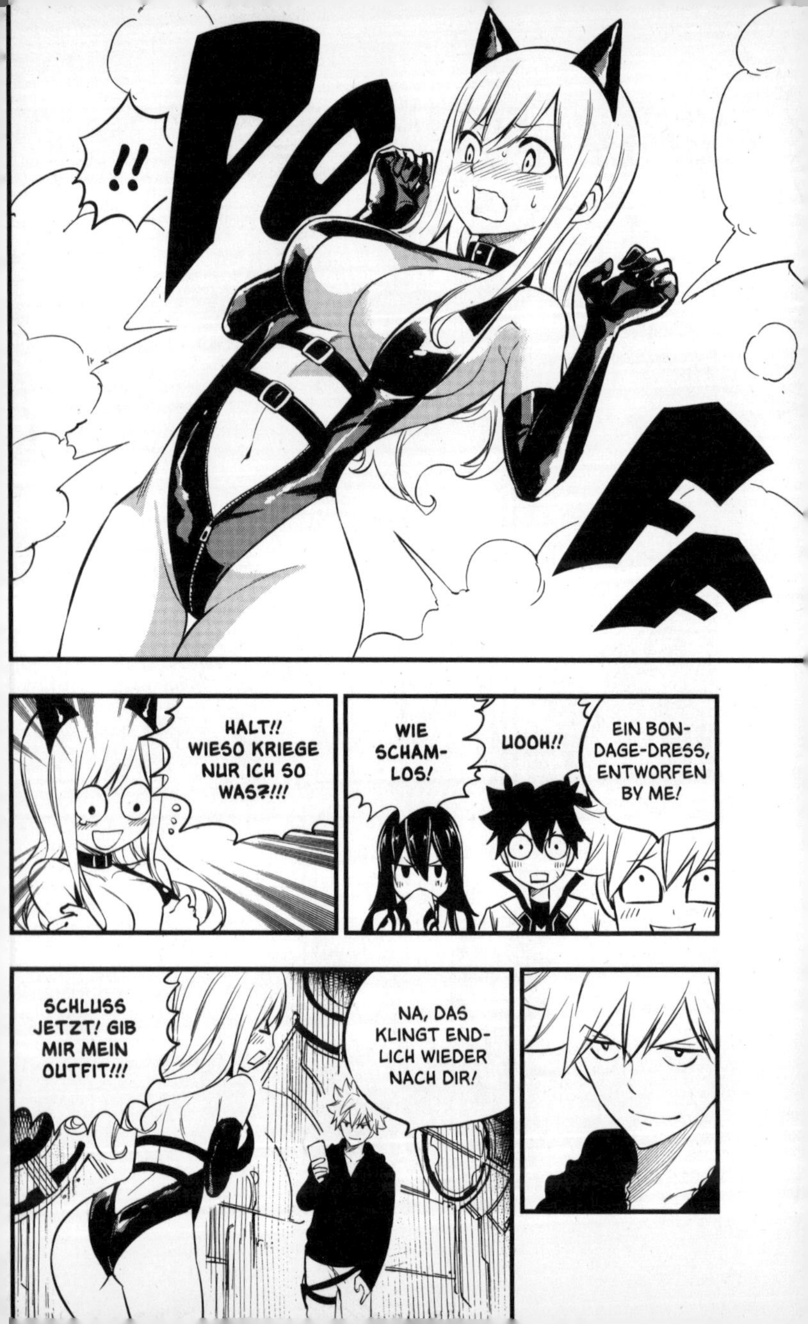
!!
POFF
HALT!! WIESO KRIEGE NUR ICH SO WAS?!!!
EIN BONDAGE-DRESS, ENTWORFEN BY ME!
UOOH!!
WIE SCHAMLOS!
NA, DAS KLINGT ENDLICH WIEDER NACH DIR!
SCHLUSS JETZT! GIB MIR MEIN OUTFIT!!!

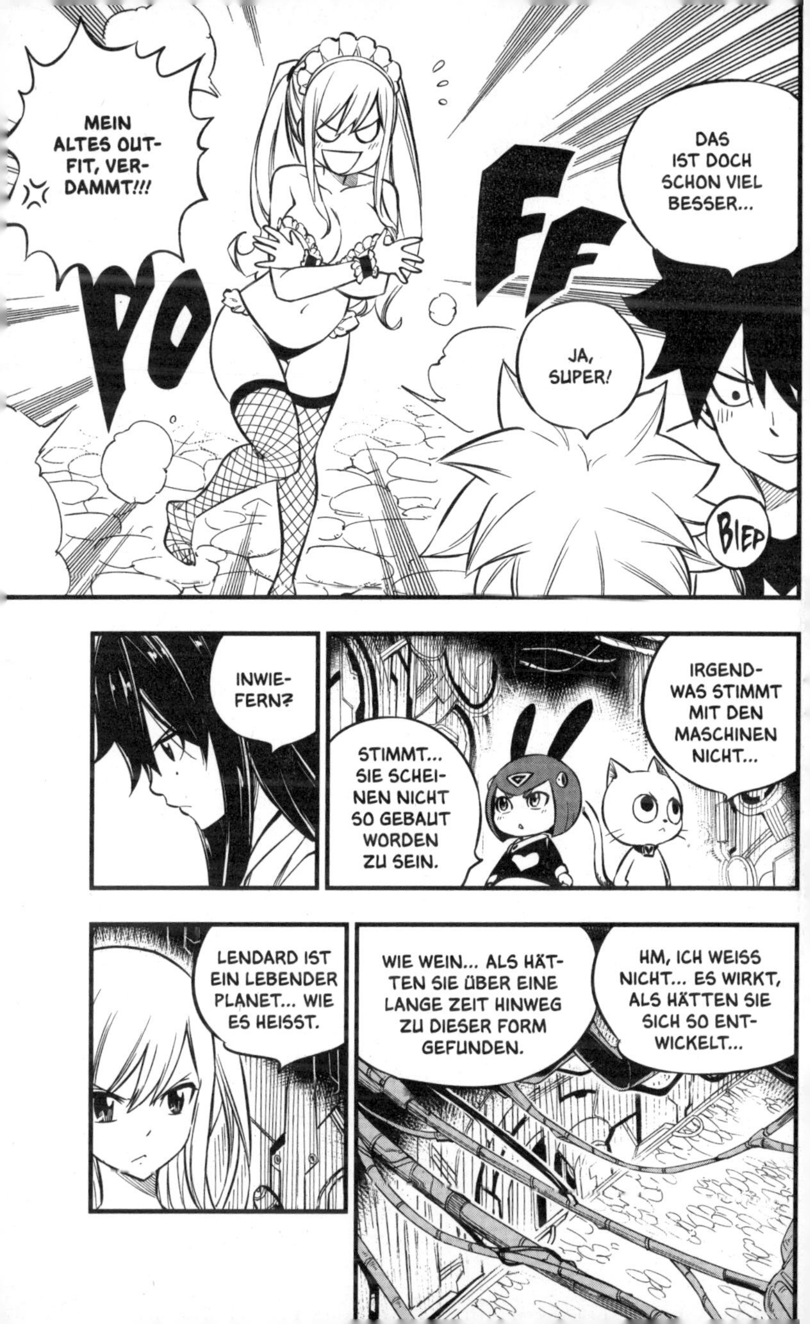
DAS IST DOCH SCHON VIEL BESSER...
JA, SUPER!
BIEP
POFF
MEIN ALTES OUTFIT, VERDAMMT!!!
IRGENDWAS STIMMT MIT DEN MASCHINEN NICHT...
STIMMT... SIE SCHEINEN NICHT SO GEBAUT WORDEN ZU SEIN.
INWIEFERN?
HM, ICH WEISS NICHT... ES WIRKT, ALS HÄTTEN SIE SICH SO ENTWICKELT...
WIE WEIN... ALS HÄTTEN SIE ÜBER EINE LANGE ZEIT HINWEG ZU DIESER FORM GEFUNDEN.
LENDARD IST EIN LEBENDER PLANET... WIE ES HEISST.

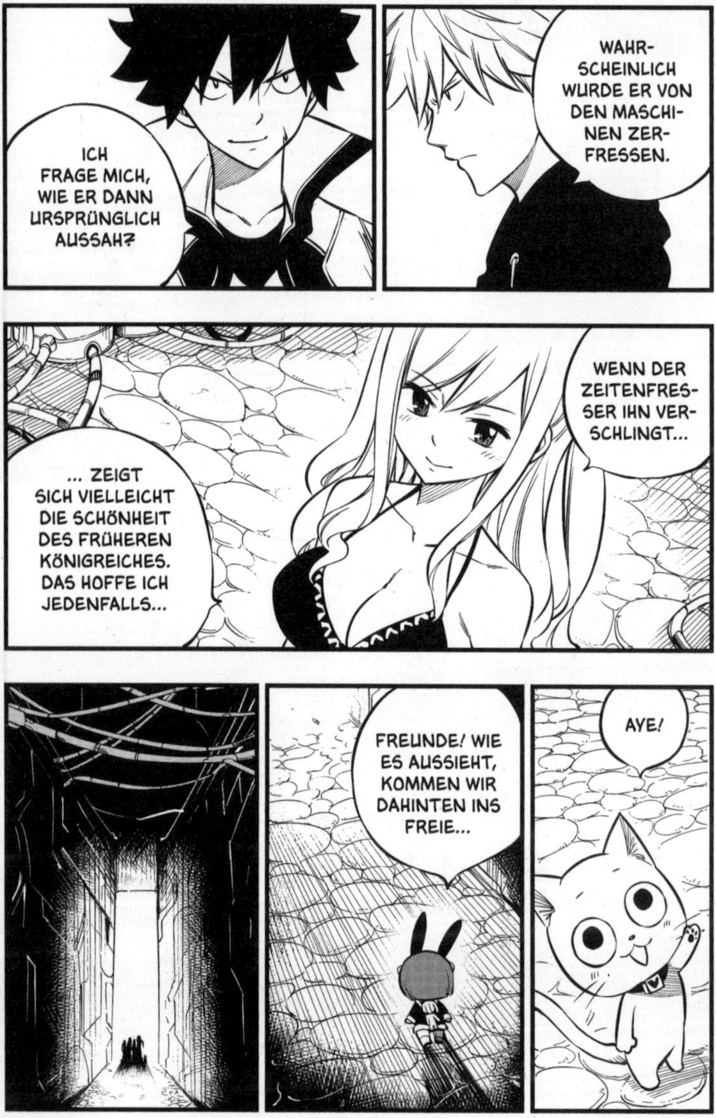
WAHR-SCHEINLICH WURDE ER VON DEN MASCHI-NEN ZER-FRESSEN.
ICH FRAGE MICH, WIE ER DANN URSPRÜNGLICH AUSSAH?
WENN DER ZEITENFRES-SER IHN VER-SCHLINGT...
... ZEIGT SICH VIELLEICHT DIE SCHÖNHEIT DES FRÜHEREN KÖNIGREICHES. DAS HOFFE ICH JEDENFALLS...
AYE!
FREUNDE! WIE ES AUSSIEHT, KOMMEN WIR DAHINTEN INS FREIE...

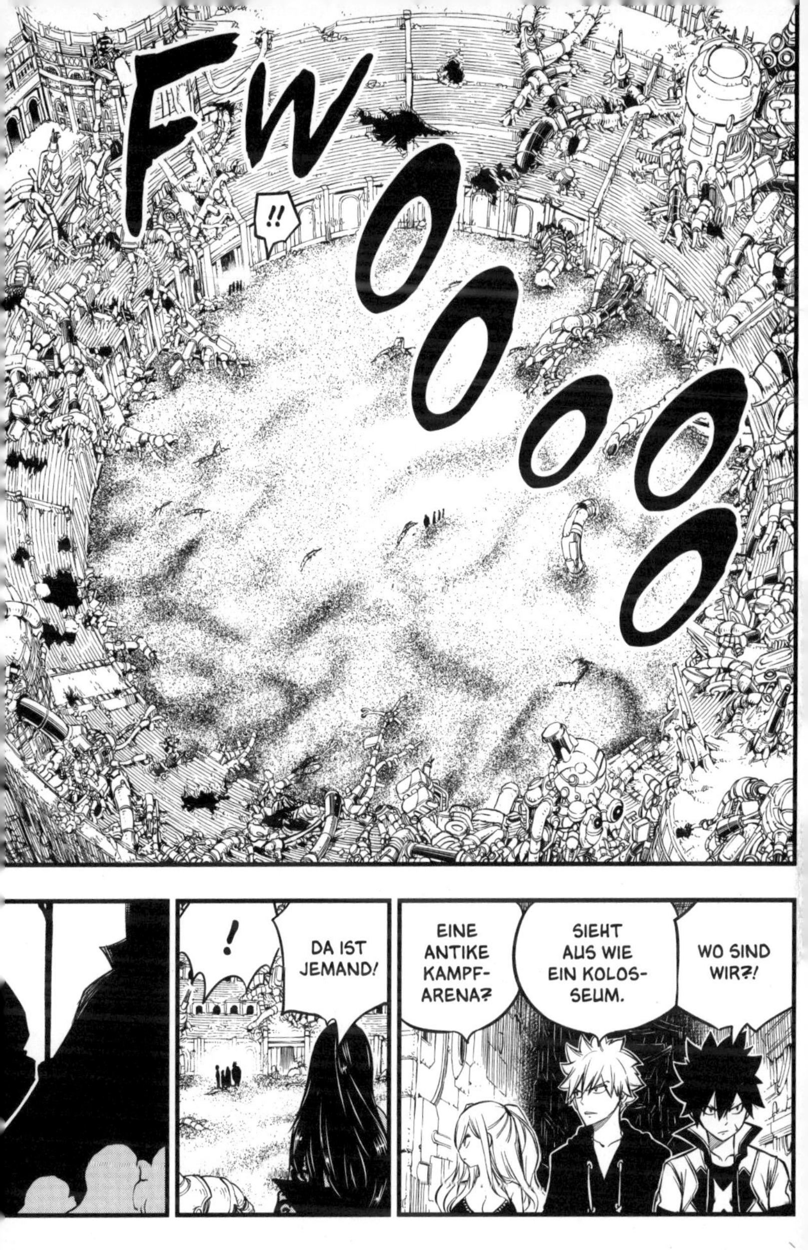
FWOOOOOOO
!!
WO SIND WIR?!
SIEHT AUS WIE EIN KOLOSSEUM.
EINE ANTIKE KAMPF-ARENA?
DA IST JEMAND!
!

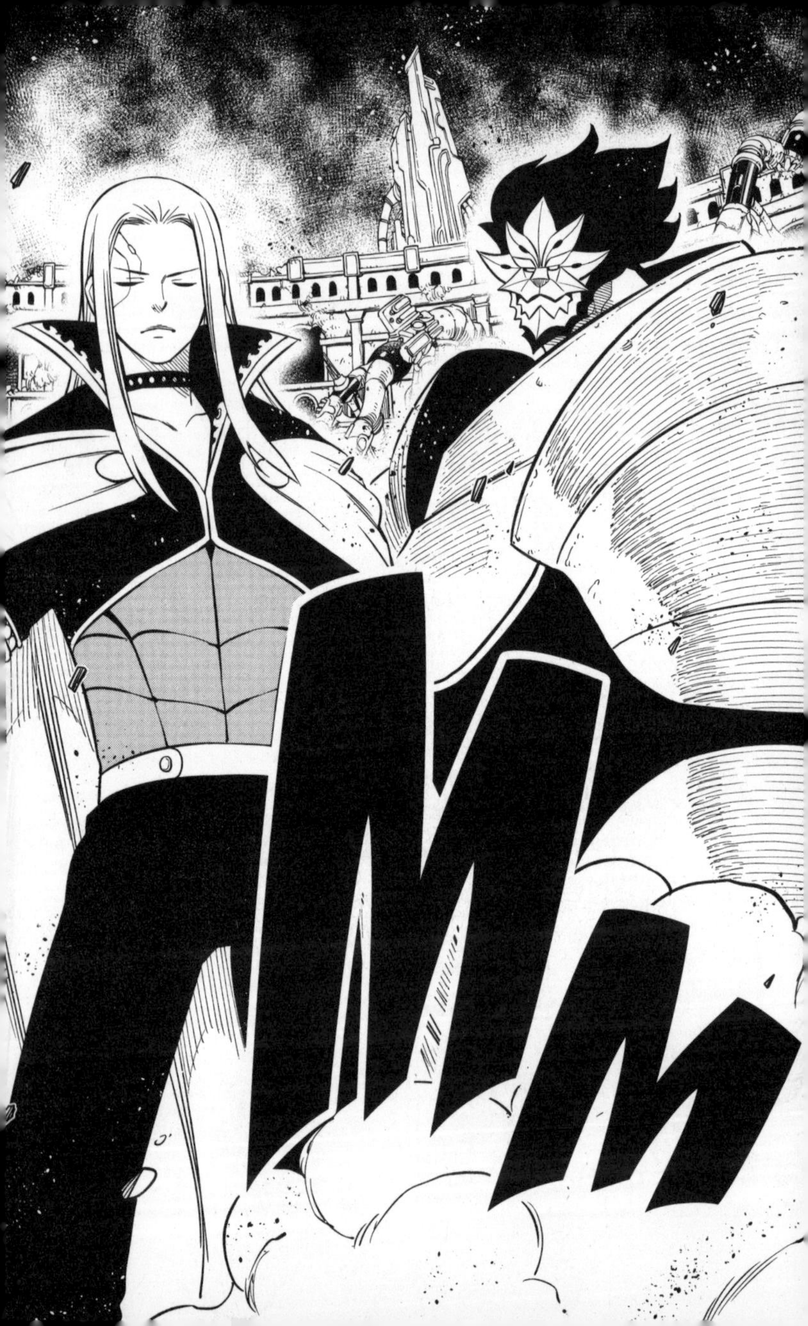

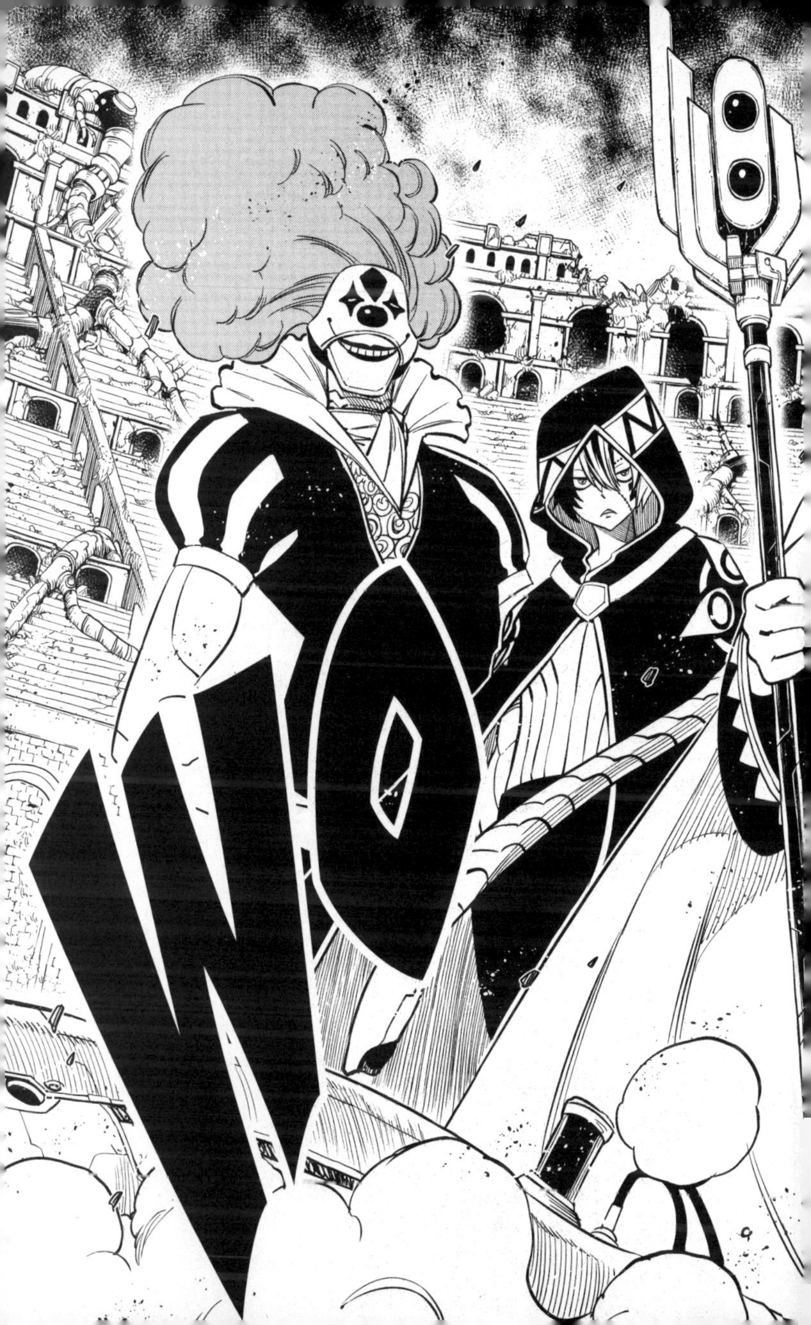

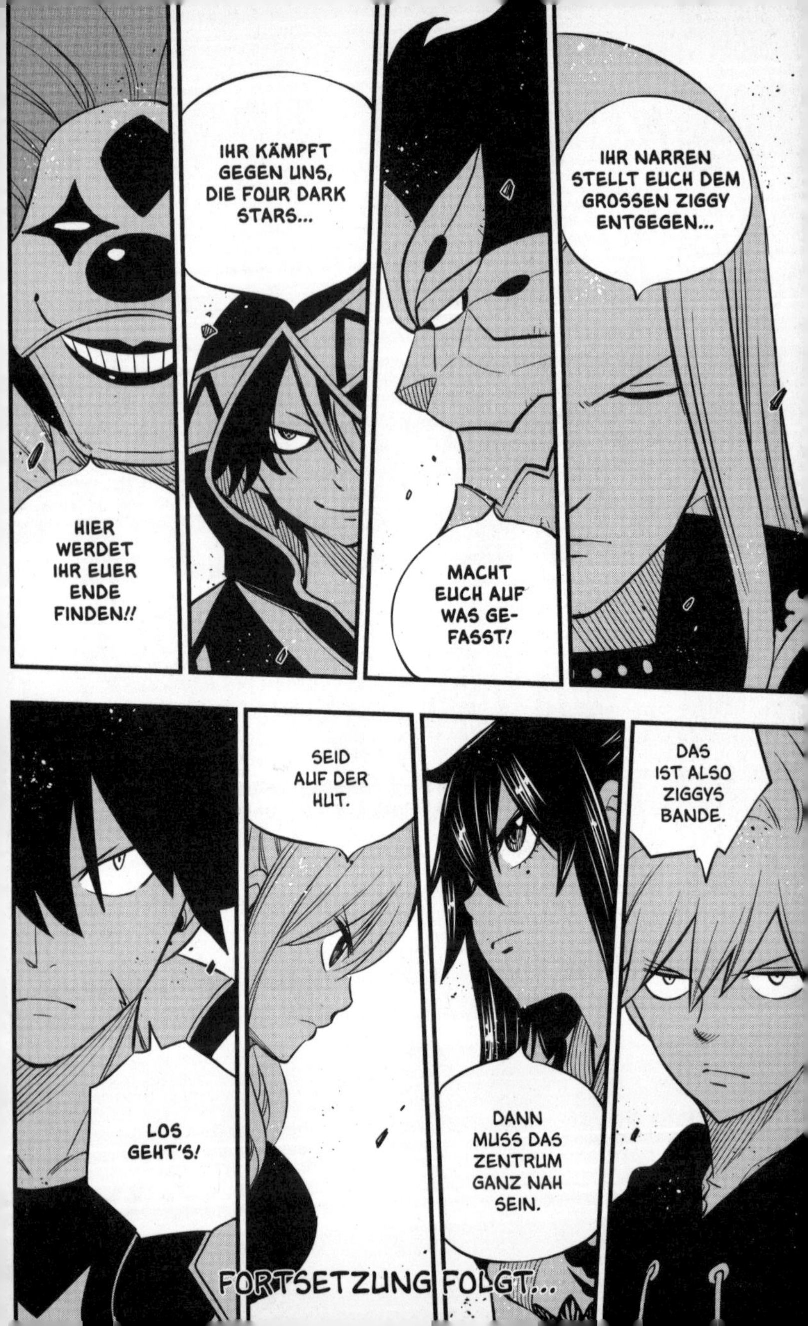
IHR NARREN STELLT EUCH DEM GROSSEN ZIGGY ENTGEGEN...
MACHT EUCH AUF WAS GE-FASST!
IHR KÄMPFT GEGEN UNS, DIE FOUR DARK STARS...
HIER WERDET IHR EUER ENDE FINDEN!!
DAS IST ALSO ZIGGYS BANDE.
DANN MUSS DAS ZENTRUM GANZ NAH SEIN.
SEID AUF DER HUT.
LOS GEHT'S!
FORTSETZUNG FOLGT...

NACHWORT

Ich bin fasziniert von Twitter Spaces, das hat bei mir den Wunsch geweckt, da zu gegebener Zeit auch mal zu zeichnen und die Bilder zu verbreiten. Ich kenne mich allerdings bei Spaces so gar nicht aus, daher muss ich mich immer wahnsinnig lange darauf vorbereiten, aber irgendwann will ich auch zeichnen und freu mich sehr, wenn ihr dann auch mal vorbeischaut.

Ich schaue mir gerne Beiträge an und höre auch gern zu. Trotzdem habe ich nie Lust verspürt, das selbst mal zu machen. Als ich dann eines Tages zufällig doch mal was eingesprochen habe, wurde es schnell zum beliebten Thema. Ich fand es super, mir die Kommentare durchzulesen. Irgendwie war das für mich so, als würde ich mit meinen Zuhörern plaudern. Auf jeden Fall war es was Neues und hat unheimlich Spaß gemacht.

Natürlich bin ich alles andere als ein versierter Redner, ich bin eben Mangaka. Obwohl ich mich so unbeholfen im Gespräch gebe, freuen sich meine Fans darüber. Damit habe ich ein neues Feld von Content, und meine Fans finden auch ihren Spaß daran! Noch bin ich dabei holprig und rede wirklich nicht sehr gut. Aber mit der Zeit werde ich bestimmt besser, sodass ich mich künftig regelmäßig auf Spaces melde. Und plötzlich wurde ein neuer Manga-News-Man geboren!

Neuerdings mache ich neben dem Zeichnen auch Games und Animes und verbreite Neuigkeiten über Spaces. Ganz schön viel! Aber im Grunde bin ich Mangaka. Bisher habe ich auch nicht vor, mit den Mangas aufzuhören, um mich nur noch den anderen Bereichen zu widmen. Ich habe durchaus schon gehört, ich sei ein »Multi Creator« und mir gefällt die Bezeichnung eigentlich ganz gut. Aber ich bin und bleibe im Grunde meines Herzens Mangaka.

In Band 21 habe ich nach Langem mal wieder eine Poolszene eingebaut. Solche Bilder zu zeichnen genieße ich sehr. Aus irgendeinem Grund ist Holy sehr beliebt, daher will ich mir viel Mühe mit diesem Charakter geben. Ihr könnt euch schon darauf freuen, was sie in der weiteren Geschichte alles erleben wird.

Twitter-Account: @hiro_mashima

STARS VS. EDENS ZERO!!

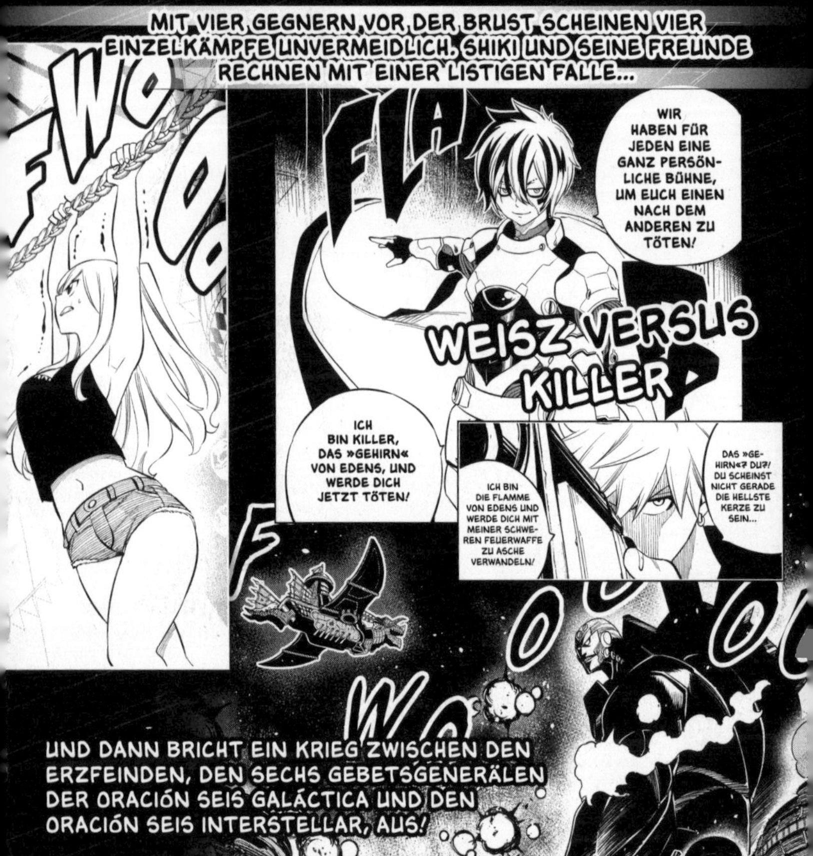

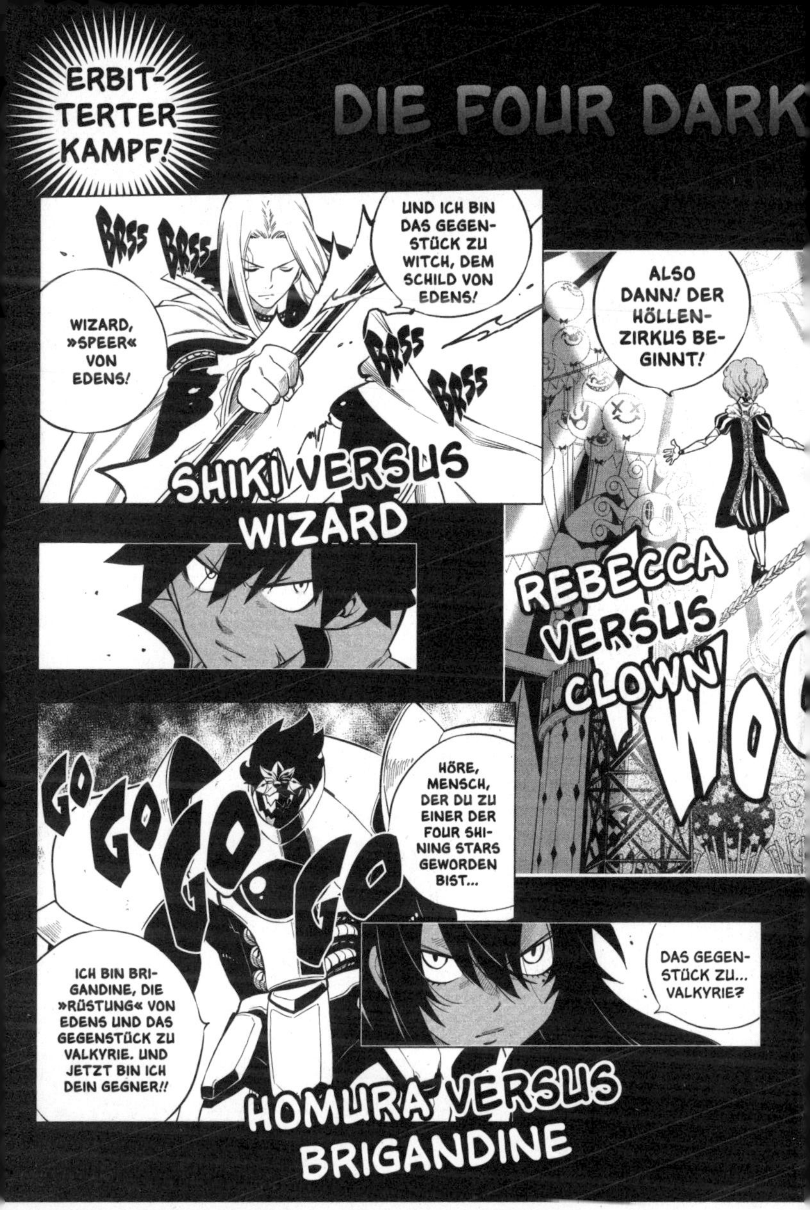

EDENSZERO Vol. 22

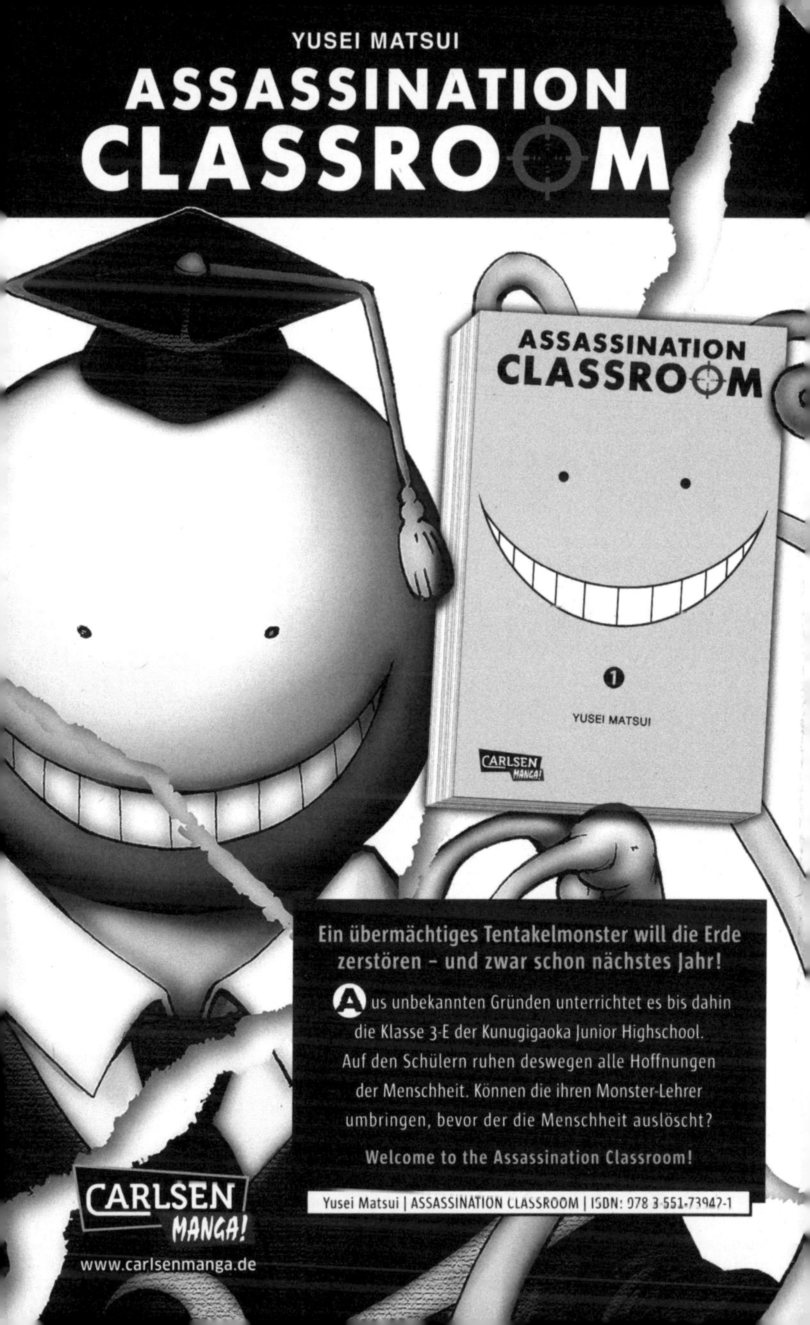

YUSEI MATSUI
ASSASSINATION CLASSROOM
ASSASSINATION CLASSROOM
1
YUSEI MATSUI
CARLSEN MANGA!
Ein übermächtiges Tentakelmonster will die Erde zerstören – und zwar schon nächstes Jahr!
Aus unbekannten Gründen unterrichtet es bis dahin die Klasse 3-E der Kunugigaoka Junior Highschool. Auf den Schülern ruhen deswegen alle Hoffnungen der Menschheit. Können die ihren Monster-Lehrer umbringen, bevor der die Menschheit auslöscht?
Welcome to the Assassination Classroom!
Yusei Matsui | ASSASSINATION CLASSROOM | ISBN: 978-3-551-73942-1
CARLSEN MANGA!
www.carlsenmanga.de

MISSION: Yozakura Family

HITSUJI GONDAIRA

VORHANG AUF FÜR DIE SCHRÄGSTE UND GEFÄHRLICHSTE FAMILIE DER WELT!

Taiyo Asano ist ein extrem schüchterner Oberschüler. Die einzige Person, mit der er unbeschwert reden kann, ist seine Kindheitsfreundin Mutsumi Yozakura. Doch dann stellt sich heraus, dass Mutsumi ein Geheimnis hat, das Taiyos Leben völlig auf den Kopf stellt: Ihre Familie besteht aus lauter Superspionen! Und als wäre das nicht schon aufregend genug, trachtet Mutsumis großer Bruder ihm auch noch nach dem Leben! Wie weit wird Taiyo gehen, um seine Haut zu retten?

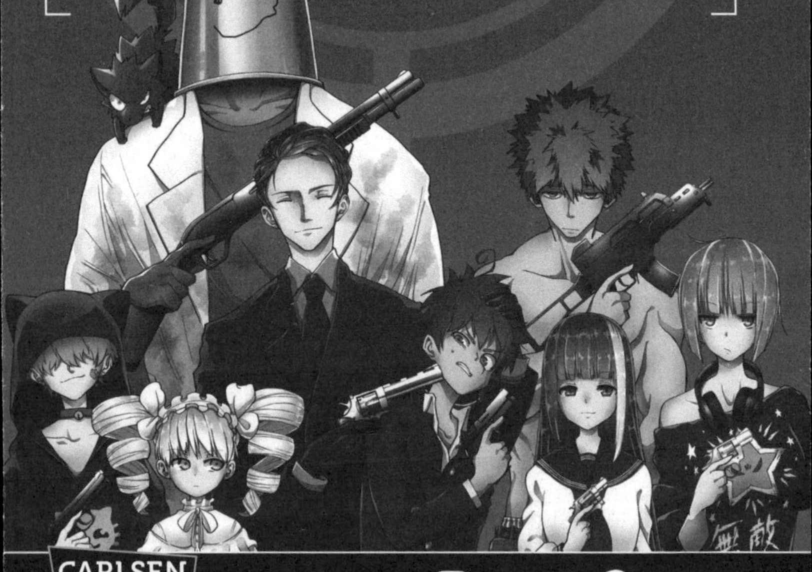

CARLSEN MANGA! www.carlsenmanga.de

carlsen_manga carlsenmanga

»EDENS ZERO« ist eine japanische Serie, und in Japan wird von »hinten« nach »vorn« und von rechts nach links gelesen. Man muss diesen Manga also »hinten« aufschlagen und Seite für Seite nach »vorn« weiterblättern. Auch die Bilder auf jeder Seite und die Sprechblasen innerhalb der Bilder werden von rechts oben nach links unten gelesen, so wie in der Grafik gezeigt. Viel Spaß mit »EDENS ZERO«!

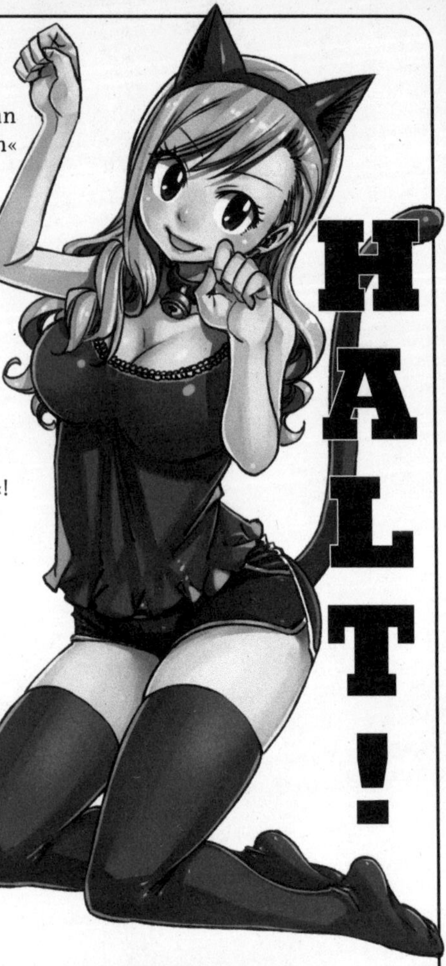

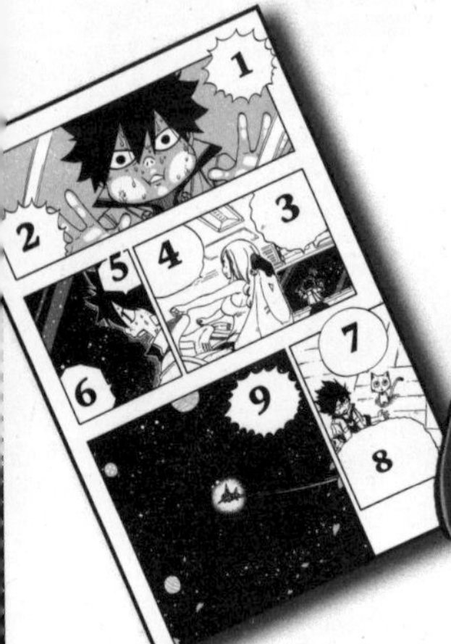

CARLSEN MANGA! NEWS jeden Monat neu per E-Mail
www.carlsenmanga.de · www.carlsen.de
CARLSEN MANGA · Deutsche Ausgabe / German Edition

Aus dem Japanischen von Nadja Stutterheim

First published in Japan in 2022 by KODANSHA Ltd., Tokyo
Publication rights for this German edition arranged through Kodansha Ltd.
Redaktion: Nina Kroesing & Patricia Janzen · Textbearbeitung: Steffen Haubner · Herstellung: Tobias Hametner
 · ISBN: 978-3-551-75455-4